Workbook/ Laboratory Manual

¿Cómo se dice...?

FIFTH EDITION

Ana C. Jarvis
CHANDLER-GILBERT COMMUNITY COLLEGE

Raquel Lebredo
CALIFORNIA BAPTIST COLLEGE

D. C. Heath and Company
Lexington, Massachusetts   Toronto

Address editorial correspondence to:

D. C. Heath and Company
125 Spring Street
Lexington, MA 02173

International Standard Book Number: 0–669–29507–8

10 9 8 7 6 5

Preface

The *Workbook/Laboratory Manual* is a fully integrated component of ¿Cómo se dice...?, Fifth Edition, a complete introductory Spanish program for the college level. As in previous editions, the *Workbook/Laboratory Manual* reinforces the grammar and vocabulary presented in the ¿Cómo se dice...? core text and helps students to develop their listening, speaking, reading, and writing skills.

The lessons in the *Workbook/Laboratory Manual* are correlated to the student text. Workbook and Laboratory Activities are provided for the *Lección preliminar* and for the eighteen regular textbook lessons. To use this key component of the ¿Cómo se dice...? program to best advantage, it is important that students fully understand its organization and contents.

New to the Fifth Edition

Substantially expanded and revised for the Fifth Edition of ¿Cómo se dice...?, the *Workbook/Laboratory Manual*

- reflects the revised scope and sequence of the core text.
- contains more exercises in a greater variety of formats, including new illustration-based exercises and reading sections in the Workbook Activities.
- offers additional speaking practice through the *Situaciones* exercises in the Laboratory Activities, which elicit responses appropriate to given situations.
- provides models for all of the grammar exercises in the Laboratory Activities to ensure that the purpose of each exercise is clear to students.

Workbook Activities

The Workbook Activities are designed to reinforce the grammar and vocabulary introduced in the textbook and to develop students' writing skills. They include sentence completion, matching, sentence transformation, fill-in charts, translation exercises, crossword puzzles, and illustration-based exercises.

Each odd-numbered Workbook lesson ends with a section entitled *Para leer,* consisting of a reading that re-enters the vocabulary and grammar of the textbook lesson and follow-up questions to test reading comprehension. *Check Your Progress* sections provide a comprehensive review of key vocabulary and structures after every two lessons.

Laboratory Activities and Cassette Program

The Laboratory Activities accompany the *Cassette Program* for ¿Cómo se dice...?, Fifth Edition, which provides approximately nineteen hours of taped exercises recorded by native speakers. The Laboratory Activities include listening, speaking, and writing practice for each lesson under the following headings:

Para escuchar y contestar

Diálogos: The lesson dialogues recorded once at natural speed and once with pauses for student repetition.

Preguntas y respuestas: Questions on the content of the dialogues that verify comprehension and provide oral practice.

Situaciones: An open-ended listening and speaking activity that elicits responses appropriate to situations related topically and structurally to each lesson.

Pronunciación

Pronunciation activities that parallel the pronunciation sections in Lessons 1–9 of the textbook and provide ongoing practice in subsequent lessons.

¡Vamos a practicar!

A set of four to six exercises that provide listening and speaking practice and test mastery of the grammar topics introduced in each lesson. Models for these exercises are printed in the Laboratory Activities.

Ejercicio de comprensión

Lively, contextualized conversations that are related to each lesson's theme and are followed by comprehension questions.

Para escuchar y escribir

Tome nota: A listening exercise in which students write information based on what they hear in taped listening passages containing realistic simulations of radio advertisements, announcements, newscasts, and other types of authentic input.

Dictado: A dictation that reinforces the lesson theme and grammar structures.

In addition to the materials provided for each lesson, the *Cassette Program* contains two *Repaso* sections (one covering Lessons 1–9, the other Lessons 10–18) that are a cumulative review of grammar and vocabulary.

An Answer Key to the written exercises with discrete answers in each lesson is provided at the back of the *Workbook/Laboratory Manual*, enabling students to monitor their progress throughout the program. The *Check Your Progress* Answer Key is available in a separate component for the convenience of instructors who wish to use those sections as an evaluation tool.

The *Workbook/Laboratory Manual*, an important part of the ¿Cómo se dice...?, Fifth Edition, program, is designed to reinforce the associations of sound, syntax, and meaning needed for effective communication in Spanish. Students who use the *Workbook/Laboratory Manual* and the *Cassette Program* consistently will find these components of great assistance in assessing their achievements and in targeting the specific lesson features that require extra review. The *Cassette Program* is available for student purchase.

We would like to hear your comments on ¿Cómo se dice...?, Fifth Edition, and on this *Workbook/Laboratory Manual*. Reports of your experiences using this program would be of great interest and value to us. Please write to us care of D. C. Heath and Company, Modern Languages, College Division, 125 Spring Street, Lexington, Massachusetts 02173.

Ana C. Jarvis
Raquel Lebredo

Contents

Lección preliminar
WORKBOOK ACTIVITIES

Name _____

Section _____

Date _____

A. Complete the following exchanges.

1. —Buenos días, señora.

   —_____Buenos días_____, Estela.

   —¿Cómo _____está usted_____?

   —_____Muy bien_____, gracias. ¿Y tú?

   _____No Bien._____.

   —¡Caramba! ¡Lo _____siento_____!

   —Hasta _____luego_____.

   —Adiós.

2. —¿_____Cómo se llama_____, señorita? ¿Cual es su nombre?

   —_____Me llamo_____ Olga Carreras.

3. —¿Qué hay de _____nuevo_____, Paco?

   —_____No mucho_____.

4. —¡Hola, Pablo! ¿Qué _____tal_____?

   —Bien, ¿_____Cómo estas_____?

   —Bien, _____gracias_____.

B. What would you say in the following situations? Write appropriate expressions in Spanish.

1. You greet Miss Rojas in the afternoon.

   _____Buenas tardes Señorita Rojas_____

2. You say "see you tomorrow" to Dr. Alicia Ríos.

Hasta mañana Dr Ríos

3. You greet Yolanda in the evening and ask her what's new.

Buenas noches Yolanda, ¿Que hay de nuevo?

4. You say good-bye to Rafael.

Adios Rafael.

C. Write the following numbers in Spanish.

1. 3 _tres_

2. 8 _ocho_

3. 7 _siete_

4. 4 _cuatro_

5. 2 _dos_

6. 5 _cinco_

7. 9 _nueve_

8. 0 _zero_

9. 1 _uno_

10. 6 _seis_

11. 10 _diez_

D. What colors would result if you mixed the following colors?

1. amarillo y azul _verde_

2. blanco y negro _gris_

3. rojo y blanco _rosado_

4. amarillo y rojo _anaranjado_

E. Write the days of the week in the calendar below. Remember that in Spanish-speaking countries, the week starts on Monday.

SEPTIEMBRE

lunes	martes	miércoles	jueves	viernes	sábado	domingo
		1	2	3	4	5
6	7	8	9	10	11	12

F. Twelve words associated with the classroom are hidden in the puzzle below. Reading horizontally and vertically, find them and list them.

L	D	I	C	C	I	O	N	A	R	I	O
E	I	P	A	L	A	B	R	A	P	J	T
C	C	R	A	B	Z	L	O	B	A	A	A
C	T	U	B	D	O	Z	A	L	G	N	R
I	A	E	J	E	R	C	I	C	I	O	E
O	D	B	M	E	X	A	M	E	N	Z	A
N	O	A	T	U	V	X	O	L	A	B	V
P	R	E	S	E	N	T	E	B	T	V	O
L	F	Z	O	H	O	R	A	R	I	O	M
C	V	O	C	A	B	U	L	A	R	I	O

1. Leccion
2. Vocubulario
3. Tarea   Homework.
4. Palabra
5. Pagina   Page
6. Diccionario

7. Ejercicio
8. Presente
9. Dictado
10. Examen.
11. Horario
12. Prueba.   Quiz

Lección preliminar
LABORATORY ACTIVITIES

Name _____

Section _____

Date _____

I. PARA ESCUCHAR Y CONTESTAR *(TO LISTEN AND ANSWER)*

Diálogos: *En la universidad*

The dialogue will be read first without pauses. Pay close attention to the speakers' intonation and pronunciation.

—Buenos días, profesor.
—Buenos días, señorita. ¿Cómo se llama usted?
—Me llamo Ana María Vargas.

—Buenas tardes, doctor Gómez.
—Buenas tardes, señor Campos. ¿Cómo está usted?
—Muy bien, gracias. ¿Y usted?
—Bien, gracias.

—Buenas noches, señora.
—Buenas noches, Amanda. ¿Qué hay de nuevo?
—No mucho...

—¡Hola, José Luis!
—Hola, Teresa. ¿Qué tal?
—Bien, ¿y tú?
—No muy bien...
—¡Caramba! ¡Lo siento...!

—Hasta luego, profesora.
—Adiós.

—Hasta mañana, Paco.
—Hasta mañana, Isabel.

Now the dialogues will be read with pauses for you to repeat what you hear. Imitate the speakers' intonation patterns.

Situaciones *(Situations)*

The speaker will present several situations based on the dialogue. Respond appropriately in Spanish to each situation. The speaker will confirm your response. Repeat the correct response. Follow the model.

> MODELO: You greet Mr. Soto in the morning.
> **Buenos días, señor Soto.**

II. PRONUNCIACIÓN *(PRONUNCIATION)*

When you hear the number, read the corresponding word or phrase aloud. Then listen to the speaker and repeat the word or phrase once more.

1. el doctor
2. el profesor
3. el señor
4. la señora
5. la señorita
6. adiós
7. buenas noches
8. buenas tardes
9. buenos días
10. hasta luego
11. hasta mañana
12. hola
13. caramba
14. gracias
15. lo siento
16. ¿Cómo se llama usted?
17. ¿Cómo está usted?
18. ¿Qué tal?
19. ¿Qué hay de nuevo?
20. blanco
21. amarillo
22. anaranjado
23. rosado
24. rojo
25. azul
26. verde
27. morado
28. marrón
29. gris
30. negro

III. ¡VAMOS A PRACTICAR! *(LET'S PRACTICE!)*

A. When you hear the number, spell the corresponding word aloud. Then listen to the speaker and spell the word once more. Follow the model.

> MODELO: hola
> **hache, o, ele, a**

1. doctor
2. Gómez
3. señorita
4. profesor
5. hay
6. buenas
7. noches
8. qué

B. The speaker will name several familiar objects. State the color or colors of each object in Spanish. The speaker will confirm your response. Repeat the correct response. Follow the model.

> MODELO: a violet
> **morado**

C. The speaker will name days of the week. State the day that precedes each day given. The speaker will confirm your response. Repeat the correct response. Follow the model.

> MODELO: martes
> **lunes**

IV. EJERCICIO DE COMPRENSIÓN *(COMPREHENSION EXERCISE)*

You will hear two people talking. After you hear the second speaker, circle L if the response is logical and I if it is illogical. The speaker will confirm your response. Follow the model.

> MODELO: —¿Qué tal?
> —¡Caramba! ¡Lo siento!   (illogical)

1. L   I

2. L   I

3. L   I

4. L   I

5. L   I

V. PARA ESCUCHAR Y ESCRIBIR *(TO LISTEN AND WRITE)*

Dictado

A. The speaker will read some numbers. Write each number in the space provided. Each number will be read twice.

1. _____   7. _____

2. _____   8. _____

3. _____   9. _____

4. _____   10. _____

5. _____   11. _____

6. _____

B. The speaker will read eight sentences. Each sentence will be read twice. After the first reading, write what you heard. After the second reading, check your work and fill in what you missed.

1. _____

2. _____

3. _____

4. _____

5. _____

6. _____

7. _____

8. _____

Lección 1
WORKBOOK
ACTIVITIES

Name _____

Section _____

Date __14 April 1997_____

A. Write the corresponding definite and indefinite articles before each noun.

Definite article	Indefinite article	Noun
1. los libros	unos libros	libros
2. la tiza	una tiza	tiza
3. las pizarras	unas pizarras	pizarras
4. los mapas	unos mapas	mapas
5. el pupitre	un pupitre	pupitre
6. la profesora	una profesora	profesora
7. el dia	un dia	día
8. el cuaderno	un cuaderno	cuaderno
9. las sillas	unas sillas	sillas
10. los profesores	unos profesores	profesores
11. la mano	una mano	mano
12. el secretario	una secratario	secretario
13. las mujeres	unas mujeres	mujeres
14. el doctor	un doctor	doctor
15. los hombres	unos hombres	hombres

B. Write how many there are of each item in Spanish, using **hay**.

1. 14 erasers __Hay catorce borradores__

2. 28 pencils __Hay veintiocho lapizes__

3. 15 lessons _Hay quince lecciones_

4. 20 pens _Hay veinte plumas_

5. 13 secretaries _Hay trece secretarios_

6. 11 addresses _Hay once direcciones_

7. 16 lights _Hay diez y seis luzes_

8. 12 walls _Hay doce paredes_

9. 30 clocks _Hay treinta relojes_

10. 27 student desks _Hay veintisiete pupitres_

C. Complete the following chart to express the times given.

English	es/son	la/las	hora	y/menos	minutos
It is one o'clock.	Es	la	una.		
It is a quarter after four.	Son	las	cuatro	y	cuarto.
1. It is ten to seven.	San	las	siete	menos	diez.
2. It is twenty after six.	Son	las	seis	y	veinte
3. It is one-thirty.	Es	la	uno	y	media.
4. It is five to ten.	Son	las	diez	menos	cinco
5. It is quarter to two.	Son	las	dos	menos	quince
6. It is twenty-five to eight.	Son	las	ocho	menos	veinticinco
7. It is nine o'clock.	Son	las	nueve		

D. Look at the class schedule and write the time each class is held. Follow the model.

MODELO: educación física
La clase de educación física es a las cinco.

HORA	LUNES	MARTES	MIÉRCOLES	JUEVES	VIERNES	SÁBADO
8:00-9:00	Psicología		Psicología		Psicología	
9:00-10:00	Biología		Biología		Biología	Tenis
10:00-11:30		Historia		Historia		
12:15-1:00			A L M U E R Z O			
1:00-2:00	Literatura		Literatura		Literatura	Laboratorio de Biología
5:00-6:30		Educación Física		Educación Física		
7:00-8:30	Danza Aeróbica		Danza Aeróbica			

1. psicología _____

2. biología _____

3. historia _____

4. literatura _____

5. danza aeróbica _____

E. ¿Cómo se dice...? (*How do you say...?*) Write the following dialogues in Spanish.

1. "What is your name?" (**tú** *form*)
   "My name is Carlos Vázquez."
   "Pleased to meet you, Carlos."
   "The pleasure is mine."

   _____

   _____

   _____

   _____

2. "What does '**pizarra**' mean?"
   "It means 'blackboard.'"

   _____

   _____

3. "What day is today?"
   "Today is Wednesday."
   "What time is it?"
   "It's twenty to five."

   _____

   _____

   _____

   _____

4. "Excuse me, Dr. López."
   "Come in and have a seat."
   "Thank you."

   _____

   _____

   _____

5. "How may students are there in the class?"
   "There are twenty-six students."

   _____

   _____

F. Crucigrama

Horizontal (Across)

2. Hasta _____ la vista, señorita.
4. ¿Qué _____ es? ¿La una?
5. "*Door*" quiere decir _____ .
6. por _____
7. ¿Qué _____ es hoy? ¿Martes?
9. muchas _____
11. Pase y tome _____ .
15. ¿Qué _____ decir "*table*"?
16. Me _____ Ana Torres.
17. domicilio
19. "*Notebook*" quiere decir _____ .
20. Chau. _____ a Carmen.
22. "*Clock*" quiere decir _____ .
25. "*Window*" quiere decir _____ .
26. "*Chair*" quiere decir _____ .
27. "*Desk*" quiere decir _____ .

Vertical (Down)

1. Hay un profesor y veinte _____ en la clase.
3. "*Conversation*" quiere decir _____ .
8. "*Student desk*" quiere decir _____ .
10. Mucho _____ , señora.
12. Buenas _____ .
13. Con _____ , profesor.
14. "*Pen*" quiere decir _____ .
18. "*Eraser*" quiere decir _____ .
21. "*Pencil*" quiere decir _____ .
23. "*Wall*" quiere decir _____ .
24. Hay _____ de México, de Venezuela y de Argentina en la pared.

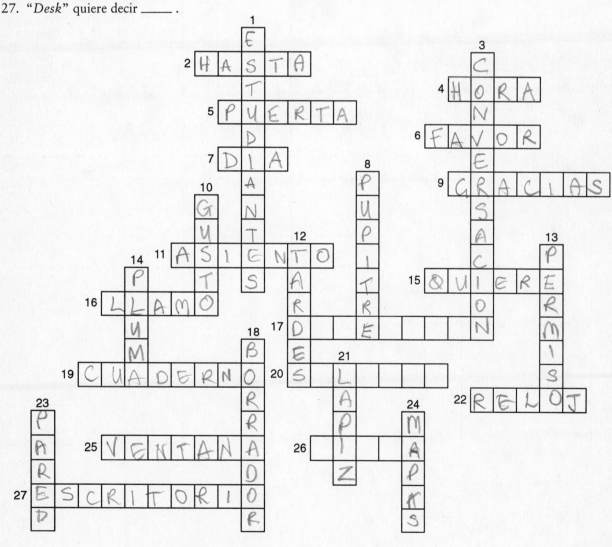

G. **¿Qué pasa aquí?** (*What's happening here?*) Look at the illustration and circle V for **verdadero** (*true*) or F for **falso** (*false*) in response to the following statements.

1. Es (*It is*) una clase de matemáticas.   V   (F)

2. El profesor Rojas es profesor de historia.   (V)   F

3. Hay quince estudiantes en la clase.   V   (F)

4. Hay diez pupitres.   (V)   F

5. Hay un reloj en la pared.   (V)   F

6. La clase de historia es a las dos.   V   (F)

7. Son las doce y cinco.   (V)   F

8. Hay una ventana en la clase.   V   (F)

9. Hay una puerta en la clase.   Ⓥ F

10. Hay un mapa de México en la clase.   V Ⓕ

11. Hay un libro en el escritorio.   Ⓥ F

12. Hay cuatro lápices en el escritorio. V Ⓕ

Lección 1
LABORATORY ACTIVITIES

Name _____

Section _____

Date _____

I. PARA ESCUCHAR Y CONTESTAR

Diálogos: *Conversaciones breves*

The dialogues will be read first without pauses. Pay close attention to the speakers' intonation and pronunciation.

SRTA. PEÑA —Buenos días, profesor. Con permiso.
PROFESOR —Buenos días. Pase y tome asiento.
SRTA. PEÑA —Muchas gracias.
PROFESOR —Señorita Peña, el doctor Mena.
SRTA. PEÑA —Mucho gusto, doctor Mena.
DR. MENA —El gusto es mío, señorita Peña.

JULIA —¡Hola! ¿Cómo te llamas?
ROSA —Me llamo Rosa Díaz. ¿Y tú?
JULIA —Julia Sandoval.

ESTUDIANTE —Profesor, ¿cómo se dice "de nada" en inglés?
PROFESOR —Se dice *"you're welcome"*.
ESTUDIANTE —¿Qué quiere decir *"I'm sorry"*?
PROFESOR —Quiere decir "lo siento".

MARÍA —Oye, Juan, ¿cuál es tu dirección?
JUAN —Calle Lima, número treinta.
MARÍA —Gracias. Hasta la vista, Juan.
JUAN —Chau. Saludos a Ana María.

OSCAR —¿Qué día es hoy, Pedro?
PEDRO —Hoy es miércoles.
OSCAR —¿Cuántos estudiantes hay en la clase?
PEDRO —Hay veintiséis estudiantes.

SRTA. PAZ —¡Perdón! Por favor, ¿qué hora es?
SR. VEGA —Son las dos y media.

Now the dialogues will be read with pauses for you to repeat what you hear. Imitate the speakers' intonation patterns.

Preguntas y respuestas *(Questions and Answers)*

You will now hear questions about the dialogues. Answer each one, omitting the subject. The speaker will confirm your response. Repeat the correct response.

Situaciones

The speaker will present several situations based on the dialogues. Respond appropriately in Spanish to each situation. The speaker will confirm your response. Repeat the correct response. Follow the model.

> MODELO: You ask how to say "chair" in Spanish.
> ¿Cómo se dice *"chair"* en español?

II. PRONUNCIACIÓN

A. The sound of the Spanish a

- Repeat the words in each pair after the speakers, imitating their pronunciation.

English	Spanish
alpaca	alpaca
banana	banana
cargo	cargo
canal	canal

- Repeat each word, imitating the speaker's pronunciation.

Ana	hora	Rosa
nada	día	vista
gracias	hasta	asiento

- When you hear the number, read the corresponding sentence aloud. Then listen to the speaker and repeat the sentence once more.

1. Hasta mañana, Ana.
2. La mamá trabaja.
3. Panamá gana fama.

B. The sound of the Spanish e

- Repeat the words in each pair after the speakers, imitating their pronunciation.

English	Spanish
mesa	mesa
preposition	preposición
adobe	adobe
Los Angeles	Los Ángeles

- Repeat each word, imitating the speaker's pronunciation exactly.

qué   calle   oye
usted   tome   pase
media   Pedro   dice

- When you hear the number, read the corresponding sentence aloud. Then listen to the speaker and repeat the sentence once more.

1. Te besé y te dejé.
2. Mereces que te peguen.
3. Pepe y Mercedes beben café.

III. ¡VAMOS A PRACTICAR!

A. You will hear several nouns, each preceded by a definite or an indefinite article. Make the nouns and the articles plural. The speaker will confirm your response. Repeat the correct response. Follow the model.

MODELO: el alumno
         los alumnos

B. Imagine that you are doing an inventory of classroom supplies. When you hear the speaker name an item in English, ask in Spanish how many there are. When you hear the speaker give a number, answer the question. The speaker will verify your response. Repeat the correct response. Follow the model.

MODELO: chairs   —**¿Cuántas sillas hay?**
         treinta   —**Hay treinta sillas.**

IV. EJERCICIO DE COMPRENSIÓN

You will hear two people talking. After you hear the second speaker, circle L if the response is logical and I if it is illogical. The speaker will confirm your response. Follow the model.

MODELO: —Muchas gracias
         —Perdón. (illogical)

1. L   I   6. L   I
2. L   I   7. L   I
3. L   I   8. L   I
4. L   I   9. L   I
5. L   I   10. L   I

V. PARA ESCUCHAR Y ESCRIBIR

Tome nota (Take Note)

You will hear two people talking. First listen carefully for general comprehension. Then, as you listen for a second time, fill in the information requested.

Nombre del profesor __Dr Soto__

Nombre de la estudiante __~~Soy~~ Sara__

Día __Viernes__ _Friday._

Hora __Son las Tres y media__

Número de estudiantes __Veinte y tres__

Dictado

A. The speaker will read some numbers. Write each one in the space provided. Each number will be read twice.

1. __15__ ✓
2. __28__ ✓
3. __30__ ✓
4. __12__ ✓
5. __18__ ✓
6. __11__ ✓
7. __26__ ✓
8. __13__ ✓
9. __19__ ✓
10. __14__ ✓

B. The speaker will read six sentences. Each sentence will be read twice. After the first reading, write what you heard. After the second reading, check your work and fill in what you missed.

1. __¿Cómo te llamas?__
2. __¿Cuál es tu direccion?__
3. __¿Qué quiere decir "eraser"?__
4. __¿Como se dice "pizarra" en inglés?__
5. __¿Qué día es hoy?__
6. __Hasta la vista profesor.__

Lección 2
WORKBOOK
ACTIVITIES

Name _____

Section _____

Date _____

A. Complete the following sentences with Spanish subject pronouns.

>   MODELO: You refer to your teachers as . . .
>   **You refer to your teachers as *ellos*.**

1. You speak to your best friend and call him _____ .

2. You refer to María as _____ .

3. You address your teacher as _____ .

4. You refer to your friends as _____ .

5. You refer to your parents and yourself as _____ .

6. Anita and María refer to themselves as _____ .

7. You refer to Mr. García as _____ .

8. You speak to your classmates as a group and call them _____ .

B. Give the plural of the following subject pronouns.

1. yo _____   3. ella _____

2. usted _____   4. él _____

C. Match each verb with its corresponding subject pronoun.

1. estudiamos   a. yo

2. necesitas   b. ustedes

3. trabajan   c. nosotros

4. hablo   d. ella

5. regresa   e. tú

D. Complete the following sentences with the correct present indicative forms of the following verbs.

trabajar   hablar   necesitar   estudiar   llamar   desear

1. Uds. _____ desean _____ dinero.

2. María y Juan _____ necesitan _____ estudiar la lección.

3. Raquel y yo _____ estudiamos _____ alemán y ruso.

4. Yo _____ llamo _____ más tarde.

5. Tú _____ trabajas _____ en el hospital mañana.

6. Teresa _____ habla _____ inglés en la universidad.

E. Supply **el, la, los,** or **las** as needed according to gender and number.

1. _____ los _____ problemas
2. _____ la _____ sociedad
3. _____ los _____ teléfonos
4. _____ los _____ días
5. _____ el _____ programa
6. _____ los _____ idiomas
7. _____ las _____ lecciones
8. _____ la _____ ciudad
9. _____ la el _____ clima
10. _____ los _____ borradores

11. _____ la _____ conversación
12. _____ la _____ certidumbre
13. _____ los _____ hospitales
14. _____ las _____ manos
15. _____ la _____ libertad
16. _____ la _____ universidad
17. _____ la _____ ventana
18. _____ los _____ paredes
19. _____ el _____ televisión
20. _____ los _____ poemas

F. Form questions from the following sentences, placing the subject after the verb. Then answer each question in the negative.

1. Ella trabaja en el hospital.

_____ Trabaja ella en el hospital _____

_____ Si, trabaja en el hospital _____

2. Los estudiantes hablan español.

_____ Hablan los estudiantes español _____

_____

3. Ellos necesitan estudiar la Lección dos.

_____ ¿Necesital ellos estudiar la lección dos? _____

G. Complete the following dialogue, using the present indicative of the verb **ser**.

1. —Carlos y yo _____ Somos _____ de México. Carlos _____ es _____ estudiante y yo

_____ soy _____ profesora. ¿De dónde _____ eres _____ tú?

2. —Yo _____ soy _____ de Guatemala.

3. —¿Ernesto y Javier _____ son _____ de Guatemala también?

4. —No, ellos _____ son _____ de Venezuela.

H. Write the following numbers in Spanish.

1. 110 _____ cientos diez _____

2. 845 _____ ochicientos cuarenta y cinco _____

3. 514 _____ quinientos catorce _____

4. 760 _____ seitecientos seisenta _____

5. 283 _____ doscientos ochenta y treis _____

6. 672 _____ seiscientos seitenta y dos _____

7. 957 _____ novecientos cincuenta y siete _____

8. 1.000 _____ mill _____

9. 1.391 _____ mille treis cientos noventa y uno _____

10. 3.479 _____ treis milles cuatro cientos seitenta y nueve _____

I. Write the following dialogues in Spanish.

1. "Hello. Is Ana home?"
   "Yes. One moment, please."

_____ Hola esta Ana _____

_____ Si un momento _____

2. "Hi! How's it going?"
   "So-so . . . (More or less . . .)"
   "Why?"
   "Love problems . . . and financial problems . . ."
   "Do you need money?"
   "Yes!"

   _____

   _____

   _____

   _____

   _____

3. "What time is Ana coming back?"
   "At ten-thirty."
   "Then I'll call later."

   _____

   _____

   _____

4. "Where are you from, Mr. Silva?"
   "I'm from Brazil."
   "Do you speak English?"
   "No, I don't speak English. I speak Portuguese, Spanish, Italian, and French."

   _____

   _____

   _____

   _____

J. Crucigrama

Horizontal

1. treinta y treinta
3. dólares, pesos, etc.
4. ¿Cómo se dice *"we wish"*?
5. cincuenta y cincuenta
7. Adela y Marta _____ en el hospital.
9. doscientos y trescientos
14. En Brasil hablan _____ .
16. veinte y veinte
17. ¿Cómo se dice *"they call"*?
19. Juan y yo _____ mexicanos.
21. En Berlín hablan _____ .
22. En Pekín hablan _____ .
23. ¿Cómo se dice *"we return"*?
24. Yo no trabajo _____ noche.

Vertical

1. cuatrocientos y trescientos
2. El doctor trabaja en el _____ .
6. ¿A qué _____ regresa? ¿A la una?
8. ¿Cómo se dice *"they need"*?
10. cuarenta y cincuenta
11. idioma que hablan en Japón
12. idioma que hablan en Rusia
13. idioma que hablan en España
15. idioma que hablan en Italia
18. idioma que hablan en Francia
20. Hoy es martes; _____ es miércoles.

K. ¿Qué pasa aquí? Look at the illustration and answer the following questions.

1. ¿Qué hora es?

   Son las cinco

2. ¿Con quién desea hablar Alicia?

   Ella desea hablar con Marta

3. ¿Está Marta?

   No, Marta na esta.

4. ¿A qué hora regresa Marta?

   Marta regresa a las nueve.

5. ¿Cuándo llama Alicia?

   Alicia llama mas tarde

6. ¿Con quién habla Pierre?

   El habla con Michele

7. ¿Qué idioma hablan Pierre y Michèle?

   _____ Ellos hablan francés _____

8. ¿Ellos son de París o de Madrid?

   _____ Ellos son de París. _____

9. ¿Con quién estudia Gonzalo?

   _____ G. estudia con Ramiro _____

10. ¿Qué idioma estudian ellos?

    _____ Ellos estudian Ruso _____

11. ¿Gonzalo desea estudiar por la noche?

    _____ No, G. no desea estudiar por la noche. _____

12. ¿Sonia y Silvia trabajan en un hospital o en una cafetería?

    _____ Ellas trabajan en un hospital. _____

13. ¿Sonia trabaja por la mañana o por la noche?

    _____ Sonia trabaja por la mañana. _____

14. ¿Qué necesita Sonia?

    _____ S. necesita dinero. _____

Lección 2
LABORATORY ACTIVITIES

Name _____

Section _____

Date _____

I. PARA ESCUCHAR Y CONTESTAR

Diálogos: *Por teléfono*

The dialogues will be read first without pauses. Pay close attention to the speakers' intonation and pronunciation.

Raquel desea hablar con Marta.

MARISA —¿Sí?
RAQUEL —Hola. ¿Está Marta?
MARISA —No, no está. Lo siento.
RAQUEL —¿A qué hora regresa?
MARISA —A las nueve de la noche.
RAQUEL —Entonces llamo más tarde.
MARISA —Muy bien. Adiós.

Carmen habla con María.

MARÍA —Bueno.
CARMEN —Hola. ¿Está María?
MARÍA —Sí, con ella habla... ¿Carmen?
CARMEN —Sí. ¿Qué tal, María?
MARÍA —Muy bien, gracias. ¿Qué hay de nuevo?
CARMEN —Nada. ¡Oye! ¿Cuándo estudiamos inglés? ¿Hoy?
MARÍA —Sí, y mañana estudiamos francés.
CARMEN —¿Dónde?
MARÍA —En la universidad.
CARMEN —Muy bien. Hasta luego, entonces.

Pedro desea hablar con Ana.

ROSA —Dígame.
PEDRO —Hola. ¿Está Ana?
ROSA —Sí. ¿Quién habla?
PEDRO —Pedro Morales.
ROSA —Un momento, por favor.
ANA —¿Quién es?
ROSA —Es Pedro Morales.

ANA	—Hola, Pedro. ¿Qué tal?
PEDRO	—Bien, ¿y tú?
ANA	—Más o menos.
PEDRO	—¿Por qué? ¿Problemas sentimentales?
ANA	—No, problemas económicos. ¡Necesito dinero!
PEDRO	—¡Yo también! Oye, ¿tú trabajas en el hospital esta noche?
ANA	—No, hoy no trabajo por la noche.

Now the dialogues will be read with pauses for you to repeat what you hear. Imitate the speakers' intonation patterns.

Preguntas y respuestas

You will now hear questions about the dialogues. Answer each one, omitting the subject. The speaker will confirm your response. Repeat the correct response.

Situaciones

The speaker will present several situations based on the dialogues. Respond appropriately in Spanish to each situation. The speaker will confirm your response. Repeat the correct response. Follow the model.

> MODELO: You ask if Carlos is at home.
> ¿Está Carlos?

II. PRONUNCIACIÓN

A. The sound of the Spanish i

- Repeat the words in each pair, imitating the speaker's pronunciation.

English	Spanish
director	director
diversion	diversión
Martin	Martín
literal	literal

- Repeat each word, imitating the speaker's pronunciation.

sí	días	niño
dinero	cinco	necesitar
idioma	italiano	hospital

- When you hear the number, read the corresponding sentence aloud. Then listen to the speaker and repeat the sentence once more.

1. Fifí mira a Rin-Tin-Tin.
2. Mimí dice que es difícil vivir aquí.
3. La inimitable Rita me irrita.

B. The sound of the Spanish **o**

■ Repeat the words in each pair, imitating the speaker's pronunciation.

English	*Spanish*
noble	noble
no	no
opinion	opinión
Colorado	Colorado
adorable	adorable

■ Repeat each word, imitating the speaker's pronunciation.

problema	México	noche
como	entonces	ocho
momento	número	teléfono

■ When you hear the number, read the corresponding sentence aloud. Then listen to the speaker and repeat the sentence once more.

1. Jugó al polo solo.
2. Lolo compró los loros.
3. Yo como pollo con Rodolfo.

III. ¡VAMOS A PRACTICAR!

A. Answer each question you hear in the negative. Include the subjects in your answers. The speaker will confirm your response. Repeat the correct response. Follow the model.

> MODELO: —¿Uds. trabajan en el hospital?
> —**No, nosotros no trabajamos en el hospital.**

B. Provide the correct definite article for each word you hear. The speaker will confirm your response. Repeat the correct response. Follow the model.

> MODELO: problema
> **el problema**

C. Make each sentence you hear negative. The speaker will confirm your response. Repeat the correct response. Follow the model.

> MODELO: Él estudia español.
> **Él no estudia español.**

1. Yo hablo español.
2. Él trabaja en la ciudad.
3. Nosotros estudiamos la lección.
4. Tú deseas hablar con Ana.
5. Uds. necesitan los mapas.
6. Ana y yo regresamos a las cinco.

D. Change each sentence to the interrogative form, placing the subject at the end of the question. The speaker will confirm your response. Repeat the correct response. Follow the model.

> MODELO: La profesora está en la clase.
> **¿Está en la clase la profesora?**

1. Marisa y Rosa necesitan dinero.
2. Roberto trabaja en la universidad.
3. El doctor Mena necesita trabajo.
4. Usted trabaja en el hospital.
5. Los profesores estudian el programa.
6. Los estudiantes hablan japonés.

E. Answer each question you hear, using the cues provided. The speaker will confirm your response. Repeat the correct response. Follow the model.

> MODELO: —¿De dónde son Rosa y Raúl? (de Cuba)
> —Son de Cuba.

1. (de Chile)   2. (de California)   3. (de México)   4. (de Madrid)   5. (de Ecuador)

IV. EJERCICIO DE COMPRENSIÓN

Before listening to the dialogues in this section, study the comprehension questions below. Reviewing the questions ahead of time will help you to remember key information as you listen.

1. ¿De dónde es Carlos?
2. ¿Habla inglés?
3. ¿Está Carmen?
4. ¿A qué hora regresa?
5. ¿Dónde trabaja Jorge?
6. ¿Trabaja esta noche?

Listen carefully to each dialogue and then answer the questions, omitting the subject. The speaker will confirm your response. Repeat the correct response.

V. PARA ESCUCHAR Y ESCRIBIR

Tome nota

You will hear a brief telephone conversation. First listen carefully for general comprehension. Then, as you listen for a second time, fill in the information requested.

Compañía Sonolux _____
Mensaje telefónico _____
Para _____
De parte de _____
Mensaje _____
_____

Dictado

A. The speaker will say some numbers. Write each one in the space provided. Each number will be read twice.

1. _____

2. _____

3. _____

4. _____

5. _____

6. _____

B. The speaker will read six sentences. Each sentence will be read twice. After the first reading, write what you heard. After the second reading, check your work and fill in what you missed.

1. _____

2. _____

3. _____

4. _____

5. _____

6. _____

CHECK YOUR PROGRESS

Lecciones 1 y 2

Name _____

Section _____

Date _____

Lección 1

A. Write the following words in Spanish.

1. a book _____ un libro ✓
2. the blackboard _____ la pizarra ✓
3. some women _____ unas mujeres ✓
4. the pencils _____ los lapices ✓
5. a man _____ un hombre ✓
6. a pen _____ una pluma ✓
7. some professors (*masc.*) _____ unos profesores ✓
8. the windows _____ las ventanas ✓
9. a desk _____ un pupitre ✓
10. a doctor (*fem.*) _____ una doctora ✓
11. the map _____ el mapa ✓
12. a door _____ una puerta ✓
13. the hands _____ las manos ✓
14. the chalk _____ la tiza ✓
15. a day _____ un día ✓

B. Solve the following equations.

1. trece + dos = _____ veintitres _____ 23 _____

2. veinte + diez = _____ treinta _____ ✓

3. veintiocho – nueve = _____ diecinueve ✓

4. cinco + seis = _____ once _____

5. diecisiete – tres = _____ catorce ✓

6. diecisiete + nueve = _____ veintiseis ✓

C. Write the following dialogues in Spanish.

1. "What time is the class?"
   "The class is at a quarter to six."

   ¿A que hora es la clase? ✓

   La clase es a las seis menos cuarto !

2. "How many windows are there?"
   "There is one window."

   ¿Cuantos ventanas hay? ✓

   Hay una ventana. ✓

3. "What time is it?"
   "It's one-thirty."

   ¿Que hora es? ✓

   Es la uno y treinta ✓

4. "What's your name, sir?"
   "My name is Alberto Aguirre.

   ¿Cual es su nombre, señor? '   ¿Como se llama vd. señor?

   Mi nombre es Alberto Aguirre,   Me llamo A.A

5. "How do you say 'student desk' in Spanish?"
   "You say 'pupitre.'"

   ¿Como se dice " student desk" en español?

   Se dice "pupitre"

Lección 2

A. Answer the following questions, using cues provided. Include the subject pronouns.

1. ¿Qué idioma estudia Ud.? (español)

   _____ Estudio   español _____

2. ¿Habla francés el profesor? (no)

   _____ No, el profesor no habla francés _____

3. ¿Dónde trabajan Uds.? (en el hospital)

   _____

4. ¿Tú deseas estudiar alemán? (sí)

   _____

5. ¿Qué necesitan los profesores? (dinero)

   _____

6. ¿Yo hablo japonés? (no, tú...)

   _____

7. ¿De dónde eres tú? (de Chile)

   _____

8. ¿Uds. son profesores? (no, estudiantes)

   _____

B. Place the following words in the corresponding columns and provide the appropriate indefinite articles.

muchedumbre (*crowd*)   día   sistema
borrador   presión (*pressure*)   mano
telegrama   universidad   poema
amistad (*friendship*)

	Femenino		*Masculino*
1.	_____	6.	_____
2.	_____	7.	_____
3.	_____	8.	_____
4.	_____	9.	_____
5.	_____	10.	_____

C. Solve the following equations.

1. quinientos once + doscientos = _____

2. trescientos cuarenta − ciento treinta = _____

3. setecientos sesenta y dos + treinta y ocho = _____

4. novecientos noventa y siete − seiscientos siete = _____

5. cuatrocientos setenta − doscientos veinte = _____

D. Write a brief paragraph about yourself. Describe where you are from, what language(s) you speak, what time your Spanish class (*mi clase de español*) is and what you need.

_____

_____

_____

_____

_____

Lección 3
WORKBOOK
ACTIVITIES

Name _____

Section _____

Date _____

A. Form sentences with the elements given. Follow the model.

MODELO: Mario / esposa / trabajar / hospital
La esposa de Mario trabaja en el hospital.

1. la señora Gómez / hijos / estudiar / español

_____Los hijos de la señora Gomez estudian español_____

2. Ana / libro / ser / difícil

_____El libro de Ana es difícil_____

3. Rosa / hijos / regresar / más tarde

_____Los hijos de Rosa regrasan más tarde_____

4. profesora Soto / estudiantes / trabajar / cafetería

_____Los estudiantes de profesora Soto trabajan en la Cafetria_____

5. Raquel / esposo / desear / hablar / con / Rosa / hijos

_____El esposo de Raquel desea hablar con los hijos de Rosa_____

B. Complete the following sentences with appropriate adjectives from the list and the corresponding definite articles.

mexicana	español	mexicanos	blanca
azules	blancas	rojo	inglesas

1. __Los__ niños ___mexicanos___ hablan español.

2. Necesito __un__ lápiz ___rojo___ .

3. __El__ profesor (de) ___Español___ no habla inglés. ✳

39

4. ___Los___ lápices son ___azules___ .

5. ___La___ pluma ___blanca___ es de Juan.

6. ___Las___ profesoras ___inglesas___ no hablan español.

7. ___La___ profesora de José es ___mexicana___ .

8. Necesito ___las___ tizas ___blancas___ .

C. Complete the following sentences with the appropriate possessive adjectives or clarifying forms. Make sure each possessive adjective agrees with its subject.

> MODELO: Yo tengo un libro.
> **Es mi libro.**

1. Nosotros tenemos una profesora. Es ___nuestra___ profesora.

2. Ella tiene dos lápices. Son ___sus___ lápices. (Son ___los___ lápices de ___ella___ .)

3. Tú tienes un escritorio. Es ___tu___ escritorio.

4. Nosotros tenemos tres hijos. Son ___nuestros___ hijos.

5. Ellos tienen dinero. Es ___su___ dinero. (Es ___el___ dinero de ___ellos___ .)

6. Yo tengo dos plumas rojas. Son ___mis___ plumas.

7. Uds. tienen un profesor. Es ___su___ profesor. (Es ___el___ profesor de ___uds.___ .)

8. Ud. tiene una mesa. Es ___su___ mesa. (Es ___la___ mesa de ___ud.___ .)

D. Answer the following questions with complete sentences, using the cues provided and the appropriate possessive adjectives. Follow the model.

> MODELO: —¿Dónde solicita trabajo la amiga de él? (en el hospital)
> **—Su amiga solicita trabajo en el hospital.**

1. ¿De dónde son tus amigos? (de Venezuela)

   ___Mis amigos son de Venezuela___

2. ¿De dónde es la profesora de ustedes? (de Bolivia)

   ___Nuestra profesora es de Bolivia___

3. ¿Dónde trabaja tu amiga? (en el hospital)

_____Mi amiga trabaja en el hospital_____

4. ¿Los amigos de ustedes son simpáticos? (sí)

_____Si, neusros amigos son simpáticos._____

5. ¿Tú necesitas hablar con mi profesora? (no) (**Ud.** *form*)

_____No necésito hablar con su profesora._____

6. ¿Elsa necesita mis libros? (sí) (**tú** *form*)

_____Si, Elsa necesita tus libros._____

E. Complete the following chart with the corresponding present indicative forms.

Infinitive	yo	tú	Ud., él, ella	nosotros	Uds., ellos
leer	leo	lees	lee	leemos	leen
1. comer	como	Comes	Come	comemos	Comen
2. creer	Creo	crees	cree	creemos	creen
3. beber	bebo	bebes	bebe	bebemos	beben
4. escribir	escribo	escribes	escribe	escribimos	escriben
5. recibir	recibo	recibes	recibe	recibimos	reciben
6. decidir	decido	decides	decide	decidimos	deciden

F. Complete the following sentences with the correct form of **tener** or **venir**.

1. Nosotros no _____tenemos_____ su dirección.

2. Yo _____vengo_____ con mi esposa.

3. Ellos _____vienen_____ a la cafetería.

4. ¿_____Tienes_____ tú el periódico?

5. ¿_____Tiene_____ Ud. a solicitar trabajo?

6. Yo no _____tengo_____ hijos.

7. ¿_____Tienes_____ tú conocimiento de computadoras?

8. Nosotras _____venemos_____ con la recepcionista.

9. ¿ _Vienes_ (tú) a trabajar en nuestra compañía?

10. Rosa _tiene_ mi número de teléfono.

G. Rewrite the following sentences, using **tener que.**

MODELO: Yo trabajo mucho.
Yo tengo que trabajar mucho.

1. Ellos vienen por la tarde. _Ellos tienen que venir por la tarde_

2. ¿Tú llenas la solicitud de trabajo? _Tu tienes que llenar la solicitud de trabajo_

3. Ella no habla japonés. _Ella no tiene que hablar japonés_

4. Yo estudio esta noche. _Yo no tengo que estudiar esta noche._

5. Nosotros no escribimos en francés. _Nosotros no tenemos que escribir en francés_

H. ¿**Cómo se dice...?** Write the following dialogues in Spanish.

1. "Are all your classes in the morning, Anita?"
"Yes, I have the afternoon free."
"Are your classes very difficult?"
"No, they're easy."

Son todas tus clases por la manana Anita

Sí, tengo libre la tarde.

Son tus clases muy difíciles?

No, son faciles.

2. "Place of birth?"
"The United States."
"Age?"
"Thiry (years)."
"Marital status?"
"I'm (a) widow."
"Profession?"
"Professor."

Legar de nacimento? lugar, Lugar

Los Estados Unidos.

Edad

Treinta años

Estado civil

Soy ? viuda

Profesion

Profesora

3. "Do I have to fill out the application?"
   "Yes, please."

   ¿Tengo que llenar el solicitud?

   Sí, por favor.

4. "What is your name?"
   "My name is Rosa."
   "Are you single . . . divorced . . .?"
   "I'm married, sir."
   "How many children do you have?"
   "I have five children."

   ¿Cual es su nombre?

   Mi nombre es Rosa

   Es ud. soltera divorciada

   Soy casada senor   ✓

   ¿Cuantos hijos tiene?   ✓

   Tiene cinco hijos.

5. "Our teacher's husband is from Venezuela."
   "Do you think he is from Caracas?"
   "No, he's from Maracaibo, but their children are from Caracas."

   El ~~maior~~ esposo de nuestra maestra es de Venezuela. ✓

   ¿Crees que el es de Caracas?

   No es de Maracaibo pero sus hijos son de Caracas,

I. Identify what type of information is being requested.

1. ____Nombre____ Alicia Rojas Vargas

2. Fecha de naciemento 8–7–1970

3. ____Cdad____ 20 años

4. Estado civil ____ soltera

5. ____Direccion____ Avenida Bolívar #1.843

6. Numero de telefono 792–2638

7. Nacionalidad mexicana

8. ____Profesion.____ estudiante

J. Crucigrama

Horizontal

1. enviar
4. opuesto (*opposite*) de **simpático**
7. _____ : 34 años
8. tomar
10. ¿Cómo se dice "*but*"?
14. No es una calle; es una _____ .
15. ¿Es casada o _____ ?
16. chico
19. No tengo _____ de computadoras.
21. Mis amigos _____ trabajo en la compañía IBM.
22. Comen sándwiches de jamón y _____ .
23. Lugar de _____ : California
26. ¿Cómo se dice "*I think*"?
27. _____ : Profesor
28. ¿Cómo se dice "*while*"?

Vertical

2. Es _____ ; es de Washington.
3. opuesto de **cerca**
5. No tengo tiempo _____ trabajar.
6. opuesto de **gorda**
9. Ud. debe llenar la _____ .
11. charlar
12. diario
13. _____ : García
17. trabajo
18. Me voy. ¡Nos _____ !
20. ¿Es rubia, morena o _____ ?
24. Ellos _____ el diario.
25. Nosotros _____ la televisión.

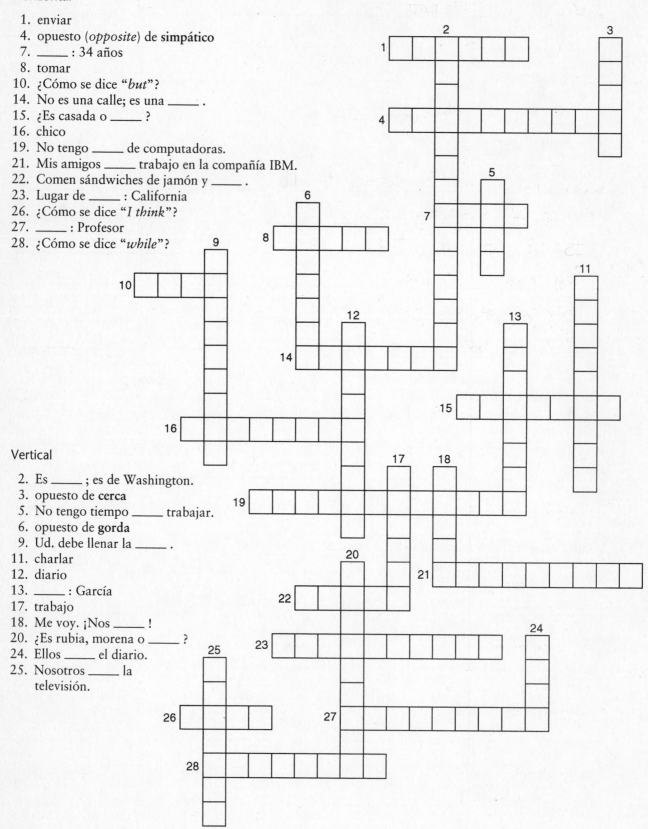

K. ¿Qué pasa aquí? Look at the illustration and answer the following questions.

1. ¿Dónde comen los estudiantes?

   _____

2. ¿Qué bebe Mario?

   _____

3. ¿Quién desea comer con Mario?

   _____

4. ¿Tiene Mario mucho tiempo libre?

   _____

5. ¿Mario tiene que trabajar o tiene que estudiar?

   _____

6. ¿Qué lee Marta?

   _____

7. ¿Qué sección del periódico lee?

_____

8. ¿Qué necesita Marta?

_____

9. ¿Marta tiene conocimiento de computadoras?

_____

10. ¿Con quién come Alberto? ¿Qué comen?

_____

11. ¿Qué estudian Julio y Alberto?

_____

12. ¿La clase de historia es fácil para Julio?

_____

13. ¿Qué día tienen el examen de historia?

_____

14. ¿Qué tiene que estudiar Jorge?

_____

15. ¿Tiene que estudiar por la mañana, por la tarde o por la noche?

_____

PARA LEER

La familia de Hilda López

La señora Hilda López Ramírez es de Santiago, pero ahora vive en California. Es enfermera° y trabaja en un hospital de Los Ángeles. Sus padres° son médicos,° y viven en Viña del Mar, una ciudad de Chile.

nurse / parents / physicians

Julio, el esposo de la señora López, es ingeniero. Ellos tienen tres hijos: Eduardo, Irene y Teresa. Eduardo es rubio y muy alto. Las niñas° son morenas y muy bonitas. Los tres son muy inteligentes y muy simpáticos. Hablan inglés y español. En la escuela° leen y escriben en inglés. Irene y Eduardo tienen conocimiento de computadoras. ~~Knowledge~~

girls

school

La familia vive en la ciudad de Los Ángeles, en la calle Figueroa, número ciento treinta. Emilio Ramírez, el padre de Julio, es (viudo) y vive con ellos. *widower*

¡Conteste!

married *single*

1. ¿Hilda López es casada o soltera?

    Hilda es casada

2. ¿De qué país (*country*) es ella?

    Ella es de Chile

3. ¿Dónde vive ahora?

    Ella vive en California

4. ¿Cuáles son las profesiones de Hilda y de su esposo?

    Hilda es enfermera y Jose es ingeniero

5. ¿Dónde trabaja Hilda?

    Hilda trabaja en un hospital. de los A

6. ¿Cuál es la profesión de los padres de Hilda?

    Sus padres son médicos

7. ¿Los padres de Hilda viven en Santiago?

    No, ellos viven en Viña del Mar.

8. ¿Cuántos hijos tienen Hilda y Julio? ¿Cómo son? (*What are they like?*)

    Ellos tienen tres hijos. Un niño es rubio

9. ¿Qué idiomas hablan los niños? ¿En qué idioma leen y escriben en la escuela?

    Ellos hablan

10. ¿Quiénes tienen conocimiento de computadoras?

_____

11. ¿En qué ciudad de California vive la familia?

_____

12. ¿Cuál es la dirección de la familia Ramírez?

_____

13. ¿Quién es Emilio Ramírez? ¿Es divorciado?

_____

14. ¿El señor Ramírez vive en Los Ángeles también?

_____

Lección 3
LABORATORY ACTIVITIES

Name _____

Section _____

Date _____

I. PARA ESCUCHAR Y CONTESTAR

Diálogo: *Susana solicita trabajo*

The dialogue will be read first without pauses. Pay close attention to the speakers' intonation and pronunciation.

Susana y su amigo Quique conversan en la cafetería de la universidad mientras comen sándwiches de jamón y queso y beben café. La muchacha es rubia, bonita y muy inteligente. Quique es alto, moreno, guapo y simpático. Susana lee un anuncio en el periódico y decide solicitar el empleo. Quique cree que ella no debe trabajar.

La compañía IBM necesita recepcionista. Debe hablar inglés y tener conocimiento de computadoras. Venir, o enviar su solicitud a avenida Simón Bolívar 342, Caracas.

QUIQUE	—Susana, ¡tú tienes cuatro clases! No tienes tiempo para trabajar.
SUSANA	—Todas mis clases son por la mañana. Tengo la tarde libre.
QUIQUE	—Pero tienes que estudiar...
SUSANA	—Bueno, mis clases no son muy difíciles.
QUIQUE	—¡La clase de la Dra. Peña no es fácil!
SUSANA	—No es difícil. Avenida Simón Bolívar... Yo vivo cerca de allí...
QUIQUE	—¿Cerca? Tú vives en la calle Seis.
SUSANA	—No queda lejos. Bueno, me voy.
QUIQUE	—¿A qué hora vienes mañana?
SUSANA	—Vengo a las nueve. Nos vemos.

QUIQUE   —¿Por qué no vienes a las ocho? Tenemos que estudiar.
SUSANA   —¡Ah, sí! Tenemos el examen de francés el viernes. Vengo a las ocho.
QUIQUE   —Hasta mañana. ¡Buena suerte!

(En la compañía IBM, Susana llena la solicitud.)

Now the dialogue will be read with pauses for you to repeat what you hear. Imitate the speakers' intonation patterns.

Preguntas y respuestas

You will now hear questions about the dialogue. Answer each one, omitting the subject. The speaker will confirm your response. Repeat the correct response.

Situaciones

The speaker will present several situations based on the dialogue. Respond appropriately in Spanish to each situation. The speaker will confirm your response. Repeat the correct response. Follow the model.

>   MODELO: You tell a friend that you have to study tomorrow.
>   **Tengo que estudiar mañana.**

II. PRONUNCIACIÓN

A. The sound of the Spanish **u**

- Repeat the words in each pair, imitating the speaker's pronunciation.

English	*Spanish*
universal	universal
club	club
durable	durable
Hugo	Hugo

- Repeat each word, imitating the speaker's pronunciation.

muchacha	computadora
rubia	bueno
Susana	universidad
anuncio	solicitud

- When you hear the number, read the corresponding sentence aloud. Then listen to the speaker and repeat the sentence once more.

    1. Las universidades uruguayas están en las urbes.
    2. Úrsula usa uniformes únicamente en el club.
    3. Urbano es un usurero que usualmente no es humilde.

B. Linking   *enlace*

- When you hear the number, read the corresponding sentence aloud. Then listen to the speaker and repeat the sentence once more.

1. ¿De dónde eres tú?
2. Mis amigos están en México.
3. Mi hermana es alta y elegante.
4. Carlos sabe inglés.

III. ¡VAMOS A PRACTICAR!

A. Answer the following questions to indicate ownership, using the cues. The speaker will confirm your response. Repeat the correct response. Follow the model.

> MODELO: —¿Es el lápiz de Rosa? (María)
> —**No, es el lápiz de María.**

1. (Carlos) 2. (la profesora) 3. (Elisa) 4. (Irene) 5. (Rodolfo)

B. The speaker will read several phrases. Repeat each phrase, and then change each adjective according to the new cues. Make sure the adjectives agree with the nouns in gender and number. The speaker will confirm your response. Repeat the correct response. Follow the model.

> MODELO: El niño español
> La niña
> **La niña española**
> Los niños
> **Los niños españoles**
> Las niñas
> **Las niñas españolas**

1. El muchacho rubio   3. El libro rojo
2. El alumno inteligente   4. El examen difícil

C. Answer each question you hear in the affirmative, using the appropriate possessive adjectives. The speaker will confirm your response. Repeat the correct response. Follow the model.

> MODELO: —¿Es tu amigo?
> —**Sí, es mi amigo.**

D. Answer each question you hear in the negative, using the subjects in your answers. The speaker will confirm your response. Repeat the correct response. Follow the model.

> MODELO: —¿Abres la puerta?
> —**No, yo no abro la puerta.**

E. Answer each question you hear, using the cues provided. The speaker will confirm your response. Repeat the correct response. Follow the model.

> MODELO: —¿Quién viene hoy? (Carlos)
> —**Carlos viene hoy.**

1. (más tarde) 2. (Teresa) 3. (a las seis) 4. (sí) 5. (no) 6. (sí) 7. (Marisa) 8. (no)

F. Certain people are not doing what they are supposed to do. Say what they have to do. The speaker will confirm your response. Repeat the correct response. Follow the model.

> MODELO: Tú no estudias.
> **Tú tienes que estudiar.**

IV. EJERCICIO DE COMPRENSIÓN

Before listening to the dialogues in this section, study the comprehension questions below. Reviewing the questions ahead of time will help you to remember key information as you listen.

1. ¿Esteban es moreno?
2. ¿Es alto o bajo?
3. ¿A qué hora viene Cecilia a la universidad?
4. ¿Las clases de Cecilia son muy difíciles?
5. ¿Susana tiene la tarde libre o tiene que trabajar?
6. ¿Teresa tiene que trabajar también?

Listen carefully to each dialogue and then answer the questions, omitting the subject. The speaker will confirm your response. Repeat the correct response.

V. PARA ESCUCHAR Y ESCRIBIR

Tome nota

You will hear a young woman describe herself. First listen carefully for general comprehension. Then, as you listen for a second time, fill in the information requested.

```
Nombre y apellido: _____

Dirección: _____

Estado civil: _____

Nacionalidad: _____

Lugar de nacimiento: _____

Ocupación: _____
```

Dictado

The speaker will read six sentences. Each sentence will be read twice. After the first reading, write what you heard. After the second reading, check your work and fill in what you missed.

1. _____

2. _____

3. _____

4. _____

5. _____

6. _____

Lección 4
WORKBOOK
ACTIVITIES

A. Write the following dialogues in Spanish.

1. "Do you want a soft drink, Anita?"
   "No, thank you. I'm not thirsty . . . I'm very hungry . . ."

   ¿Deseas un refresco, Anita?

   No gracias. No tengo sed... tengo mucha hambre.

2. "Are you in a hurry, Mr. Vega?"
   "Yes, I'm always in a hurry."

   ¿Tiene usted prisa Sr. Vega?

   Si, siempre tengo prisa.

3. "Are you cold, Paquito?"
   "No, I'm hot!"

   ¿Tienes frío, Paquito?

   No, tengo calor

4. "How old are you?"
   "I'm seven years old."

   ¿Cuantos años tienes?

   Tengo siete años

5. "Are you sleepy, Anita?"
   "Yes, I'm very sleepy."

   Tienes sueño Anita

   Si, tengo mucho sueño

B. Supply the definite article, **de** + *the definite article,* or **a** + *the definite article,* as required.

1. Marta va ＿＿＿＿＿＿ fiestas.

   ＿＿＿＿＿＿ club.

   ＿＿＿＿＿＿ bailes.

   ＿＿＿＿＿＿ Ciudad de México.

2. Rodolfo lleva ＿＿＿＿＿＿ señora.

   ＿＿＿＿＿＿ niño.

   ＿＿＿＿＿＿ bebidas.

   ＿＿＿＿＿＿ novia de Pedro.

   ＿＿＿＿＿＿ chicas.

   ＿＿＿＿＿＿ champán.

   ＿＿＿＿＿＿ muchachos.

3. El dinero es ＿＿＿＿＿＿ señor López.

   ＿＿＿＿＿＿ señorita Díaz.

   ＿＿＿＿＿＿ chicos.

   ＿＿＿＿＿＿ muchachas.

C. Complete each of the following sentences with the correct present indicative form of the verb given.

1. Yo (ir) ＿＿＿＿＿＿＿＿ a la fiesta.

   (dar) ＿＿＿＿＿＿＿＿ dinero.

   (estar) ＿＿＿＿＿＿＿＿ en el club.

2. Tú (ir) ＿＿＿＿＿＿＿＿ a casa de Marta.

   (dar) ＿＿＿＿＿＿＿＿ tu número de teléfono.

   (estar) ＿＿＿＿＿＿＿＿ bien.

3. José (ir) ＿＿＿＿＿＿＿＿ al baile.

   (dar) ＿＿＿＿＿＿＿＿ su dirección.

   (estar) ＿＿＿＿＿＿＿＿ en la terraza.

4. Carlos y yo (ir) _____ a Buenos Aires.

    (dar) _____ un baile en nuestra casa.

    (estar) _____ en el club.

5. Los muchachos (ir) _____ con sus compañeros al aeropuerto.

    (dar) _____ sus nombres.

    (estar) _____ en la cafetería.

D. Complete each sentence with the appropriate form of **ir** + **a** + *infinitive*, using the verbs listed.

    ir   traer   invitar   dar   brindar   empezar

1. Yo _____ a mis compañeros a mi fiesta.

2. Mis amigos _____ con champán.

3. ¿Tú _____ los discos?

4. La fiesta _____ a las nueve.

5. Mi prima y yo _____ a Venezuela.

6. ¿Ud. _____ una fiesta en su casa?

E. Complete the following chart.

Subject	Infinitive	Present Indicative
1. las chicas	preferir	
2.		entiendo
3. ustedes	querer	
4.		cerramos
5. Fernando	perder	
6.		empiezas
7. Ud.	pensar	
8.		comenzamos

F. ¿Cómo se dice...? Write the following dialogues in Spanish.

1. "Where are your friends?"
   "They are at the club."

   _____

   _____

2. "Are you in a hurry, Miss Peña?"
   "Yes, I have to go to the hospital."

   _____

   _____

3. "Are you going to take the girls to the Christmas party?"
   "Yes. What time does it start?"
   "It starts at eight."

   _____

   _____

   _____

4. "Are you sleepy, Pablo?"
   "No, but I'm very tired."

   _____

   _____

5. "Are you going to invite Mr. Lara's son to your birthday party, Anita?"
   "No, I prefer to invite Miss Peña's brother."

   _____

   _____

G. Crucigrama

Horizontal

2. Ana y yo _____ a mi hermana a la fiesta.
3. Yo vivo en mi _____ .
8. ¿Cómo se dice "*happy*"?
9. En un baile, nosotros _____ .
11. ¿Cómo se dice "*brother*"?
13. ¿Cómo se dice "*hors d'oeuvres*"?
15. las doce de la noche
17. Él es de Montevideo; es _____ .
19. ¿Cómo se dice "*birthday*"?
21. Teresa no es la esposa de Javier; es su _____ .
22. cinta

Vertical

1. En España comen doce _____ a la medianoche del 31 de diciembre.
3. ¿Cómo se dice "*to celebrate*"?
4. opuesto de **malo**
5. deseo
6. ¿Cómo se dice "*I bring*"?
7. empezamos
10. ¿Cómo se dice "*beer*"?
12. El champán es una _____ .
14. Ellos no quieren cerveza; _____ un refresco.
16. El 25 de diciembre celebramos la _____ .
18. Marité trabaja mucho; está muy _____ .
20. excelente

H. ¿Qué pasa aquí? Look at the illustration and answer the following questions.

1. ¿Es una fiesta de Navidad?

   _____

2. ¿Es el cumpleaños de Pablo?

   _____

3. ¿Cuántos años tiene Armando?

   _____

4. ¿Quién da la fiesta?

   _____

5. ¿Carmen es la novia de Armando?

_____

6. ¿Por qué no baila Hernán?

_____

7. ¿Qué va a comer Hernán?

_____

8. ¿Con quién baila Gabriela?

_____

9. ¿Con quién está Elsa?

_____

10. ¿Con qué brindan Elsa y Fernando?

_____

11. ¿Marcos tiene hambre o tiene sed?

_____

12. ¿Ud. cree que Ana y José son novios o que son hermanos?

_____

Lección 4
LABORATORY ACTIVITIES

Name _____

Section _____

Date _____

I. PARA ESCUCHAR Y CONTESTAR

Diálogo: *¿Bailamos?*

The dialogue will be read first without pauses. Pay close attention to the speakers' intonation and pronunciation.

Adela, una chica uruguaya, invita a muchos de sus compañeros de la universidad a una fiesta de fin de año en su casa. En la fiesta, Humberto y Adela conversan mientras bailan.

ADELA	—Humberto, ¿dónde está tu prima?
HUMBERTO	—Va a venir más tarde. Tiene que traer a mi hermana.
ADELA	—También va a traer unos discos. Oye, ¿dónde vamos a celebrar el año nuevo?
HUMBERTO	—Vamos a ir al baile del Club Náutico, ¿no?
ADELA	—Ay, ¡claro! Julio y su novia van a ir también.
HUMBERTO	—¡Magnífico! Ellos son muy simpáticos. Además, mañana es el cumpleaños de Julio.
ADELA	—¿Ah sí? ¿Cuántos años tiene Julio?
HUMBERTO	—Creo que tiene veintidós.
ADELA	—¿Tienes hambre? ¿Quieres pollo, entremeses, ensalada...?
HUMBERTO	—No, gracias. No tengo mucha hambre, pero tengo sed.
ADELA	—¿Quieres un coctel, sidra, champán, cerveza, sangría...?
HUMBERTO	—Prefiero un refresco.
ADELA	—¿A qué hora empieza el baile en el club?
HUMBERTO	—A las diez y media. Voy a llamar a Julio y a Teresa.

Más tarde, en el Club Náutico, todos celebran el año nuevo.

ADELA	—La orquesta es magnífica. ¿Bailamos, Humberto?
HUMBERTO	—Sí.
JULIO	—¿Estás cansada, Teresa?
TERESA	—No, tengo calor. ¿Por qué no vamos todos a la terraza ahora?
JULIO	—Buena idea. ¿Llevamos la bebidas?
TERESA	—Sí, tengo mucha sed.
JAVIER	—¿No tienen uvas? En España siempre comemos doce uvas a la medianoche.
MARISA	—Aquí en Montevideo brindamos con sidra.
ADELA	—¡Son las doce! ¡Feliz Año Nuevo!
TODOS	—¡Feliz Año Nuevo! ¡Feliz Año Nuevo...!
HUMBERTO	—Y, ¡feliz cumpleaños, Julio!

Now the dialogue will be read with pauses for you to repeat what you hear. Imitate the speakers' intonation patterns.

Preguntas y respuestas

You will now hear questions about the dialogue. Answer each one, omitting the subject. The speaker will confirm your response. Repeat the correct response.

Situaciones

The speaker will present several situations based on the dialogue. Respond appropriately in Spanish to each situation. The speaker will confirm your response. Repeat the correct response. Follow the model.

> MODELO: You ask a friend if he is hungry.
> ¿Tienes hambre?

II. PRONUNCIACIÓN

A. The sound of the Spanish **b** and **v**

- Repeat each word, imitating the speaker's pronunciation.

veinte	bien
venir	baile
Ana va	rubio
uva	sobrina

- When you hear the number, read the corresponding sentence aloud. Then listen to the speaker and repeat the sentence once more.

  1. ¿Vas a Burgos para buscar a Viviana?
  2. Victoria baila con Vicente Barrios.
  3. En el verano, Bárbara va a Varsovia con Basilio.

B. The sound of the Spanish **d**

- Repeat each word, imitating the speaker's pronunciation.

delgado	universidad
de	sábado
debe	bebida
dos	adiós

- When you hear the number, read the corresponding sentence aloud. Then listen to the speaker and repeat the sentence once more.

  1. Dorotea mide dos yardas de seda.
  2. ¿Cúando es la boda de Diana y Dionisio?
  3. ¿Por dónde anda Delia, doña Dora?

C. The sound of the Spanish **g**

■ Repeat each word, imitating the speaker's pronunciation.

delgado   Durango
guapo   gato
gordo

■ Repeat each word, imitating the speaker's pronunciation.

amigo   hago
pregunta   llega
uruguaya

■ Repeat each word, imitating the speaker's pronunciation.

Guevara   guitarra
Guillermo guerra
alguien

■ When you hear the number, read the corresponding sentence aloud. Then listen to the speaker and repeat the sentence once more.

1. Gustavo Guerrero ganó la guerra.
2. El águila lanzó la daga en el agua.
3. El gordo guardó la guitarra en el gabinete.

III. ¡VAMOS A PRACTICAR!

A. Use expressions with **tener** to say how the people described in each statement feel, according to the situation. The speaker will confirm your response. Repeat the correct response. Follow the model.

MODELO: I am in Alaska in January.
Ud. tiene mucho frío.

B. Answer each question you hear in the negative, using the cues provided and the personal **a** as needed. The speaker will confirm your response. Repeat the correct response. Follow the model.

MODELO: —¿Llamas a Olga? (Elena)
—No, llamo a Elena.

1. (Luis) 2. (su dirección) 3. (un refresco) 4. (amiga) 5. (profesora) 6. (dinero)

C. Answer each question you hear, using the cues provided. The speaker will confirm your response. Repeat the correct response. Follow the model.

MODELO: —¿A quién llamas? (profesor)
—Llamo al profesor.

1. (doctor) 2. (baile) 3. (señor López) 4. (los Estados Unidos) 5. (hijo de Luis) 6. (profesora)
7. (primos de Juan)

D. You will hear several statements, each followed by a question. Answer each question, using the cues provided. The speaker will confirm your response. Repeat the correct response. Follow the model.

> MODELO: —Luis va a la fiesta. ¿Y tú? (al baile)
> —**Yo voy al baile.**

1. (con Raúl)   2. (con Carmen)   3. (el domingo)   4. (en Colorado)   5. (no)   6. (el domingo)

E. You will hear some statements about what people do on different occasions. Using the cues provided, respond by saying what the new subjects are *going* to do. The speaker will confirm your response. Repeat the correct response. Follow the model.

> MODELO: Ana trabaja los lunes. (yo–los sábados)
> **Yo voy a trabajar los sábados.**

1. (nosotros–por la mañana)   2. (tú–los martes)   3. (Anita–el viernes)   4. (yo–a las seis)
5. (ellos–entremeses)

F. The speaker will ask several questions. Answer each one, using the cues provided. The speaker will confirm your response. Repeat the correct response. Follow the model.

> MODELO: —¿Adónde quieren ir Uds.? (a la universidad)
> —**Queremos ir a la universidad.**

1. (a las siete)   2. (a los ocho)   3. (no, con Antonio)   4. (no, esta tarde)   5. (sí)   6. (a las diez)

IV. EJERCICIO DE COMPRENSIÓN

Before listening to the dialogues in this section, study the comprehension questions below. Reviewing the questions ahead of time will help you to remember key information as you listen.

1. ¿Por qué no quiere comer Estela?
2. ¿Estela tiene sed?
3. ¿Qué prefiere tomar?
4. ¿Cuántos años tiene Marta?
5. ¿Qué celebra Marta hoy?
6. ¿Adónde va a ir Marta?
7. ¿A qué hora empieza el baile?
8. ¿Por qué no quiere bailar Silvia?
9. ¿Adónde quiere ir ella?
10. ¿Por qué quiere ir a la terraza?

Listen carefully to each dialogue, and then answer the questions, omitting the subject. The speaker will confirm your response. Repeat the correct response.

V. PARA ESCUCHAR Y ESCRIBIR

Tome nota

You will hear a young man describe his birthday party. First listen carefully for general comprehension. Then, as you listen for a second time, fill in the information requested.

Viernes

¡Es una fiesta de	*Cumpleaños* !
Para	*Roberto Soto*
Día	*el Viernes* FRIDAY
Hora	*à las 9 de la noche.*
Lugar	*Club Nautico*

Plac.

Dictado

The speaker will read six sentences. Each sentence will be read twice. After the first reading, write what you heard. After the second reading, check your work and fill in what you missed.

1. *Susana invita a sus compañeros a la fiesta de fin de año.*
2. *Susana y sus compañeros van al baile del club.*
3. *La orquesta es magnifica y todos bailan.*
4. *Hoy es el cumpleaños de Julio.*
5. *El y su novia brindan con champón.*
6. *A la medianoche todos comen huevos uvas.*

come huevos

orquesta·
orquesta.   *ochenta.*

CHECK YOUR PROGRESS

Lecciones 3 y 4

Name _____

Section _____

Date _____

Lección 3

A. Establish possession or the relationship between the elements given in complete sentences, using **de**.

1. Carlos / escritorio _____ El escritorio es de Carlos. _____

2. profesora / hijos _____ Los hijos son de la profesora. _____

3. la señora Peña / profesora _____ La profesora es de la señora Peña. _____

4. estudiantes / libros _____ Los libros son de los estudiantes _____

B. Change the following phrases according to each new element.

1. el profesor inglés

_____ la _____ profesora _____ ingles _____

2. los estudiantes mexicanos

las _____ estudiantes _____ mexicanas _____

3. el lápiz azul

_____ las _____ plumas _____ azules _____

4. la tiza roja

_____ el _____ cuaderno _____ rojo _____

C. Write the following sentences in Spanish.

1. My daughters write in Spanish.

_____ Mis hijas escriban en español. _____

2. Miss López is our professor.

Señorita López es nuestra profesora.

3. Her students have to come tomorrow.

Sus estudiantes tienen que venir mañana

4. Where is your teacher from? (tú *form*)

¿De dónde es tu maestro?

5. What is your address? (Ud. *form*)

¿Cuál es su dirección?

D. Complete the following sentences with the present indicative of the verbs in parentheses.

1. Nosotros ___aprendemos___ (aprender) francés.

2. Yo ___tengo___ (tener) los libros y ellos ___tienen___ (tener) los cuadernos.

3. Ellos ___vienen___ (venir) con Eva y yo ___vengo___ (venir) con Ana.

4. Yo ___vivo___ (vivir) en Quito y Luis ___vive___ (vivir) en Lima.

5. Tú ___comes___ (comer) jamón y ___bebes___ (beber) café.

6. Tú y yo ___escribimos___ (escribir) en inglés.

Lección 4

A. Complete the following sentences, using the appropriate forms of **ir, dar,** or **estar.**

1. Yo nunca ___doy___ fiestas. ✓

2. ¿Tú ___vas a ir___ al baile del club? ✓

3. Teresa ___está___ en la terraza. ¿Dónde ___están___ ellos? ✓

4. Nosotros no ___vamos___ al baile pero Luis ___va___ .

5. ¿Ud. ___va___ a la fiesta que ___da___ Irma?

B. Answer the following questions with complete sentences, using the cues provided.

1. ¿Adónde vas? (baile / club)

Voy al baile del club en el

2. ¿A quién llevas a la fiesta? (mi novia)

Llevo a mi novia a la fiesta.

3. ¿Qué prefieren comer Uds.? (pollo)

_____Nosotros preferimos comer pollo. ✓_____

4. ¿Tienes sed? (sí, mucha)

_____Si yo tengo mucha sed. ✓_____

C. Write the following sentences in Spanish.

1. Are you going to invite your friends to the dance, Miss Soto? (**Ud.** *form*)

_____Usted. Va a invitar a sus amigos al baile, Srta Soto?_____

2. We are very hungry. Where are the hors d'oeuvres?

_____Tenemos mucha hambre. Donde estan los entremeses_____

3. I want to go to the party. What time does it start?

_____Quiero ir a la fiesta, ¿A que hora empieza?_____
Deseo

D. Imagine that you are planning to give a party. Write a brief paragraph about what you are going to serve (**servir**) to eat and drink, whom you are going to invite, and whether or not you are going to dance.

_____Voy a dar una fiesta. Voy a servir entre meses, queso y vino._____
_____A la media noche, todos los invitados van beber champon. Voy_____
_____a invitar mis amigos de Nortel y tambien los amigos de mi_____
_____esposo. Voy a bailar con mi esposo._____

q   queso

Lección 5
WORKBOOK ACTIVITIES

Name _____

Section _____

Date _____

A. Look at the picture below and complete the following sentences, relating what the people are doing and establishing comparisons among them.

1. Alberto _____ con Rita. Rita es _____ _____ que Alberto.

   Él es _____ _____ que ella.

2. Julio y Elisa _____ . Julio es mucho _____ _____ que ella.

   Elisa es la _____ _____ de la fiesta.

3. Luis es _____ _____ que Mario. Luis es el _____

   _____ de la fiesta.

4. Pedro es _____ _____ que Alberto.

5. Estela y Dora _____ café. Estela es _____ _____ que Dora.

73

B. Complete the following sentences, using appropriate comparative forms.

1. Elena tiene veinte años. Jorge tiene treinta años.

    Elena es _____ que Jorge. Jorge es _____ que Elena.

2. Marta tiene una "A" en alemán, Felicia tiene una "B" y Ramón tiene una "D".

    Ramón es el _____ . Marta es la _____ .

3. Yo hablo inglés mal. Tú hablas inglés muy bien.

    Yo hablo inglés _____ que tú. Tú hablas inglés _____ que yo.

C. Read the following soccer standings and use ordinal numbers to identify how each team finished the season.

FÚTBOL 1994–PRIMERA DIVISIÓN
Fútbol Club Barcelona
Real Madrid
Valencia
Sporting de Gijón
Sevilla
Atlético de Bilbao
Zaragoza
Oviedo
Burgos
Albacete

1. Burgos _____

2. Sporting de Gijón _____

3. Sevilla _____

4. Valencia _____

5. Atlético de Bilbao _____

6. Fútbol Club Barcelona _____

7. Oviedo _____

8. Real Madrid _____

9. Albacete _____

10. Zaragoza _____

D. Name the season in which each of the following months falls in the Northern Hemisphere.

1. febrero _____

2. agosto _____

3. marzo _____

4. enero _____

5. octubre _____

6. julio _____

7. abril _____

8. noviembre _____

E. Complete the chart below.

Subject	Infinitive	Present Indicative
1. Yo	poder	
2.		volvemos
3. Uds.	almorzar	
4.		encuentras
5. Luis	dormir	
6.		vuelo
7. los chicos	recordar	
8.		podemos
9. el cuadro	costar	

F. Answer the following questions, using the cues provided.

1. ¿Puede Ud. viajar a México este verano? (sí)

   _____

2. ¿Cuánto cuesta viajar a México? (quinientos dólares)

   _____

3. ¿Ud. y su familia vuelan a México? (sí)

   _____

4. ¿A qué hora vuelve Ud. a su casa hoy? (a las cinco)

   _____

5. ¿Almuerza Ud. en su casa o en la cafetería? (en la cafetería)

   _____

6. ¿Recuerda Ud. el número de teléfono de su profesor? (no)

   _____

G. Write the name of the season beneath each illustration, and then describe what the weather is like in each season.

_____   _____   _____   _____

1. _____ y _____ .

2. _____ y _____ .

3. _____ y _____ .

4. _____ .

H. ¿Cómo se dice...? Write the following dialogues in Spanish.

1. "Can you go to the museum this weekend, Mr. Vargas?"
   "I can't. I have to work, but David can go."
   "What's his phone number?"
   "I don't remember."

_____

_____

_____

_____

2. "Your uncle is very handsome." (**tú** *forms*)
   "Yes, but he has (a) girlfriend."
   "What is she like? Is she prettier than I?"
   "Yes, but you are much more intelligent."

   _____

   _____

   _____

   _____

3. "Are you younger than your brother, Miss Vargas?"
   "No, I'm two years older than he. I am the oldest."

   _____

   _____

4. "You are the most beautiful girl in the world."
   "Thank you!"

   _____

   _____

5. "Is it going to rain tomorrow?"
   "No, according to the weather forecast, the weather is going to be good."

   _____

   _____

6. "I can't study because I don't have as much time as you."
   "But you don't have as many classes as I."

   _____

   _____

I. Crucigrama

Horizontal

1. Soy de los _____ Unidos.
3. ¿Cómo se dice "*world*"?
4. La hermana de mi mamá es mi _____ .
6. el cuarto mes del año
7. Madrid es la capital de _____ .
9. Ellos _____ a Madrid en el verano.
11. Hace mucho frío en el _____ .
13. Tengo que escribir una _____ .
14. _____ mucho en la primavera.
17. Es de _____ mediana.
20. coche
21. La hija de mi hermana es mi _____ .
22. Hace mucho calor en el _____ .
23. el séptimo mes del año
25. Nosotros _____ en la cafetería a la una.
29. opuesto de **cómodo**
30. papá y mamá
31. El papá de mi esposo es mi _____ .
33. La esposa de mi hijo es mi _____ .
34. El hermano de mi esposo es mi _____ .
35. el segundo mes del año
36. Va a ser doctor; estudia _____ .
37. el décimo mes del año

Vertical

2. Vamos a Madrid este fin de _____ .
5. opuesto de **menor**
6. La mamá de mi papá es mi _____ .
8. cuadro
9. ¿Cómo se dice "*I see*"?
10. el primer mes del año
12. opuesto de **grande**
15. No es un hotel; es una _____ .
16. echamos de menos
18. ómnibus
19. ¿Cómo se dice "*spring*"?
24. foto
26. el tercer mes del año
27. La hija de mi hija es mi _____ .
28. El esposo de mi hija es mi _____ .
32. el sexto mes del año
36. el quinto mes del año

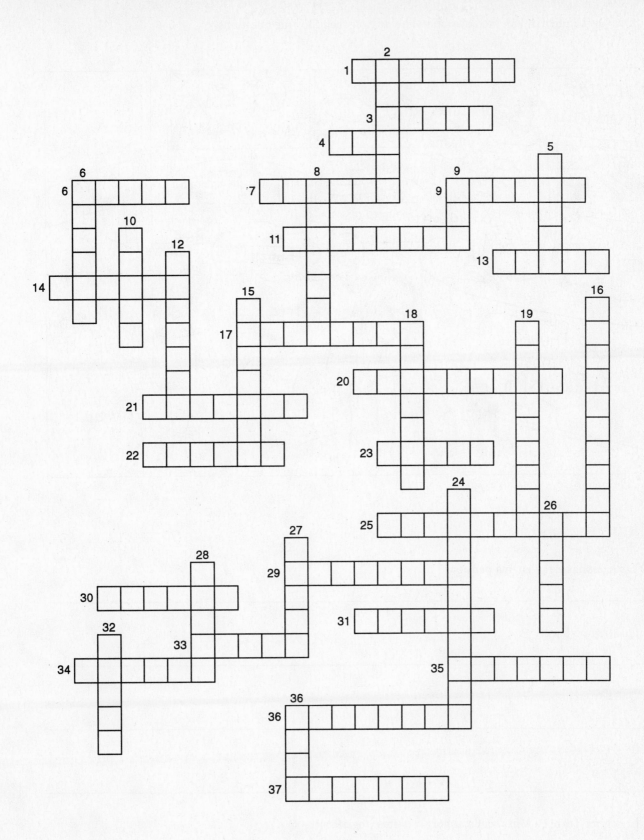

J. **¿Qué pasa aquí?** Look at the illustration and answer the following questions.

1. ¿Las personas están en una pensión?

   _____

2. ¿Qué tiempo hace?

   _____

3. ¿Qué hay en la pared?

   _____

4. ¿Qué día es hoy?

   _____

5. ¿La señora Torres y Mirta van a almorzar juntas (*together*)?

   _____

6. ¿Con quién va a almorzar Mirta?

   _____

7. ¿Mirta es la hermana de Raquel?

   _____

8. ¿Cuál es el apellido de Raquel?

   _____

9. ¿Olga es la prima de Beatriz?

   _____

10. ¿Olga es mayor o menor que Beatriz?

    _____

11. ¿Cuál de las dos es más alta?

    _____

12. ¿Adónde van a ir de excursión?

    _____

13. ¿Van en coche?

    _____

14. ¿A qué hora van?

    _____

PARA LEER

¡Vamos a Madrid!

Cindy y Robin son dos chicas norteamericanas que° estudian medicina en la
Universidad de Barcelona. Cindy tiene veinte años; es una chica alta, rubia y muy
simpática. Robin tiene diecinueve años; es morena, de ojos castaños° y es más alta
y más delgada que Cindy. Las dos chicas son muy inteligentes y estudian mucho.

Este fin de semana Robin y Cindy piensan ir a Madrid porque quieren visitar a
unos amigos que viven allí. Cindy quiere ir en automóvil pero Robin piensa que es
mejor ir en autobús porque es tan cómodo como el coche.

El sábado van a ir al Museo del Prado porque Robin quiere ver los cuadros de
Goya y de Velázquez que tienen allí. Por la noche van a ir a un club a bailar. El
domingo van a visitar la ciudad de Toledo, y por la noche Cindy quiere comer en
un restaurante de la Gran Vía, la famosa calle de Madrid.

Hoy Robin va a comprar° unos discos de música española para su hermano
porque la próxima semana° es su cumpleaños.

who

de... with brown eyes

buy
la... next week

¡Conteste!

1. ¿De dónde son Cindy y Robin?

   _____

2. ¿A qué universidad asisten?

   _____

3. ¿Cómo es Cindy?

   _____

4. ¿Cómo es Robin?

   _____

5. ¿Quién es mayor?

   _____

6. ¿Adónde piensan ir este fin de semana? ¿Por qué?

   _____

7. ¿Por qué piensa Robin que es mejor ir en autobús?

   _____

8. ¿Qué pintores (*painters*) españoles prefiere Robin?

   _____

9. ¿Adónde van a ir el domingo?

_____

10. ¿Qué es la Gran Vía?

_____

11. ¿Qué va a comprar Robin?

_____

12. ¿Quién celebra su cumpleaños la semana próxima?

_____

Lección 5
LABORATORY
ACTIVITIES

Name _____

Section _____

Date _____

I. PARA ESCUCHAR Y CONTESTAR

Diálogo: *¡Vamos a Madrid!*

The dialogue will be read first without pauses. Pay close attention to the speakers' intonation and pronunciation.

Carol, una estudiante de los Estados Unidos, está en España. Asiste a la Universidad de Salamanca y vive en una pensión cerca de la Plaza Mayor. Quiere aprender a hablar español perfectamente y por eso nunca pierde la oportunidad de practicar el idioma. Ahora está en un café con dos amigos españoles.

LUIS	—Oye, Carol, ¿puedes ir con nosotros a Madrid este fin de semana?
CAROL	—No puedo; tengo que escribir muchas cartas: a mi abuela, a mi tío, a mi hermano...
LUIS	—Tú echas de menos a tu familia, ¿no?
CAROL	—Sí, ...especialmente a mi hermano mayor.
CARMEN	—¿Cómo es tu hermano? ¿Rubio? ¿Moreno?
CAROL	—Es rubio, delgado y de estatura mediana. Estudia medicina.
CARMEN	—¡Muy interesante! ¿Cuándo viene a España? ¿En el verano?
CAROL	—No, va a viajar a México con su esposa y sus dos hijas.
CARMEN	—¡Bah! Es casado... ¡Qué lástima! ¿No tienes otro hermano?
CAROL	—No, lo siento. ¿Quieren ver una fotografía de mis sobrinas?
CARMEN	—Sí. ¡Son muy bonitas!
CAROL	—Empiezan a asistir a la escuela el quince de septiembre.
LUIS	—¡Oye! ¿Por qué no vas a Madrid con nosotros? Es más interesante que escribir cartas...
CAROL	—¿Van en coche?
LUIS	—No, preferimos ir en autobús. Es tan cómodo como el coche, no cuesta mucho y no tenemos que conducir.
CARMEN	—Pensamos ir al Museo del Prado...
CAROL	—Ah... allí están algunos de los cuadros más famosos del mundo.
LUIS	—¡Es muy interesante! ¡Y Madrid tiene unos restaurantes muy buenos! Nosotros siempre comemos en la Casa Botín.
CAROL	—Vale. ¡Vamos a Madrid! ...¡Si no llueve!
CARMEN	—No, según el pronóstico, va a hacer buen tiempo.

Now the dialogue will be read with pauses for you to repeat what you hear. Imitate the speakers' intonation patterns.

Preguntas y respuestas

You will now hear questions about the dialogue. Answer each one, omitting the subject. The speaker will confirm your response. Repeat the correct response.

Situaciones

The speaker will present several situations based on the dialogue. Respond appropriately in Spanish to each situation. The speaker will confirm your response. Repeat the correct response. Follow the model.

> MODELO: You ask a friend if she misses her family.
> **¿Tú echas de menos a tu familia?**

II. PRONUNCIACIÓN

A. The sound of the Spanish **p**

- Repeat each word, imitating the speaker's pronunciation.

perfectamente	tiempo	oportunidad
pintura	papá	septiembre
pensión	primo	poder

- When you hear the number, read the corresponding sentence aloud. Then listen to the speaker and repeat the sentence once more.

1. Para practicar preciso tiempo y plata.
2. Pablo puede pedirle la carpeta.
3. El pintor pinta un poco para pasar el tiempo.

B. The sound of the Spanish **t**

- Repeat each word, imitating the speaker's pronunciation.

nieta	restaurante	practicar
tío	carta	auto
otro	este	foto

- When you hear the number, read the corresponding sentence aloud. Then listen to the speaker and repeat the sentence once more.

1. ¿Todavía tengo tiempo o es tarde?
2. Tito trae tomates para ti también.
3. Teresa tiene tres teléfonos en total.

C. The sound of the Spanish **c**

■ Repeat each word, imitating the speaker's pronunciation.

café	coche	cuñado
nunca	cómodo	cuánto
calle	pronóstico	cuándo

■ When you hear the number, read the corresponding sentence aloud. Then listen to the speaker and repeat the sentence once more.

1. Carmen Cortés compró un coche.
2. Cándido conoció a Paco en Colombia.
3. Coco canta canciones cubanas.

D. The sound of the Spanish **q**

■ Repeat each word, imitating the speaker's pronunciation.

Quintana	aquí
Roque	quiere
queso	orquesta

■ When you hear the number, read the corresponding sentence aloud. Then listen to the speaker and repeat the sentence once more.

1. ¿Qué quiere Roque Quintana?
2. ¿Quieres quedarte en la quinta?
3. El pequeño Quique quiere queso.

III. ¡VAMOS A PRACTICAR!

A. Respond to each statement you hear, using the comparative form. The speaker will confirm your response. Repeat the correct response. Follow the model.

> MODELO: Yo soy alto.
> **Yo soy más alto que tú.**

B. Establish comparisons of equality between the people described in each pair of statements you hear. The speaker will confirm your response. Repeat the correct response. Follow the model.

> MODELO: Jorge es bajo. Pedro es bajo.
> **Jorge es tan bajo como Pedro.**

C. You will hear several statements describing people or places. Using the cues provided, express the superlative. The speaker will confirm your response. Repeat the correct response. Follow the model.

> MODELO: —Tomás es muy guapo. (de la clase)
> **—Sí, es el más guapo de la clase.**

D. You will hear nine cardinal numbers. After each one, give the corresponding ordinal number. The speaker will confirm your response. Repeat the correct response. Follow the model.

> MODELO: cinco
> **quinto**

E. The speaker will ask several questions about important dates. Answer each question. The speaker will confirm your response. Repeat the correct response. Follow the model.

> MODELO: ¿Cuándo empieza la primavera?
> **El 21 de marzo.**

F. Answer each question you hear, using the cues provided. The speaker will confirm your response. Repeat the correct response. Follow the model.

> MODELO: ¿Puede venir Marcos hoy? (no)
> **No, no puede venir.**

1. (en la cafetería)   2. (dos dólares)   3. (en enero)   4. (sí)   5. (no)   6. (no)

IV. EJERCICIO DE COMPRENSIÓN

Before listening to the dialogues in this section, study the comprehension questions below. Reviewing the questions ahead of time will help you to remember key information as you listen.

1. ¿Rosa y Carlos almuerzan en la cafetería?
2. ¿Dónde almuerzan?
3. ¿Por qué no almuerzan en la cafetería?
4. ¿Por qué no va a almorzar Luis con Rosa y con Carlos?
5. ¿Qué no recuerda Oscar?
6. ¿Cuándo vuela Rita a México?
7. ¿Cuándo vuelve?
8. ¿Por qué no necesita Eva el abrigo?
9. ¿Por qué cree Ud. que ella necesita el paraguas?

Listen carefully to each dialogue and then answer the questions, omitting the subject. The speaker will confirm your response. Repeat the correct response.

V. PARA ESCUCHAR Y ESCRIBIR

Tome nota

You will hear a brief news report about a bank robbery. It will include a description of the robbers. First listen carefully for general comprehension. Then, as you listen for a second time, fill in five identifying characteristics of each robber.

El hombre	La mujer
1. _____	1. _____
2. _____	2. _____
3. _____	3. _____
4. _____	4. _____
5. _____	5. _____

Dictado

The speaker will read six sentences. Each sentence will be read twice. After the first reading, write what you heard. After the second reading, check your work and fill in what you missed.

1. _____

2. _____

3. _____

4. _____

5. _____

6. _____

Lección 6
WORKBOOK
ACTIVITIES

Name _____

Section _____

Date _____

A. Complete the chart below.

Infinitive	yo	tú	Ud., él, ella	nosotros	Uds., ellos, ellas
1. servir					
2.	pido				
3.		dices			
4.			sigue		
5.					consiguen

B. Complete the following sentences, using the correct pronouns.

1. La maleta es para _____ . (yo)

   _____ . (ellos)

   _____ . (Ud.)

   _____ . (tú)

   _____ . (nosotros)

2. Ellos hablan de _____ . (nosotros)

   _____ . (tú)

   _____ . (yo)

   _____ . (él)

   _____ . (Uds.)

3. Raúl va con _____ . (ellas)

_____ . (tú)

_____ . (nosotros)

_____ . (yo)

_____ . (ella)

C. Rewrite the following story, making all sentences negative.

Elena siempre va a San Francisco. Allí siempre compra algo porque tiene mucho dinero. Su esposo va también. Algunos de sus amigos los visitan los domingos, y Elena sirve vino o refrescos. Elena es muy simpática y su esposo es muy simpático también.

_____

_____

_____

_____

_____

_____

_____

_____

D. Describe what each of the following people is doing as completely as possible, using the present progressive tense.

1. Ella _____

_____

2. El profesor _____

_____

3. Ellos _____

_____

4. Tú _____

_____ la comida.

5. Yo _____

_____ una carta.

E. Complete the following dialogues, using direct object pronouns.

  MODELO: ¿Ella llama *a Teresa*?
      Sí, ella la llama.

1. ¿Ellos *te* visitan?

 Sí, ellos _____ visitan.

2. ¿Tú llamas *a Jorge*?

 Sí, yo _____ llamo.

3. ¿Tú vas a comprar *los pasajes*?

 Sí, yo voy a comprar_____ .

4. ¿Ustedes *nos* llaman (a nosotras)?

 Sí, nosotros _____ llamamos.

5. ¿Jorge va a llevar a *las chicas*?

 Sí, Jorge va a llevar_____ .

6. ¿Anita trae *el tocadiscos*?

 Sí, Anita _____ trae.

7. ¿Tú *me* llamas mañana?

   Sí, yo _____ llamo mañana.

8. ¿Ellos *las* llevan (*a Uds.*) a la fiesta?

   Sí, ellos _____ llevan a la fiesta.

9. ¿Ellos *las* llevan (*a ellas*) a la fiesta?

   Sí, ellos _____ llevan a la fiesta.

10. ¿Tú puedes traer *la maleta de Jorge*?

    Sí, yo puedo traer_____ .

F. Answer the following questions, using the cues provided and the appropriate direct object pronouns.

1. ¿Cuándo puedes traer *las maletas*? (mañana)

   _____

2. ¿Puedes llamar*me* esta noche? (sí) (**tú** *form*)

   _____

3. ¿Tú tienes *la llave del cuarto*? (no)

   _____

4. ¿Aceptan *tarjetas de crédito* en el hotel? (sí)

   _____

5. ¿Quién *te* lleva al centro mañana? (mi tío)

   _____

6. ¿Tú vas a firmar *el registro*? (sí)

   _____

7. ¿Vas a visitar a *tus abuelos* esta noche? (sí)

   _____

8. ¿Quién *los* va a llevar *a Uds.* al aeropuerto el sábado? (mi prima)

   _____

G. ¿Cómo se dice...? Write the following dialogues in Spanish.

1. "Do you buy anything when you travel?"
   "No, I never buy anything."
   "I never buy anything either."

   _____

   _____

   _____

2. "What is Isabel saying?"
   "She's not saying anything. She's sleeping."

   _____

   _____

3. "Do you need the keys, Anita?"
   "Yes, I need them. Can you bring them tonight, please?"

   _____

   _____

4. "I want a room with a view of the street."
   "I have one that is vacant."
   "Fine. Do I have to sign the register?"
   "Yes, you have to sign it."

   _____

   _____

   _____

   _____

5. "What time do they serve breakfast?"
   "Breakfast is at eight, lunch is at two, and dinner is at nine."

   _____

   _____

H. Crucigrama

Horizontal

3. ¿La habitación es interior o con _____ a la calle?
4. ascensor
6. El desayuno es a las siete y el _____ es a las doce.
7. ¿Tiene una _____ de hoteles y pensiones?
10. opuesto de **nada**
11. Voy a la _____ de turismo.
12. ¿Cómo se dice "*soap*"?
16. ¿Dónde está el cuarto de _____ ?
17. cuarto
19. ¿Cómo se dice "*clerk*"?
21. Las necesitamos para abrir las puertas.
22. Vamos a ver las _____ de Machu Picchu.
23. ¿Cómo se dice "*to have dinner*"?
26. Tienen objetos de _____ y plata.
27. ¿Cómo se dice "*they serve*"?
29. opuesto de **cancelar**
30. opuesto de **alguien**
31. opuesto de **muchos**
32. opuesto de **siempre**

Vertical

1. ¿Tienen _____ de habitación?
2. ¿Cómo se dice "*towel*"?
3. ¿Cómo se dice "*I visit*"?
5. Primero como y _____ trabajo.
8. Tiene que _____ el registro.
9. valija
13. opuesto de **caro**
14. Necesito cheques de _____ .
15. Tengo mi cámara _____ .
16. El _____ lleva las maletas al cuarto.
18. ¿Aceptan _____ de crédito?
19. mostrar
20. ¿Cómo se dice "*they request*"?
24. opuesto de **izquierda**
25. opuesto de **doble**
28. La _____ de México está en Washington D.C.

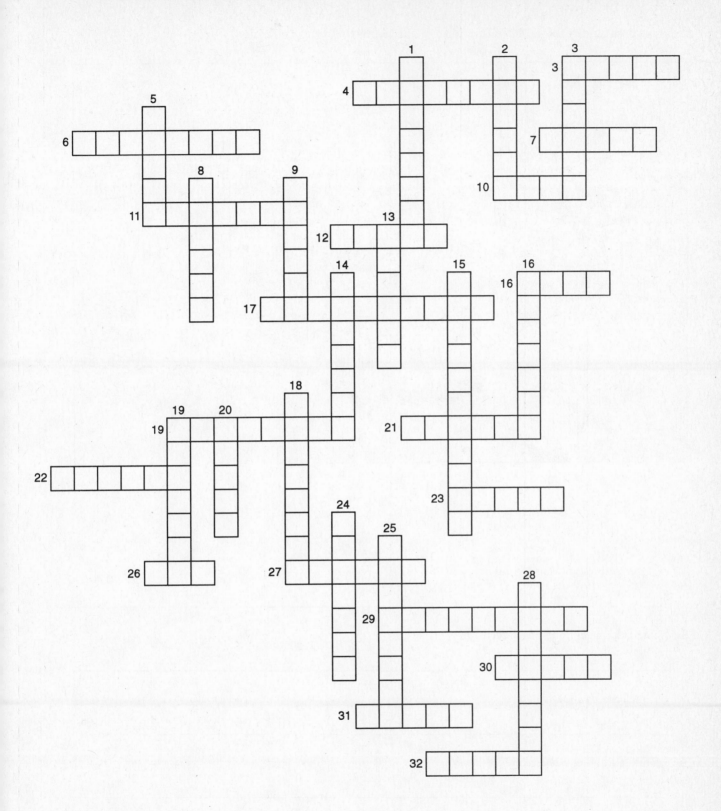

I. ¿Qué pasa aquí? Look at the illustration and answer the following questions.

1. ¿En qué piso están Magali y Javier?

   _____

2. ¿Cree Ud. que el hotel tiene ascensor?

   _____

3. ¿A qué hora es el desayuno?

   _____

4. ¿A qué hora es el almuerzo?

   _____

5. ¿A qué hora es la cena?

   _____

6. ¿El cuarto es interior?

_____

7. ¿Es una habitación sencilla o doble?

_____

8. ¿Tiene el cuarto baño privado?

_____

9. ¿Cuántas maletas tienen Magali y Javier?

_____

10. ¿Qué no tiene Magali?

_____

11. ¿Qué quiere comprar Magali? ¿Cuánto cuesta?

_____

12. ¿Dónde está Javier?

_____

13. ¿Qué va a pedir Javier?

_____

14. ¿Cuántas toallas hay en el baño?

_____

Lección 6
LABORATORY
ACTIVITIES

Name _____

Section _____

Date _____

I. PARA ESCUCHAR Y CONTESTAR

Diálogo: *Un viaje a Perú*

The dialogue will be read first without pauses. Pay close attention to the speakers' intonation and pronunciation.

Teresa, una profesora mexicana, va a pasar sus vacaciones en Perú. Ella acaba de llegar a Lima, donde piensa pasar unos días antes de ir a Machu Picchu para visitar las famosas ruinas de los incas. Ahora está en el aeropuerto, que es grande y muy moderno. Teresa muestra su pasaporte y luego pasa por la aduana.
  En la aduana, Teresa está hablando con el inspector.

INSPECTOR —Debe abrir sus maletas. ¿Tiene Ud. algo que declarar?

TERESA —Tengo una cámara fotográfica y una grabadora. Nada más.

INSPECTOR —No es necesario declararlas. Todo está en regla.

TERESA —¿Hay alguna oficina de turismo por aquí?

INSPECTOR —Sí, está allí, a la izquierda.

En el aeropuerto venden objetos de oro y de plata, y Teresa compra algunos para su familia.
  En la oficina de turismo, Teresa pide información.

TERESA —Buenos días, señor. ¿Tiene Ud. una lista de hoteles y pensiones?

EMPLEADO —Sí, señorita. También tenemos una lista de restaurantes y lugares de interés. Aquí las tiene.

TERESA —Gracias. ¿Dónde puedo tomar un taxi?

EMPLEADO —La segunda puerta a la derecha. También hay un autobús que la lleva al centro.

Teresa toma el autobús y va a un hotel del centro, donde pide una habitación.

TERESA —Necesito una habitación sencilla con baño privado, por favor. No tengo reservación.

EMPLEADO —Tenemos una con vista a la calle que cuesta 80 nuevos soles por día. También hay otra interior en el tercer piso por 50 nuevos soles.

TERESA —Son muy caras para mí. ¿No tiene alguna habitación más barata?

EMPLEADO —No, no hay ninguna. Ahora hay muy pocos cuartos libres.

TERESA —Prefiero el cuarto interior. ¿Aceptan cheques de viajero?

EMPLEADO —Sí, los aceptamos, y también aceptamos tarjetas de crédito.

TERESA —¿A cómo está el cambio de moneda?

EMPLEADO —Un nuevo sol por dólar.

Teresa firma el registro.

TERESA —¿Puede alguien llevar mis maletas al cuarto, por favor?
EMPLEADO —Sí, en seguida viene el botones a llevarlas. Aquí tiene la llave.
TERESA —Quiero cenar en mi habitación. ¿Hasta qué hora sirven la cena?
EMPLEADO —La sirven hasta las once.

Now the dialogue will be read with pauses for you to repeat what you hear. Imitate the speakers' intonation patterns.

Preguntas y respuestas

You will now hear questions about the dialogue. Answer each one, omitting the subject. The speaker will confirm your response. Repeat the correct response.

Situaciones

The speaker will present several situations based on the dialogue. Respond appropriately in Spanish to each situation. The speaker will confirm your response. Repeat the correct response. Follow the model.

MODELO: You need a single room with a private bathroom.
Necesito una habitación sencilla con baño privado.

II. PRONUNCIACIÓN

A. The sound of the Spanish **g**

- Repeat each word, imitating the speaker's pronunciation.

Gerardo	Argentina	ingeniero
agencia	general	agente
registro	inteligente	Genaro

- When you hear the number, read the corresponding sentence aloud. Then listen to the speaker and repeat the sentence once more.

1. Gerardo le da el registro al agente.
2. El general y el ingeniero recogieron la ginebra.
3. Ginés gestionó la gira a la Argentina.

B. The sound of the Spanish **j**

- Repeat each word, imitating the speaker's pronunciation.

Julia	dejar	embajada
pasaje	jabón	viajero
tarjeta	objeto	jueves

- When you hear the number, read the corresponding sentence aloud. Then listen to the speaker and repeat the sentence once more.

1. Julia juega con Josefina en junio.
2. Juan Juárez trajo los juguetes de Jaime.
3. Esos jugadores jamás jugaron en Jalisco.

C. The sound of the Spanish **h**

■ Repeat each word, imitating the speaker's pronunciation.

hay	Hilda	habitación
Honduras	hermano	hasta
ahora	hotel	hija

■ When you hear the number, read the corresponding sentence aloud. Then listen to the speaker and repeat the sentence once more.

1. Hay habitaciones hasta en los hoteles.
2. Hernando Hurtado habla con su hermano.
3. Hortensia habla con Hugo en el hospital.

III. ¡VAMOS A PRACTICAR!

A. Answer each question you hear, using the cue provided. The speaker will confirm your response. Repeat the correct response. Follow the model.

MODELO: —¿Qué piden Uds.? (un refresco)
—**Pedimos un refresco.**

1. (pollo y ensalada) 2. (a las ocho) 3. (sí) 4. (sí) 5. (no)

B. Answer each of the following questions, using the second alternative given. The speaker will confirm your response. Repeat the correct response. Follow the model.

MODELO: —¿Vas a ir con ellos o con nosotros?
—**Voy a ir con Uds.**

C. Answer each question you hear in the negative. The speaker will confirm your response. Repeat the correct response. Follow the model.

MODELO: —¿Quieres comprar algunos objetos?
—**No, no quiero comprar ningún objeto.**

D. Rephrase each of the following statements, using the present progressive tense. The speaker will confirm your response. Repeat the correct response. Follow the model.

MODELO: Jorge come ensalada.
Jorge está comiendo ensalada.

E. Say that Luis will be able to take the following people to a party in his car. The speaker will confirm your response. Repeat the correct response. Follow the model.

MODELO: —Yo no tengo coche.
—**Luis puede llevarte.**

IV. EJERCICIO DE COMPRENSIÓN

Before listening to the dialogues in this section, study the comprehension questions below. Reviewing the questions ahead of time will help you to remember key information as you listen.

1. ¿A qué hora llama Sergio a Gloria?
2. ¿Por qué no puede llamarla a las siete?

3. ¿Quién tiene los libros de Gloria?
4. ¿Cuándo piensa visitar Ana a Olga?
5. ¿Va a invitar a Daniel?
6. ¿A qué hora sirven el desayuno en la casa de Amelia?
7. ¿Quién está sirviendo el desayuno ahora?

Listen carefully to each dialogue and then answer the questions, omitting the subject and replacing direct objects with direct object pronouns. The speaker will confirm your response. Repeat the correct response.

V. PARA ESCUCHAR Y ESCRIBIR

Tome nota

You will hear a radio ad for a hotel in Puerto Rico. First listen carefully for general comprehension. Then, as you listen for a second time, fill in the information requested.

HOTEL SAN JUAN

Dirección: _____

Teléfono: _____

Lista de precios:

Habitaciones exteriores

   Dobles: $_____

   Sencillas: $_____

Habitaciones interiores

   Dobles: $_____

   Sencillas: $_____

Servicio de restaurante

   Desayuno: De _____ a _____

   Almuerzo: De _____ a _____

   Cena: De _____ a _____

Dictado

The speaker will read six sentences. Each sentence will be read twice. After the first reading, write what you heard. After the second reading, check your work and fill in what you missed.

1. _____

2. _____

3. _____

4. _____

5. _____

6. _____

CHECK YOUR PROGRESS

Lecciones 5 y 6

Name _____

Section _____

Date _____

Lección 5

A. Answer the following questions.

1. ¿Uds. pueden venir a clase mañana?

_____

2. ¿Cuál es el tercer mes (*month*) del año?

_____

3. ¿Es Ud. menor o mayor que el profesor (la profesora)?

_____

4. ¿Quién es el más alto de su familia?

_____

B. Complete the following sentences with the present indicative of the verbs in parentheses.

1. Nosotros _____ (poder) traer el champán y ellos _____ (poder) traer la sidra.

2. Nosotros _____ (volver) en el otoño. ¿Cuándo _____ (volver) Uds.?

3. Ella _____ (almorzar) en casa. ¿Dónde _____ (almorzar) tú?

C. Write the following sentences in Spanish.

1. My niece is the best student in the class.

_____

2. Are you as tall as your father?

_____

3. Are you going to miss your family?

_____

4. It is very cold in Buenos Aires, but it doesn't snow.

_____

Lección 6

A. Complete each of the following sentences with the present indicative of one of the verbs listed.

   conseguir   decir   pedir   seguir   servir

1. Yo nunca _____ nada cuando él llega tarde.

2. Eva y yo nunca le _____ dinero.

3. Tú siempre _____ entremeses en tus fiestas.

4. Los chicos _____ a su mamá.

5. Ella nunca _____ trabajo.

B. Rewrite the following sentences, changing the verbs to the present progressive.

1. Ellos lo leen.

_____

2. Ella sirve café.

_____

3. Nosotros no comemos.

_____

4. Yo no digo nada.

_____

5. ¿Qué estudias?

_____

C. Rewrite the following sentences in the affirmative.

1. Nunca compro nada.

_____

2. No hay nadie en el cuarto.

_____

3. No tomo ni café ni té.

_____

4. No tengo ningún amigo argentino.

_____

D. Answer the following questions in the affirmative, replacing the italicized words with the appropriate direct object pronouns.

1. ¿Vas a llamar*me* mañana?

_____

2. ¿Necesitas *las maletas*?

_____

3. ¿Puedo tomar *el ómnibus* aquí?

_____

4. ¿Eva *los* visita *a Uds.* los sábados?

_____

E. Write the following sentences in Spanish.

1. Is she going to study with you or with me? (**tú** *form*)

_____

2. He calls me on Saturdays and I call him on Sundays.

_____

F. Imagine that you are traveling in Peru, and write a short dialogue between you and a hotel clerk. Say what kind of room you want, discuss prices and methods of payment, inquire about room service, and so on.

_____

_____

_____

_____

_____

_____

_____

_____

Lección 7
WORKBOOK ACTIVITIES

A. Write the names of the items illustrated, using the Spanish equivalent of the demonstrative adjectives given.

1. this, these

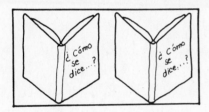

a. _____

b. _____

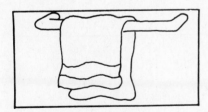

c. _____

d. _____

2. that, those

a. _____

b. _____

c. _____

d. _____

3. that (over there), those (over there)

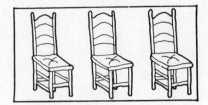

a. _____

b. _____

c. _____

d. _____

B. Complete each of the following sentences with either **ser** or **estar**, as appropriate. Indicate the reason for your choice by placing the corresponding number in the blank provided before the sentence.

Uses of *ser*	Uses of *estar*
1. characteristic / expressions of age	7. condition
2. material that something is made of	8. location
3. nationality / origin / profession	9. reaction / sensory perception
4. time and dates	10. the present progressive
5. event that is taking place	
6. possession / relationship	

_____ 1. La comida _____ muy rica hoy.

_____ 2. Ellos _____ celebrando su aniversario de bodas.

_____ 3. Miguel Ángel _____ mi hijo.

_____ 4. La fiesta _____ en un club nocturno.

_____ 5. Nosotros _____ norteamericanos: yo _____ de Arizona y ella

_____ de Utah.

_____ 6. El teatro _____ en la calle Cuarta.

_____ 7. Ana _____ muy bonita.

_____ 8. Éstos _____ mis cuadernos.

_____ 9. Este café _____ frío.

_____ 10. ¿Dónde _____ el mozo?

_____ 11. Rogelio _____ muy inteligente.

_____ 12. Yo _____ profesor.

_____ 13. _____ las dos y media.

_____ 14. La mesa _____ de metal.

C. Write what the waiter serves the following people, using indirect object pronouns. Follow the model.

MODELO: *Adela* pide filete.
          El mozo le sirve filete.

1. *Yo* pido arroz con frijoles.

_____

2. *Uds.* piden una botella de vermut.

_____

3. *Nosotros* pedimos flan con crema.

_____

4. *Ud.* pide pavo relleno.

_____

5. *Tú* pides camarones.

_____

6. *Ernesto* pide lechón asado.

_____

7. *María y Jorge* piden langosta.

_____

8. *Estela* pide cordero.

_____

D. Answer the following questions, using the cues provided.

1. ¿A quién le vas a dar el dinero? (a Raúl)

_____

2. ¿Me vas a comprar algo a mí? (no, nada)

_____

3. ¿Qué te va a traer el mozo? (el menú)

_____

4. ¿Qué nos recomiendas tú? (la especialidad de la casa)

_____

5. ¿Qué les sirve a Uds. el mozo? (el postre)

_____

6. ¿Cuánto le vas a dejar de propina al mozo? (diez dólares)

_____

E. Rewrite the following sentences, changing the subject in each one to **yo.**

1. Ellos salen a las dos.

   _____

2. Él trae los libros y traduce las lecciones.

   _____

3. Nosotros no hacemos nada los domingos ni vemos a nadie.

   _____

4. Ella conoce España pero no sabe español.

   _____

5. Uds. no caben aquí.

   _____

6. Olga conduce un Cadillac.

   _____

7. Tú siempre pones la mesa.

   _____

F. Write sentences using **saber, conocer, pedir,** or **preguntar** and the elements given.

1. nosotros / Teresa

   _____

2. yo / nunca / dinero

   _____

3. Elsa / no / California

   _____

4. Ellos / hablar / inglés

   _____

5. Oscar / me / qué hora es

_____

6. Armando / no / japonés

_____

G. **¿Cómo se dice...?** Write the following dialogues in Spanish.

1. "Are you going to ask them for money?" (**tú** *form*)
   "Yes, because I want to buy dishes and glasses."

_____

_____

2. "Do you know where the knives are, Anita?"
   "I don't know . . . I'm going to ask my mother where they are."

_____

_____

3. "The party is at Raquel's house. Are you going?"
   "I don't know . . . I'm very tired . . ."

_____

_____

4. "What do you recommend (to me), Miss Vargas?"
   "I recommend (to you) the house specialty: steak and lobster."

_____

_____

5. "Do you know my cousin, Miss Vera?"
   "Yes, I know her. I'm going to ask her if she wants to go to the theater with me."

_____

_____

H. Crucigrama

Horizontal

1. ¿Cómo se dice "*fork*"?
5. Necesito una _____ para el café.
6. ¿Cómo se dice "*I go out*"?
7. Quiero un _____ de cerveza.
9. ¿Cómo se dice "*lamb*"?
10. Quiero papas _____ .
11. Una _____ de vino, por favor.
13. ¿Cómo se dice "*we ask (a question)*"?
15. Necesito sal y _____ .
19. rico
20. ¿Cómo se dice "*caramel custard*"?
21. Necesito una _____ para tomar la sopa.
22. mozo
24. Hoy es mi _____ de bodas.
25. ¿Quiere una _____ mexicana o a la española?
27. dinero que dejamos para la camarera
28. De _____ quiero helado de chocolate.
29. Ponen una buena obra de _____ .
30. manejo

Vertical

1. ¿Quiere una _____ de café?
2. Quiero pavo _____ .
3. ¿Cómo se dice "*I do*"?
4. ¿Quiere vino blanco o vino _____ ?
8. ¿Cómo se dice "*napkin*"?
9. Ella paga la _____ y deja una propina.
12. Quiero _____ mineral.
13. Deseamos puré de _____ .
14. ¿Cómo se dice "*tablecloth*"?
16. Es de Cuba; es _____ .
17. muy bueno
18. Les recomiendo la _____ de la casa.
21. Necesito un _____ y un tenedor para comer el bistec.
23. Nosotros _____ a Juana, pero no sabemos dónde vive.
26. Quiero una _____ de vino.
27. Aquí preparamos _____ muy sabrosos.

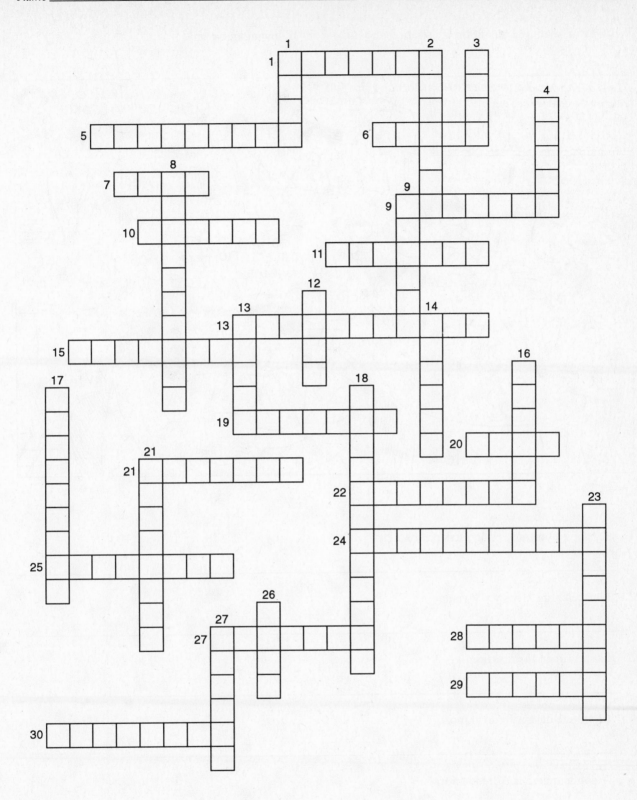

I. **¿Qué pasa aquí?** Look at the illustration and answer the following questions.

1. ¿En qué restaurante están estas personas?

   _____

2. ¿Qué celebran Héctor y Viviana?

   _____

3. ¿Es su primer aniversario?

   _____

4. ¿Cuánto le deja Alfredo al mozo?

   _____

5. ¿A dónde quiere ir Alfredo ahora?

   _____

6. ¿Con quién quiere ir?

   _____

7. ¿Con quién cena Marcelo?

_____

8. ¿Qué les recomienda el mozo?

_____

9. ¿Qué pide Marcelo para tomar?

_____

10. ¿Qué va a pedir Delia?

_____

11. ¿Con quiénes cena Carlos?

_____

12. ¿Qué va a pedir Carlos de postre?

_____

13. ¿Qué va a pedir Ana?

_____

14. Mientras Ana y Carlos comen el postre, ¿qué va a hacer Beto?

_____

PARA LEER

¡Feliz cumpleaños!

Hoy es el cumpleaños de la abuela de Jorge y Elba Zuluaga. Para celebrarlo, los chicos deciden llevarla al restaurante El Gaucho, que es el favorito de la señora Zuluaga. Hacen reservaciones para las siete porque después de la cena van a llevarla al teatro Las Máscaras a ver una comedia. En el restaurante, el mozo les recomienda la especialidad de la casa: parrillada.[1] Piden parrillada para tres y unas empanadas.° Cuando terminan° de comer, el camarero trae una torta de cumpleaños con setenta velitas° y todos brindan con champán.

meat pies / they finish
candles

    Ya son las nueve y la obra de teatro comienza a las nueve y media. Jorge llama al camarero y pide la cuenta. Cuando salen, la abuela les da un beso a sus dos nietos.

¡Conteste!

1. ¿Cuántos años tiene la abuela de Jorge y Elba?

_____

_____

[1] Typical Argentine dish consisting of barbecued beef and sausages.

2. ¿Celebran el cumpleaños en su casa?

   _____

3. ¿Cómo se llama el restaurante favorito de la abuela?

   _____

4. ¿Ud. cree que El Gaucho es un restaurante argentino o mexicano?

   _____

5. ¿A qué hora llegan al restaurante?

   _____

6. ¿Van a un baile después de la cena?

   _____

7. En el teatro Las Máscaras, ¿ponen hoy un drama?

   _____

8. ¿Jorge, Elba y la abuela son vegetarianos? ¿Cómo lo sabe Ud.?

   _____

9. ¿Qué sorpresa trae el camarero cuando terminan de comer?

   _____

10. ¿Cuántas velitas tiene la torta?

    _____

11. ¿A qué hora tienen que estar en el teatro?

    _____

12. ¿Qué hace la abuela cuando salen del restaurante?

    _____

Lección 7
LABORATORY
ACTIVITIES

Name _____

Section _____

Date _____

I. PARA ESCUCHAR Y CONTESTAR

Diálogo: *En un restaurante cubano*

The dialogue will be read first without pauses. Pay close attention to the speakers' intonation and pronunciation.

Hoy es el 15 de diciembre. Es el aniversario de bodas de Lidia y Jorge Torres. Lidia no sabe que su esposo piensa llevarla a cenar a uno de los mejores restaurantes de Miami para celebrarlo. Cuando ella le pregunta qué van a hacer hoy, él le dice que van a ir al cine o al teatro. Son las siete de la noche y Lidia está lista para salir.
    Llegan al restaurante El Caribe.

LIDIA — ¡Qué sorpresa! ¡Éste es un restaurante muy elegante!

MOZO — Por aquí, por favor. Aquí está el menú.

LIDIA — Gracias. Bistec, cordero asado con puré de papas, pavo relleno, camarones...

JORGE — ¿Por qué no pides langosta? ¿O un filete? Aquí preparan unos filetes muy ricos.

LIDIA — Tú sabes que no me gusta la langosta. Ay, ¡no sé qué pedir!

MOZO — Les recomiendo la especialidad de la casa: lechón asado y arroz con frijoles negros. De postre, helado, flan o torta helada.

JORGE — Yo quiero lechón asado y arroz con frijoles negros. ¿Y tú?

LIDIA — Yo quiero sopa, camarones y arroz.

MOZO — ¿Y para tomar?

JORGE — Primero un vermut y después media botella de vino tinto.

MOZO — Muy bien, señor.

Antes de cenar, Lidia y Jorge toman vermut y conversan.

LIDIA — ¿Qué hacemos después de cenar?

JORGE — ¿Quieres ir a la fiesta de Eva? Es en el club Los Violines.

LIDIA — No... yo no la conozco muy bien. Prefiero ir al teatro.

JORGE — Buena idea. En el Teatro Martí ponen una obra muy buena.

LIDIA — Sí, es una comedia española.

El mozo trae la comida.

LIDIA — ¡Estos camarones están muy sabrosos!

JORGE — El lechón también. Este restaurante es excelente.

Después de comer el postre, Lidia y Jorge beben café. Ya son las nueve. Jorge pide la cuenta, la paga, le deja una buena propina al mozo y salen.

JORGE —Feliz aniversario, mi amor.

Now the dialogue will be read with pauses for you to repeat what you hear. Imitate the speakers' intonation patterns.

Preguntas y respuestas

You will now hear questions about the dialogue. Answer each one, omitting the subject. The speaker will confirm your response. Repeat the correct response.

Situaciones

The speaker will present several situations based on the dialogue. Respond appropriately in Spanish to each situation. The speaker will confirm your response. Repeat the correct response. Follow the model.

MODELO: At a restaurant, you tell your friend that the specialty of the house is roast suckling pig and rice with black beans.
La especialidad de la casa es lechón asado y arroz con frijoles negros.

II. PRONUNCIACIÓN

A. The sound of the Spanish ll

- Repeat each word, imitating the speaker's pronunciation.

calle	relleno	botella
llevar	llave	platillo
cuchillo	pollo	

- When you hear the number, read the corresponding sentence aloud. Then listen to the speaker and repeat the sentence once more.

1. Allende lleva la silla amarilla.
2. Las huellas de las llamas llegan a la calle.
3. Lleva la llave, los cigarrillos y las botellas.

B. The sound of the Spanish ñ

- Repeat each word, imitating the speaker's pronunciation.

español	señorita	España
señor	mañana	año
niño	otoño	

- When you hear the number, read the corresponding sentence aloud. Then listen to the speaker and repeat the sentence once more.

1. La señorita Muñoz le da una muñeca a la niña.
2. La señora española añade vino añejo.
3. Toño tiñe el pañuelo del niño.

III. ¡VAMOS A PRACTICAR!

A. Answer each of the following questions using the verb **preferir** and the equivalent of *"that one"* or *"those over there."* The speaker will confirm your response. Repeat the correct response. Follow the model.

> MODELO: —¿Quieres esta lista o ésa?
> **—Prefiero aquélla.**

B. Combine the phrases given to form sentences, using the appropriate form of **ser** or **estar**. The speaker will confirm your response. Repeat the correct response. Follow the model.

> MODELO: Mis padres / de México
> **Mis padres son de México.**

C. Respond to the following questions with complete sentences, using the cues provided. The speaker will confirm your response. Repeat the correct response. Follow the model.

> MODELO: —¿Qué me traes? (un libro)
> **—Te traigo un libro.**

1. (un pasaje)   2. (la hora)   3. (dinero)   4. (las cintas)   5. (las cartas)

D. Answer the following questions in the affirmative. The speaker will confirm your response. Repeat the correct response. Follow the model.

> MODELO: —¿Traes a tu amiga a la fiesta?
> **—Sí, traigo a mi amiga a la fiesta.**

E. Say what the following people are asking or requesting, using **pedir** or **preguntar** and the cues provided. The speaker will confirm your response. Repeat the correct response. Follow the model.

> MODELO: Ana (qué hora es)
> **Ana pregunta qué hora es.**

1. (dinero)   2. (qué quieren comer)   3. (información)   4. (dónde está el hotel)   5. (la llave)

F. Say what or whom the following people know, using **saber** or **conocer** and the cues provided. The speaker will confirm your response. Repeat the correct response. Follow the model.

> MODELO: Sergio (a María)
> **Sergio conoce a María.**

1. (hablar español)   2. (España)   3. (dónde viven)   4. (las novelas de Cervantes)   5. (a sus padres)

IV. EJERCICIO DE COMPRENSIÓN

Before listening to the dialogues in this section, study the comprehension questions below. Reviewing the questions ahead of time will help you to remember key information as you listen.

1. ¿Qué le pregunta Alicia a Juan?
2. ¿Qué va a hacer Juan?
3. ¿Qué celebran Juan y su esposa?
4. ¿Adónde van después de cenar?
5. ¿Qué le pide el señor al mozo?

6. ¿Qué le recomienda el mozo al señor?
7. ¿Cuál es la especialidad de la casa?
8. ¿Qué prefiere comer el señor?
9. ¿Qué le va a pedir el papá de María al mozo?
10. ¿Qué dice María que tiene que dejarle?
11. ¿Por qué no quiere dejarle nada el señor?
12. ¿Qué dice María del mozo?

Listen carefully to each dialogue and then answer the questions, omitting the subject. The speaker will confirm your response. Repeat the correct response.

V. PARA ESCUCHAR Y ESCRIBIR

Tome nota

You will hear a couple ordering food in a restaurant. First listen carefully for general comprehension. Then, as you listen for a second time, fill in the information requested.

Señora	Señor
Comida _____	_____
_____	_____
_____	_____
Bebida _____	_____
_____	_____
Postre _____	_____
_____	_____

Dictado

The speaker will read six sentences. Each sentence will be read twice. After the first reading, write what you heard. After the second reading, check your work and fill in what you missed.

1. _____

2. _____

3. _____

4. _____

5. _____

6. _____

Lección 8
WORKBOOK ACTIVITIES

Name _____

Section _____

Date _____

A. Complete the following chart, using the verb **gustar**.

English	Indirect object	Verb *gustar*	Person(s) or thing(s) liked
1. I like John.	Me	gusta	Juan.
2. I like meatballs.	Me	gustan	las albóndigas.
3. You (*fam.*) like the book.	Te		
4. He likes the pens.			
5. She likes her job.	Le		
6. We like this restaurant.	Nos		
7. You (*pl.*) like the dessert.	Les		
8. They like to work.			
9. I like to dance.			
10. You (*fam.*) like this soup.			
11. He likes to travel.			
12. We like aisle seats.			
13. They like the professors.			

B. Rewrite each sentence, substituting the expression **gustar más** for **preferir.**

    MODELO: Ana prefiere viajar en avión.
                 A Ana le gusta más viajar en avión.

1. Yo prefiero viajar en barco.

   _____

2. Ella prefiere la langosta.

   _____

3. Nosotros preferimos la torta helada.

   _____

4. Ellos prefieren ir a México.

   _____

5. Tú prefieres los camarones.

   _____

6. Uds. prefieren salir por la mañana.

   _____

C. Complete the following sentences with possessive pronouns. Remember that each pronoun must agree with the subject in number and gender.

    MODELO: Ella dice que los libros son...
                 Ella dice que los libros son suyos.

1. Elvira dice que la tarjeta postal es _____ .

2. María dice que ese bolso de mano es _____ .

3. Yo digo que esos tenedores son _____ .

4. Mis tíos dicen que las servilletas son _____ .

5. Tú dices que el mantel es _____ .

6. Nosotros decimos que la grabadora es _____ .

7. Uds. dicen que las plumas son _____ .

8. Mi sobrino dice que el escritorio es _____ .

9. Yo digo que la botella es _____ .

10. Nosotros decimos que las botellas son _____ .

D. Complete the following sentences with the Spanish equivalent of the words in parentheses.

1. Mi pasaje está aquí. ¿Dónde está _____ (*yours*), Anita?

2. Las maletas de Jorge son azules. _____ (*Mine*) son verdes.

3. La casa de Olga queda lejos, pero _____ (*his*) queda muy cerca.

4. Los hermanos de Graciela viven en California. _____ (*Mine*) viven en Colorado.

5. La profesora de ellos es de Chile. _____ (*Ours*) es de Cuba.

6. Éste es mi asiento. ¿Cuál es _____ (*yours*), Sr. Mendoza?

E. Complete the following chart, using the Spanish construction for length of time.

English	Hace	Length of time	que	Subject	Verb in the present tense
1. I have been studying for three years.	Hace	tres años	que	(yo)	estudio.
2. You have been working for two days.				(tú)	
3. You have been traveling for a month.				(Ud.)	
4. She has been reading for four hours.					
5. He has been sleeping for six hours.					
6. You have been dancing for two hours.				(Uds.)	
7. They have been writing for two hours.					

F. Answer the following questions about how long each action depicted has been going on.

1. ¿Cuánto tiempo hace que ella espera?

_____

_____

2. ¿Cuánto tiempo hace que él trabaja?

_____

_____

3. ¿Cuánto tiempo hace que ellas hablan?

_____

_____

4. ¿Cuánto tiempo hace que ellos bailan?

_____

_____

5. ¿Cuánto tiempo hace que usted vive en esta casa?

_____

_____

G. Complete the following chart with the corresponding preterit forms.

Infinitive	yo	tú	Ud., él, ella	nosotros	Uds., ellos, ellas
1. hablar	hablé	hablaste	habló	hablamos	hablaron
2. trabajar	trabajé			trabajamos	
3. cerrar			cerró		
4. empezar		empezaste			
5. llegar				llegamos	
6. buscar					buscaron
7. comer	comí	comiste	comió	comimos	comieron
8. beber			bebió		
9. volver	volví				
10. leer			leyó		
11. creer	creí				
12. vivir	viví	viviste	vivió	vivimos	vivieron
13. escribir		escribiste			
14. recibir				recibimos	
15. abrir			abrió		

H. Rewrite each sentence, using the preterit of the verb in parentheses.

MODELO: Yo compré el pasaje ayer. (vender)
Yo vendí el pasaje ayer.

1. ¿A qué hora llegaste? (volver)

_____

2. ¿Salieron ustedes temprano anoche? (llegar)

_____

3. Nosotros ya lo estudiamos. (escribir)

_____

4. Ella lo abrió. (cerrar)

_____

5. Ellos no nos visitaron. (recibir)

_____

6. Yo no estudié. (leer)

_____

I. Complete the following chart.

English	Subject	Indirect object pronoun	Direct object pronoun	Verb
1. I give it to you.	Yo	te	lo / la	doy.
2. You give it to me.	Tú			
3. I give it to him.		se		
4. We give it to her.				damos.
5. They give it to us.				
6. I give it to you. (Ud.)				
7. You give it to them.	Tú			

J. Answer the following questions, using the cues provided and substituting direct object pronouns for the direct objects.

      MODELO: ¿Cuándo me traes *el equipaje*? (esta tarde)
               Te lo traigo esta tarde.

1. ¿Quién te compra *los billetes*? (mi hermano)

_____

2. ¿A quién le prestas *las maletas*? (a Carmen)

_____

3. ¿Quién les manda a ellos *las tarjetas*? (sus amigos)

_____

4. ¿Quién te va a prestar *el bolso de mano*? (mi prima) (*two ways*)

_____

5. ¿Quién les manda a Uds. *el dinero*?   (mi tío)

   _____

6. ¿Tú puedes traerme *las sillas*?   (sí)   (*two ways*)

   _____

K. **¿Cómo se dice...?** Write the following dialogues in Spanish.

1. "Do you like these carry-on bags, miss?"
   "Yes, but I like those over there better. Can you show them to me?"

   _____

   _____

2. "Does Roberto like to travel by plane?"
   "No, he prefers to travel by train."

   _____

   _____

3. "How long have you been living in the capital?"
   "I've been living here for ten years."

   _____

   _____

4. "What time did you leave home today, Evita?"
   "I left at seven in the morning and returned at five in the afternoon."

   _____

   _____

5. "Is this suitcase yours, Carlos?"
   "No, mine is blue."

   _____

   _____

L. Crucigrama

Horizontal

1. ¿Viajas a México? ¡Buen _____ !
4. opuesto de **salida**
7. No me gusta viajar en avión; prefiero ir en barco o en _____ .
9. ¿Cómo se dice "*crazy*"?
10. ¿Cómo se dice "*we tell*"?
12. _____ los pasajes, pero no los encontré.
13. Les mandé una tarjeta _____ .
14. ¿Cómo se dice "*flight*"?
15. ¿Cuánto tiempo _____ que Ud. vive aquí?
17. Si tienes cinco maletas tienes que pagar exceso de _____ .
21. ¿Cómo se dice "*during*"?
23. Miguel, ¿ _____ bien la puerta cuando saliste de casa?
25. la semana que viene: la semana _____
27. El _____ salió del aeropuerto con dos horas de retraso.
28. ¿Cómo se dice "*all*"?
29. sesenta minutos.

Vertical

2. Quiero dos _____ de pasillo.
3. Yo viajo en la sección de no _____ .
5. ¿Cuántas cartas les _____ a tus padres durante tus vacaciones?
6. Mis primos _____ de su viaje el sábado pasado.
8. El avión tiene dos horas de _____ .
10. Lima es la _____ de Perú.
11. pasaje
13. El pasaje no es de clase turista; es de _____ clase.
16. Trabaja en una _____ de viajes.
18. ¿Cómo se dice "*boring*"?
19. Él está conmigo; estamos _____ .
20. opuesto de **corto**
22. Si tú compraste los libros, son _____ .
24. Tengo prisa. No quiero llegar _____ .
26. Tengo un bolso de _____ .

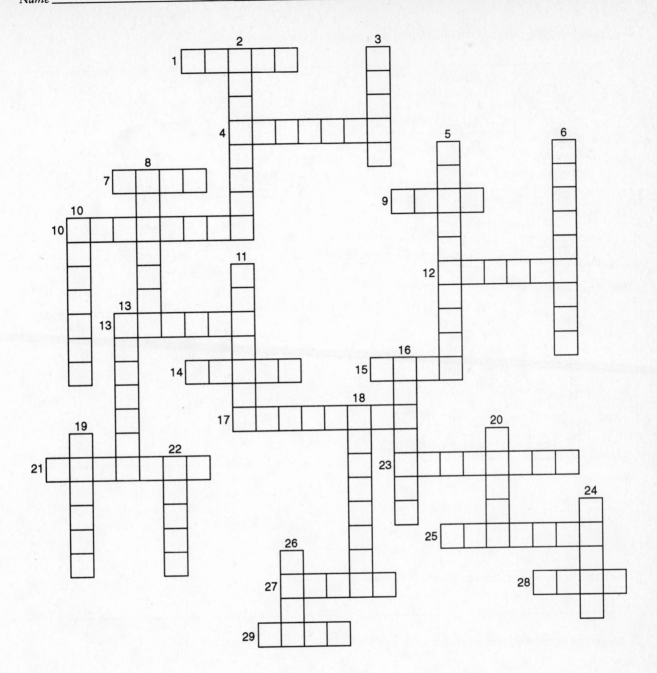

M. ¿Qué pasa aquí? Look at the illustration and answer the following questions.

1. ¿En qué agencia de viajes están estas personas?

   _____

2. ¿Cuántos agentes de viaje trabajan en la agencia?

   _____

3. ¿Adónde quiere viajar Silvia?

   _____

4. ¿Cómo va a viajar?

   _____

5. ¿En qué fecha puede viajar?

   _____

6. ¿Cuánto cuesta el vuelo a Lima (en dólares)?

   _____

7. ¿Qué días hay vuelos a Lima?

   _____

8. ¿A la capital de qué país (*country*) quiere viajar Daniel?

   _____

9. ¿Cómo quiere viajar Daniel?

   _____

10. ¿Cuándo hay tren para Asunción?

    _____

11. ¿A qué ciudad de Argentina quiere viajar Olivia?

    _____

12. ¿Ella va con alguien? ¿Cómo lo sabe Ud.?

    _____

13. ¿Olivia va a comprar un pasaje de ida?

    _____

14. ¿Qué tipo (*type*) de asiento reserva Norberto? ¿En qué sección lo reserva?

    _____

Lección 8
LABORATORY ACTIVITIES

Name _____

Section _____

Date _____

I. PARA ESCUCHAR Y CONTESTAR

Diálogo: *Hablando de las vacaciones*

The dialogue will be read first without pauses. Pay close attention to the speakers' intonation and pronunciation.

Hace media hora que Teresa y su amiga Silvia hablan por teléfono. Teresa le está contando de su viaje a Perú.

TERESA —Me gustó mucho la capital, pero me gustó más Machu Picchu.

SILVIA —¡Y no me mandaste una tarjeta postal!

TERESA —Compré dos, pero no te las mandé; las tengo aquí.

SILVIA —¿Y cuándo piensas dármelas?

TERESA —Mañana. Tengo que devolverte la maleta y el bolso de mano que me prestaste.

SILVIA —¿Llevaste mucho equipaje?

TERESA —Sí, mis dos maletas y la tuya. Pagué exceso de equipaje.

SILVIA —¿Cuánto te costó el pasaje? ¿Viajaste en primera clase?

TERESA —¿Estás loca? Viajé en clase turista. ¡Y me costó dos mil quinientos pesos! Ida y vuelta, claro...

SILVIA —¿Qué tal el vuelo?

TERESA —Un poco largo... Y como el avión salió con dos horas de retraso, llegamos muy tarde.

SILVIA —¿Te pasó algo interesante en Lima?

TERESA —Bueno... en la agencia de viajes donde compré el pasaje para Machu Picchu, conocí a un muchacho muy simpático.

SILVIA —¿Viajó contigo? ¡Tienes que contármelo todo!

TERESA —Sí, viajé con él en avión a Cuzco, donde almorzamos juntos. Después, conversamos durante todo el viaje en tren a Machu Picchu.

SILVIA —No sé por qué tus vacaciones siempre son magníficas y las mías son tan aburridas.

TERESA —Pues la próxima vez tenemos que viajar juntas.

SILVIA —Bueno, pero sólo si vamos en tren o en barco. A mí no me gusta viajar en avión.

TERESA —Bueno, viajamos en tren. Oye, es tarde. Nos vemos mañana al mediodía.

SILVIA —Sí, hasta mañana.

Now the dialogue will be read with pauses for you to repeat what you hear. Imitate the speakers' intonation patterns.

Preguntas y respuestas

You will now hear questions about the dialogue. Answer each one, omitting the subject. The speaker will confirm your response. Repeat the correct response.

Situaciones

The speaker will present several situations based on the dialogue. Respond appropriately in Spanish to each situation. The speaker will confirm your response. Repeat the correct response. Follow the model.

> MODELO: You ask a friend if he or she likes to go to the theater.
> **¿Te gusta ir al teatro?**

II. PRONUNCIACIÓN

A. The sound of the Spanish **l**

- Repeat each word, imitating the speaker's pronunciation.

loco	Silvia	sólo
capital	vuelo	bolso
postal	él	salida

- When you hear the number, read the corresponding sentence aloud. Then listen to the speaker and repeat the sentence once more.

1. Aníbal habla español con Isabel.
2. El coronel Maldonado asaltó con mil soldados.
3. El libro de Ángel está en el laboratorio.

B. The sound of the Spanish **r**

- Repeat each word, imitating the speaker's pronunciation.

tren	ahora	tarde
contar	Teresa	claro
largo	primera	turista

- When you hear the number, read the corresponding sentence aloud. Then listen to the speaker and repeat the sentence once more.

1. Es preferible esperar hasta enero.
2. Carolina quiere estudiar con Darío ahora.
3. Aurora y Mirta son extranjeras.

C. The sound of the Spanish **rr**

- Repeat each word, imitating the speaker's pronunciation.

aburrido	Rosa	Reyes
retraso	arriba	Roberto
retirar	Raúl	reservación

- When you hear the number, read the corresponding sentence aloud. Then listen to the speaker and repeat the sentence once more.

  1. El perro corrió en el barro.
  2. Los carros del ferrocarril parecen cigarros.
  3. Roberto y Rita recorren los terribles cerros.

D. The sound of the Spanish **z**

- Repeat each word, imitating the speaker's pronunciation.

pizarra	vez	Pérez
Zulema	zoológico	taza
lápiz	mozo	azul

- When you hear the number, read the corresponding sentence aloud. Then listen to the speaker and repeat the sentence once more.

  1. Zulema y el Zorro me dieron una paliza.
  2. ¡Zas! El zonzo Pérez fue al zoológico.
  3. La tiza y la taza están en el zapato.

III. ¡VAMOS A PRACTICAR!

A. Answer the following questions, using expressions with **gustar** and the cues provided. The speaker will confirm your response. Repeat the correct response. Follow the model.

> MODELO: —¿Prefieres México o Puerto Rico?   (México)
> **—Me gusta más México.**

1. (en avión)   2. (pescado)   3. (el vino)   4. (de ventanilla)   5. (los camarones)   6. (refrescos)
7. (al cine)   8. (café)

B. Answer each question you hear in the affirmative, using the appropriate possessive pronoun. The speaker will confirm your response. Repeat the correct response. Follow the model.

> MODELO: —¿Este libro es tuyo?
> **—Sí, es mío.**

C. Answer the following questions, using the cues provided. The speaker will confirm your response. Repeat the correct response. Follow the model.

> MODELO: —¿Cuánto tiempo hace que trabajas en el hotel?   (dos meses)
> **—Hace dos meses que trabajo en el hotel.**

1. (un año)   2. (diez años)   3. (veinte minutos)   4. (cuatro horas)   5. (dos semanas)

D. Answer the following questions, changing the verbs to the preterit. The speaker will confirm your response. Repeat the correct response. Follow the model.

> MODELO: —¿No vas a estudiar?
> **—Ya estudié.**

E. Rephrase each sentence you hear by replacing the direct object with the corresponding direct object pronoun. Be sure to make any other necessary changes. The speaker will confirm your response. Repeat the correct response. Follow the model.

> MODELO: Le traen la carpeta.
> **Se la traen.**

F. Answer each question you hear, using direct and indirect object pronouns and the cue provided. The speaker will confirm your response. Repeat the correct response. Follow the model.

> MODELO: —¿Quién te manda el periódico?   (mi hijo)
> **—Me lo manda mi hijo.**

1. (mi abuela)   2. (el profesor)   3. (a mi prima)   4. (a mí)   5. (a ti)   6. (a los muchachos)

IV. EJERCICIO DE COMPRENSIÓN

Before listening to the dialogues in this section, study the comprehension questions below. Reviewing the questions ahead of time will help you to remember key information as you listen.

1. ¿Qué le gustó más de su viaje a Amelia?
2. ¿Les mandó tarjetas a sus amigos?
3. ¿Le devolvió la maleta a su mamá?
4. ¿De quién es el bolso de mano que está en la mesa?
5. ¿De qué color es el bolso de Gabriela?
6. ¿Luisa puede prestarle el bolso de mano a Nora?
7. ¿Cuánto tiempo hace que Ana conoce a Guillermo?
8. ¿Dónde lo conoció?
9. ¿Le gustó Chile a Ana?

Listen carefully to each dialogue and then answer the questions, omitting the subject and replacing direct and indirect objects with the appropriate pronouns. The speaker will confirm your response. Repeat the correct response.

V. PARA ESCUCHAR Y ESCRIBIR

Tome nota

You will hear three flight announcements overheard at the airport in Lima. First listen carefully for general comprehension. Then, as you listen for a second time, fill in the information requested.

AEROPUERTO INTERNACIONAL DE LIMA	
LLEGADAS	**SALIDAS**
Aerolínea: _____	Aerolínea: _____
_____	Vuelo: _____
Vuelo: _____	Con destino a: _____
Procedente de: _____	Hora: _____
_____	Puerta de salida: _____
Hora: _____	Aerolínea: _____
Puerta de salida: _____	Vuelo: _____
	Con destino a: _____
	Hora: _____
	Puerta de salida: _____

Dictado

The speaker will read six sentences. Each sentence will be read twice. After the first reading, write what you heard. After the second reading, check your work and fill in what you missed.

1. _____

2. _____

3. _____

4. _____

5. _____

6. _____

CHECK YOUR PROGRESS

Lecciones 7 y 8

Name _____

Section _____

Date _____

Lección 7

A. Write sentences using **ser** or **estar** and the elements given.

1. yo / norteamericano _____

2. ¿Uds. / en el teatro? _____

3. el libro / de Juan _____

4. mi hijo / médico _____

5. ellos / estudiando _____

6. Ana / cansada _____

7. la fiesta / el club _____

8. ¿tú /de Madrid? _____

B. Write the first-person singular of the following verbs.

1. salir: yo _____   4. saber: yo _____

2. conocer: yo _____   5. hacer: yo _____

3. ver: yo _____   6. caber: yo _____

C. Rewrite the following sentences, substituting indirect object pronouns for the italicized words.

1. Traigo el menú *para ellos*.

_____

2. Envían el dinero *para ti*.

_____

3. Compran la langosta *para mí*.

   _____

4. Escriben la carta *para él*.

   _____

5. Traen el café *para nosotros*.

   _____

D. Write the following sentences in Spanish.

1. I know that she doesn't want to go to that restaurant.

   _____

2. She is going to ask the waiter for the dessert.

   _____

3. I always recommend to them the specialty of the house.

   _____

Lección 8

A. Answer the following questions in the affirmative, substituting direct object pronouns for the italicized words.

1. ¿Me vas a traer *los libros*?

   _____

2. ¿Ellos te dan *el periódico*?

   _____

3. ¿Tú les envías *la tarjeta*?

   _____

4. ¿Ellos les dan *las fotografías* a Uds.?

   _____

B. Rewrite the following sentences in the preterit.

1. Yo *viajo* en tren y ellos *viajan* en avión.

   _____

2. Nosotros *comemos* en casa y ellos *comen* en la cafetería.

_____

3. *Cierro* la puerta y *abro* las ventanas.

_____

4. Tú *sales* a las ocho y *vuelves* a las diez.

_____

5. Yo *llego* a las ocho y en seguida *empiezo* a trabajar.

_____

C. Answer the following questions in complete sentences, using the cues provided.

1. ¿Qué les gusta más a Uds., la carne o el pescado? (la carne)

_____

2. Mis maletas son grises. ¿Y las tuyas? (azules)

_____

3. ¿Cuánto tiempo hace que Uds. viven aquí? (tres años)

_____

4. ¿Y los libros que te presté? ¿Cuándo vas a devolvérmelos? (el lunes)

_____

5. ¿Cuánto pagaste por el billete? ($500)

_____

D. Write the following sentences in Spanish.

1. I lent him my records and he lent me his.

_____

2. We have been studying Spanish for two hours.

_____

3. I don't like his house; I like ours better.

_____

E. Write a brief "review" of your favorite restaurant. Give its name and location, and describe the specialty of the house and the dishes, including desserts, that you like the most. Be sure to mention whether the restaurant accepts credit cards.

_____

_____

_____

_____

_____

_____

_____

_____

_____

_____

Lección 6
WORKBOOK
ACTIVITIES

Name _____

Section _____

Date _____

A. Rewrite the following paragraph twice, changing the subject **yo** first to **tú,** and then to **él.**

Yo me despierto a las seis de la mañana y *me levanto* a las seis y cuarto. *Me baño, me afeito* y *me visto.* A las siete y media *me voy* a trabajar. *Trabajo* hasta las cinco, y luego *vuelvo* a casa. No *me preocupo* si *llego* tarde. *Leo* un rato y luego *como* con mi familia. Siempre *me acuesto* a las diez y media.

1. Tú _____

   _____

   _____

   _____

   _____

   _____

2. Él _____

   _____

   _____

   _____

   _____

   _____

B. Complete the following sentences with the Spanish equivalent of the words in parentheses.

1. La peluquera me va a cortar _____ . (*my hair*)

2. _____ es más importante que _____ . (*liberty / money*)

3. Ella dice que _____ son más inteligentes que _____ .
   (*women / men*)

4. Ellas se van a poner _____ . (*their white dresses*)

5. Lávese _____ , por favor. (*your hair*)

6. No me gusta _____ ; prefiero _____ . (*wine / soft drinks*)

C. Answer the following questions in the affirmative, using direct object pronouns in your responses when possible.

1. ¿Fui yo? (**tú** *form*)

   _____

2. ¿Fuiste a la peluquería?

   _____

3. ¿Me diste el espejo?

   _____

4. ¿Te dieron el regalo?

   _____

5. ¿Fueron Uds. a ver a mamá anoche?

   _____

6. ¿Me dieron Uds. la alfombra?   (*two ways*)

   _____

7. Ud. no fue. ¿Fuimos nosotros?

   _____

8. ¿Te dio él las revistas?

   _____

9. ¿Quién lo escribió? ¿Fueron Uds.?

   _____

10. ¿Yo te di la escoba?   (*two ways*)

    _____

D. Rewrite the following sentences, using the verbs in parentheses.

      MODELO: Carlos comió la ensalada. (servir)
               Carlos sirvió la ensalada.

1. Ellos bebieron refrescos. (servir)

_____

2. Estudiaron dos horas. (dormir)

_____

3. Me dio la aspiradora. (pedir)

_____

4. Escribió el poema. (repetir)

_____

5. Me llamó. (mentir)

_____

6. Reservaron una habitación. (conseguir)

_____

7. Continuó hablando. (seguir)

_____

8. Todos terminaron. (morir)

_____

E. **¿Cómo se dice...?** Write the following dialogues in Spanish.

1. "What time did you get up today, Miss Paz?"
"I got up at five, bathed, got dressed, and went to work."

_____

_____

2. "Did he ask you for money, Mr. Rodríguez?"
"Yes, and I gave it to him. He went to the movies with his girlfriend."

_____

_____

3. "What are you going to do now?"
   "I'm going to wash my hair. Where's the shampoo?"

   _____

   _____

4. "Did you wash your hands, Tito?"
   "Yes, I washed them."

   _____

   _____

5. "I have to wake up at five o'clock tomorrow."
   "Then you have to go to bed early."   (**tú** *form*)
   "Yes, but first I'm going to put my daughter to bed."

   _____

   _____

   _____

F. Crucigrama

Horizontal

3. Yo me hago rizos con el _____ .
5. opuesto de **dormirse**
9. Yo me miro en el _____ .
11. Voy a _____ la sopa para ver si tiene suficiente sal.
12. Mañana es su cumpleaños. Le voy a comprar un _____ .
13. opuesto de **tarde**
16. Le voy a pasar la _____ a la alfombra.
18. salón de belleza
20. Necesitamos una escoba para hacer esto.
22. Ella no va a la fiesta porque no está _____ .
23. Se lo ponen las mujeres
25. opuesto de **acostarse**
27. ¿Cómo se dice "*hair dryer*"?
28. El pelo corto está de _____ .
30. El vestido me _____ muy bien.
31. opuesto de **empezar**
32. Ella se _____ Teresa Fuentes.
33. No tiene rizos; tiene el pelo _____ .

Vertical

1. ¿Cómo se dice "*to fall asleep*"?
2. opuesto de **ponerse**
3. *Time* es una _____ muy buena.
4. personas
6. opuesto de **olvidarse**
7. Los hombres pueden ir a una peluquería o a una _____ .
8. cita
9. ¿Compraste las _____ para el concierto?
10. lugar donde cocinamos
14. siete días
15. lugar donde ponemos las medicinas
17. ¿Cómo se dice "*to put on*"?
18. Snoopy es un _____ muy simpático.
19. opuesto de **vestirse**
20. Necesito el jabón y la toalla para _____ .
21. No puede afeitarse porque no tiene la _____ de afeitar.
24. Si quieres comprar el vestido, tienes que _____ primero.
26. dar un regalo
29. opuesto de **mañana**

G. ¿Qué pasa aquí? Look at the illustration and answer the following questions.

1. ¿Nora se levantó tarde o temprano?

_____

2. ¿A Nora le gusta levantarse temprano?

_____

3. ¿Nora se bañó o se duchó?

_____

4. ¿Con qué champú se lavó la cabeza?

_____

5. ¿A qué tienda fue Nora?

_____

6. ¿Qué le compró Nora a su tía?

_____

7. ¿A qué hora volvió Nora a su casa?

_____

8. ¿Qué compró Nora además del regalo?

_____

9. ¿Para qué llamó Nora a la peluquería?

_____

10. ¿Con quién almorzó Nora?

_____

11. ¿A Nora le gustan los rizos?

_____

12. ¿A qué hora fue Nora a la peluquería?

_____

13. ¿Nora barrió la alfombra?

_____

14. ¿Cómo se llama el perro de Nora?

_____

15. ¿Para qué fue Nora a la casa de su tía Rosa?

_____

16. ¿A qué hora se acostó Nora?

_____

PARA LEER

Todos los días...

Yo siempre me levanto temprano porque tengo que estar en la universidad a las ocho de la mañana. Me despierto a las seis y media y, después de bañarme, afeitarme y vestirme, desayuno. Me siento en la cocina y estudio, y salgo para la universidad a las siete y media. No llego tarde porque mi profesor de matemáticas es muy estricto.

Tengo clases toda la mañana, y por la tarde voy a la biblioteca a estudiar. A veces° me duermo leyendo algunos de mis libros.

At times

Vuelvo a casa a las cinco. Me desvisto, me quito los zapatos y duermo un rato. Cocino algo para la cena, estudio o hago mi tarea y luego miro las noticias.° Me acuesto a las once y media.

news

Los fines de semana, mis amigos y yo generalmente vamos a un club porque nos gusta mucho bailar.

¡Conteste!

1. ¿Por qué me levanto siempre temprano?   (**tú** *form*)

   _____

2. ¿A qué hora me despierto?

   _____

3. ¿Qué hago después de bañarme, afeitarme y vestirme?

   _____

4. ¿Qué hago en la cocina?

   _____

5. ¿A qué hora salgo para la universidad?

   _____

6. ¿Por qué no llego tarde?

   _____

7. ¿Cuándo tengo clases?

   _____

8. ¿Qué hago por la tarde?

   _____

9. ¿Qué hago a veces en la biblioteca?

   _____

10. ¿A qué hora vuelvo a casa?

    _____

11. ¿Qué hago cuando llego a casa?

    _____

12. ¿Qué hago después de dormirme un rato?

    _____

13. ¿A qué hora me acuesto?

    _____

14. ¿Adónde voy generalmente los fines de semana? ¿Por qué?

    _____

Lección 4
LABORATORY ACTIVITIES

Name _____

Section _____

Date _____

I. PARA ESCUCHAR Y CONTESTAR

Diálogo: *Un día muy ocupado*

The dialogue will be read first without pauses. Pay close attention to the speakers' intonation and pronunciation.

Aunque hoy es sábado, Mirta e Isabel se levantaron temprano para terminar de limpiar el apartamento. Esta noche las dos chicas están invitadas a la fiesta de cumpleaños de su amiga Eva, que va a ser en el mejor club de Asunción. Isabel está un poco cansada porque anoche se acostó tarde y no durmió muy bien.

MIRTA —¿Por qué llegaste tan tarde anoche? ¿Fuiste al cine?

ISABEL —Sí, y también fui a la tienda y compré el regalo para Eva. Bueno, ¿empezamos a limpiar?

MIRTA —Ayer yo barrí la cocina, le pasé la aspiradora a la alfombra y limpié la terraza.

ISABEL —Entonces yo voy a limpiar el baño, a cocinar y a planchar mi vestido rojo. Me lo voy a poner esta noche.

MIRTA —Yo no sé qué ponerme.

ISABEL —¿Por qué no te pones el vestido azul? Es muy bonito.

MIRTA —No, me lo probé ayer y no me queda bien. ¿Sabes si tu hermano me consiguió las entradas para el concierto?

ISABEL —Sí, las compró la semana pasada.

MIRTA —Tengo prisa. Necesito bañar al perro, ducharme y vestirme... ¡y tengo turno en la peluquería a las tres!

ISABEL —¡Ay! Yo quiero lavarme la cabeza y no me acordé de comprar champú. ¿Lo compraste tú?

MIRTA —Sí, yo fui a la farmacia ayer y lo compré. Está en el botiquín.

Cuando llegó a la peluquería, Mirta le pidió una revista a la peluquera y se sentó a esperar su turno.

MIRTA —Quiero corte, lavado y peinado.

PELUQUERA —Tiene el pelo muy lacio. ¿No quiere una permanente?

MIRTA —No, cuando quiero rizos, uso el rizador. ¡Ay, tengo el pelo muy largo!

PELUQUERA —Ahora está de moda el pelo corto.

MIRTA —¡Muy bien! Ahora quiero pedir turno para mi amiga para la semana próxima.

PELUQUERA —¿El miércoles a las nueve y media? Generalmente hay menos gente por la mañana.

MIRTA —Está bien. Mi amiga se llama Isabel Rocha.

Now the dialogue will be read with pauses for you to repeat what you hear. Imitate the speakers' intonation patterns.

Preguntas y respuestas

You will now hear questions about the dialogue. Answer each one, omitting the subject. The speaker will confirm your response. Repeat the correct response.

Situaciones

The speaker will present several situations based on the dialogue. Respond appropriately in Spanish to each situation. The speaker will confirm your response. Repeat the correct response. Follow the model.

> MODELO: You tell your roommate that you cleaned the kitchen.
> **Limpié la cocina.**

II. PRONUNCIACIÓN

A. Declarative statements

- Repeat each sentence, imitating the speaker's intonation.

1. Yo compré el regalo para Elena. (/)

2. Mario tiene listo el equipaje. (/)

3. Yo tengo turno en la barbería. (/)

4. Necesitamos el dinero para el pasaje. (/)

5. Yo pienso aprender japonés este verano. (/)

B. Information questions

- Repeat each sentence, imitating the speaker's intonation.

1. ¿Cómo está tu hermano? (/)

2. ¿Por qué no fuiste con nosotros? (/)

3. ¿Cuánto tiempo hace que no comes? (/)

4. ¿Dónde pasaron el verano? (/)

5. ¿Cuántos años hace que estudias? (/)

C. Yes/no questions

■ Repeat each sentence, imitating the speaker's intonation.

1. ¿Fuiste al mercado ayer? (/)

2. ¿Tienes listo el equipaje? (/)

3. ¿Le diste el regalo a Elena? (/)

4. ¿Tienes turno para la peluquería? (/)

5. ¿Necesitas dinero para el pasaje? (/)

D. Exclamations

■ Repeat each sentence, imitating the speaker's intonation.

1. ¡Qué bonita es esa alfombra! (/)

2. ¡No compré el regalo para Elena! (/)

3. ¿Qué bueno es este champú! (/)

4. ¡Cuánto te quiero! (/)

III. ¡VAMOS A PRACTICAR!

A. Rephrase each sentence you hear, using the new subject provided and the corresponding reflexive pronoun. The speaker will confirm your response. Repeat the correct response. Follow the model.

> MODELO: Julio se levantó temprano (yo)
> **Yo me levanté temprano.**

1. (nosotros) 2. (Víctor) 3. (Tú) 4. (Uds.) 5. (Yo) 6. (Ud.)

B. Answer each question you hear in the affirmative, paying special attention to the use of the definite article. The speaker will confirm your response. Repeat the correct response. Follow the model.

> MODELO: —¿Te vas a lavar la cabeza?
> —**Sí, me voy a lavar la cabeza.**

C. Rephrase each sentence you hear, changing the verb to the preterit. The speaker will confirm your response. Repeat the correct response. Follow the model.

> MODELO: Yo voy a la peluquería.
> **Yo fui a la peluquería.**

D. Answer each question you hear in the negative, and then state that your friend did the things you are being asked about. The speaker will confirm your response. Repeat the correct response. Follow the model.

> MODELO: —Tú lo *pediste,* ¿no?
> —**No, yo no lo pedí. Lo pidió ella.**

1. Tú lo *conseguiste,* ¿no?
2. Tú la *serviste,* ¿no?
3. Tú lo *repetiste,* ¿no?
4. Tú me *seguiste,* ¿no?

Now listen to the new model.

> MODELO: —Uds. *pidieron* el champú, ¿no?
> —**No, nosotros no lo pedimos. Lo pidieron ellos.**

5. Uds. *sirvieron* la cena, ¿no?
6. Uds. *repitieron* la lección, ¿no?
7. Uds. *siguieron* al viajero, ¿no?
8. Uds. *consiguieron* los periódicos, ¿no?

IV. EJERCICIO DE COMPRENSIÓN

Before listening to the dialogues in this section, study the comprehension questions below. Reviewing the questions ahead of time will help you to remember key information as you listen.

1. ¿A qué hora se levantó Celia hoy?
2. ¿Por qué se levantó tan tarde?
3. ¿Le pasó la aspiradora a la alfombra?
4. ¿Qué barrió?
5. ¿Por qué no se lavó la cabeza Susana?
6. ¿Dónde está el champú que compró Elsa?
7. ¿Cuándo va a ir Susana a la peluquería?
8. ¿A qué hora tiene turno?
9. ¿Cuándo fue el cumpleaños de Oscar?
10. ¿Lucía le dio el regalo?
11. ¿Qué le regaló?
12. ¿Le gustó el regalo a Oscar?
13. ¿Adónde fueron Lucía y Oscar?

Listen carefully to each dialogue and then answer the questions, omitting the subject and replacing direct and indirect objects with the appropriate pronouns. The speaker will confirm your response. Repeat the correct response.

V. PARA ESCUCHAR Y ESCRIBIR

Tome nota

You will hear a dialogue in which Delia and her husband, Mario, discuss household chores. First listen carefully for general comprehension. Then, as you listen for a second time, list the chores that each one is going to do.

Delia	Mario
1. _____ _____	1. _____ _____
2. _____ _____	2. _____ _____
3. _____ _____	3. _____ _____
4. _____ _____	4. _____ _____
5. _____ _____	5. _____ _____

Dictado

The speaker will read six sentences. Each sentence will be read twice. After the first reading, write what you heard. After the second reading, check your work and fill in what you missed.

1. _____

2. _____

3. _____

4. _____

5. _____

6. _____

REPASO
Lecciones 1—4

Name _____

Section _____

Date _____

The speaker will ask you some questions. Answer each one, using the cues provided. The speaker will confirm your response. Repeat the correct response.

1. (de los Estados Unidos)
2. (en la calle Magnolia)
3. (no, lejos)
4. (cuatro meses)
5. (el español)
6. (no)
7. (en la universidad)
8. (sí)
9. (por la noche)
10. (dos)
11. (no)
12. (no)
13. (inglés y español)
14. (no)
15. (sí, un hermano y una hermana)
16. (mayor)
17. (el 20 de junio)
18. (a las seis)
19. (por la mañana)
20. (a las siete y cuarto)
21. (a las ocho)
22. (en la cafetería)
23. (a las seis)
24. (sí)
25. (a un restaurante)
26. (bistec, sopa y ensalada)
27. (vino y café)
28. (no)
29. (diez dólares)
30. (a las doce)
31. (nada)
32. (sí)
33. (a España)
34. (en clase turista)
35. (solo)
36. (tres)
37. (sí)
38. (a México)
39. (sí, mucho)
40. (en avión)

Lección 10
WORKBOOK ACTIVITIES

Name _____

Section _____

Date _____

A. Rewrite the following sentences, changing the verbs from the present indicative to the preterit.

1. Uds. *traen* la bolsa de dormir y la *ponen* en la tienda de campaña.

   _____

2. ¿Qué *haces* el sábado? ¿*Vienes* a la playa?

   _____

3. No *puedo* ir de vacaciones porque no *tengo* tiempo.

   _____

4. Elsa no *está* en la cabaña.

   _____

5. Nosotros no lo *sabemos*.

   _____

6. ¿Qué *dicen* ellos del salvavidas?

   _____

7. Ud. no *quiere* montar a caballo.

   _____

8. Rubén *conduce* en la autopista.

   _____

9. Ramiro no *hace* las maletas porque no *tiene* tiempo.

   _____

10. Ellos *traducen* todos los folletos al inglés.

    _____

B. Look at the pictures below and describe what is happening, using **por** or **para**:

1. _____ pasa

_____ el correo.

2. _____ se preocupa

_____ sus hijos.

3. El _____ es

_____ María.

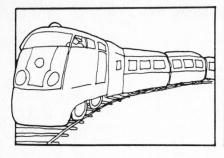

4. Viajamos _____

_____ .

5. Hay vuelos _____

_____ .

6. Necesito el _____

_____ .

7. Pago diez _____

_____

_____ .

8. Vengo _____

_____

_____ .

9. Me dio _____

_____ comprar

el _____ .

C. Complete each sentence with either **por** or **para**, as appropriate. Indicate the reason for your choice by placing the corresponding number in the blank provided before the sentence.

Uses of **por**	*Uses of* **para**

1. motion, *along*
2. cause or motive of an action
3. means, manner, unit of measure
4. *in exchange for*
5. period of time during which an action takes place
6. *in search of*

7. destination
8. goal for a point in the future
9. whom or what something is for
10. *in order to*
11. comparison
12. objective or goal

_____ 1. Tenemos una sorpresa _____ Elena.

_____ 2. Pagamos cuatro dólares _____ la pluma.

_____ 3. Las chicas caminan _____ la playa.

_____ 4. _____ español, habla muy bien el inglés.

_____ 5. El mozo fue a la cocina _____ el pavo relleno y el lechón.

_____ 6. Mañana te llamo _____ teléfono.

_____ 7. Necesitamos la cabaña _____ el sábado.

_____ 8. Tengo que comprar la caña de pescar _____ ir de pesca.

_____ 9. Ese traje de baño es _____ mi sobrina.

_____ 10. Carlos estudia _____ ingeniero.

_____ 11. No pudimos dormir afuera _____ la lluvia.

_____ 12. Mañana _____ la mañana vamos a montar en bicicleta.

D. Complete the following chart with the corresponding forms of the imperfect.

Infinitive	*yo*	*tú*	*Ud., él, ella*	*nosotros*	*Uds., ellos, ellas*
1. prestar					
2.	terminaba				
3.		devolvías			
4.			nadaba		
5.				leíamos	
6.					salían

E. Complete the following sentences according to each new subject.

Cuando yo era niño, iba a la playa y los veía.

1. Cuando tú _____ niño, _____ a la playa y los _____ .

2. Cuando Luis _____ niño, _____ a la playa y los _____ .

3. Cuando él y yo _____ niños, _____ a la playa y los _____ .

4. Cuando ellos _____ niños, _____ a la playa y los _____ .

F. Complete the following paragraph, using the imperfect of the verbs in parentheses.

Cuando mi hermano y yo _____ (ser) niños, _____ (vivir) cerca

de la playa y todos los fines de semana _____ (ir) a nadar. Nos

_____ (gustar) mucho pescar y montar a caballo. Siempre _____

(divertirse) mucho; nunca _____ (aburrirse). Nuestros abuelos

_____ (vivir) lejos y (nosotros) no los _____ (ver) a menudo,

pero los _____ (visitar) todos los veranos. Siempre _____

(comer) mucho porque mi abuela _____ (cocinar) muy bien. Nuestro padre

_____ (viajar) mucho y siempre nos _____ (traer) regalos

cuando _____ (volver) de sus viajes.

G. ¿Cómo se dice...? Write the following dialogues in Spanish.

1. "We are going to camp near the lake."
   "Are you going to swim?"
   "Yes, I plan to take my bathing suit."

   _____

   _____

   _____

2. "We used to have a good time when we were children."
   "Yes, we used to go on vacation to the beach and to the mountains."
   "We used to visit our grandmother every weekend."

   _____

   _____

   _____

3. "I'm leaving for Mexico tomorrow."
   "Great! Are you going by plane?"
   "Yes, and I'm going to be there for a month."

   _____

   _____

   _____

4. "I didn't come to class because I had to work."
   "I couldn't come either. I was at the hospital all afternoon."
   "What did you tell the teacher?"
   "Nothing."

   _____

   _____

   _____

   _____

H. Crucigrama

Horizontal

5. pretérito de **traduce**
8. pretérito de **vengo**
9. opuesto de **irse**
10. Yo no sé montar en _____ .
11. Algo que causa horror es _____ .
12. Voy de vacaciones mañana. Tengo que hacer las _____ .
17. ¿Cómo se dice "*snow*"?
18. ¿Cómo se dice "*punishment*"?
19. pretérito de **puedo**
22. Para nadar necesito el _____ de baño.
23. opuesto de **divertirse**
24. opuesto de **ciudad**
26. ¿Cómo se dice "*trout*"?
28. No es un río; es un _____ .
29. ¿Cómo se dice "*I used to live*"?
31. opuesto de **aprender**
32. pretérito de **ponen**
34. pretérito de **hace**
35. Me gusta _____ a caballo.
37. El Misisipí es un _____ .
38. ¿Cómo se dice "*only*"?

Vertical

1. hacer planes
2. Me costó un _____ de la cara.
3. pretérito de **traen**
4. El Sáhara es uno.
6. No la compramos; la _____ .
7. ¿Cómo se dice "*I used to go*"?
13. ¿Qué hacemos? Tenemos que ponernos de _____ .
14. lugares que visitan los turistas: lugares _____
15. Me gustan las actividades al aire _____ .
16. alberca
20. Tengo una tienda de _____ .
21. Si vas de pesca, necesitas la caña de _____ .
25. pretérito de **dicen**
26. pretérito de **tenemos**
27. no decir algo en serio
30. ¿Cómo se dice "*we swim*"?
33. pretérito de **estoy**
34. ¿Cómo se dice "*I used to speak*"?
36. Cuando nosotros _____ chicos, hablábamos inglés.

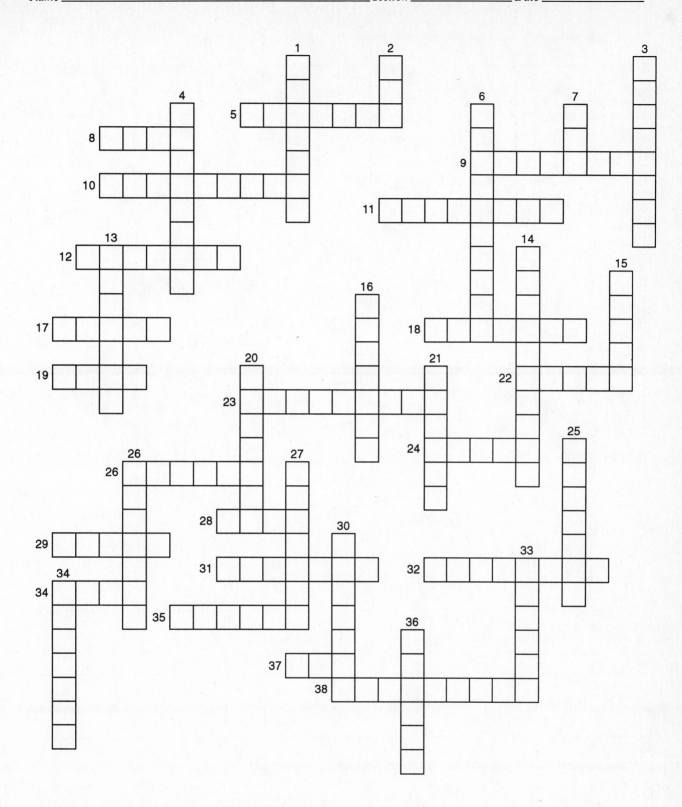

I. ¿Qué pasa aquí? Look at the illustration and answer the following questions.

1. ¿Cree Ud. que a estas personas les gustan las actividades al aire libre?

   _____

2. ¿Fernando quiere montar en bicicleta?

   _____

3. ¿Para qué va a necesitar Fernando un rifle?

   _____

4. Ana y Darío están planeando sus vacaciones. ¿Qué problema tienen?

   _____

5. ¿Qué no le gusta hacer a Ana?

   _____

6. ¿Qué prefiere hacer?

   _____

7. ¿Darío quiere ir a un hotel o prefiere acampar?

   _____

8. ¿Qué van a necesitar Ana y Darío si piensan acampar?

   _____

9. ¿Qué cree Ud. que le gusta hacer a Jorge?

   _____

10. ¿Cree Ud. que Jorge se va a divertir o se va a aburrir durante sus vacaciones?

    _____

11. ¿Ud. cree que Olga y Luis van a pasar sus vacaciones en Arizona o en Vermont?

    _____

12. ¿Olga y Luis van a ir a un hotel?

    _____

Lección 10
LABORATORY ACTIVITIES

Name _____

Section _____

Date _____

I. PARA ESCUCHAR Y CONTESTAR

Diálogo: *Planes de vacaciones*

The dialogue will be read first without pauses. Pay close attention to the speakers' intonation and pronunciation.

Marisa y Nora, dos chicas chilenas que viven en Buenos Aires, están sentadas en un café de la Avenida de Mayo. Están planeando sus vacaciones de verano, pero no pueden ponerse de acuerdo porque a Nora le gustan las actividades al aire libre y Marisa las odia.

MARISA —Traje unos folletos turísticos sobre excursiones a Punta del Este para mostrártelos.

NORA —Yo estuve allí el año pasado. Me gustó mucho la playa, pero había demasiada gente.

MARISA —Cuando yo era niña mi familia y yo siempre íbamos de vacaciones a Montevideo o a Río de Janeiro.

NORA —Nosotros íbamos al campo o a las montañas. Acampábamos, montábamos a caballo y en bicicleta, pescábamos truchas en un lago...

MARISA —¡Qué horrible! Para mí, dormir en una tienda de campaña en un saco de dormir es como un castigo.

NORA —¿Pues sabes lo que yo hice ayer? Compré una caña de pescar para ir de pesca contigo.

MARISA —Tengo una idea. Podemos ir al Hotel del Lago y tú puedes pescar mientras yo nado en la piscina.

NORA —¿Por qué no alquilamos una cabaña en las montañas por unos días? Te vas a divertir...

MARISA —El año pasado me quedé en una cabaña con mi familia y me aburrí horriblemente.

NORA —Porque yo no estaba allí para enseñarte a pescar.

MARISA —¡Por suerte! Oye, en serio, tenemos que ir a la playa porque mi traje de baño me costó un ojo de la cara.

NORA —Yo también quería comprarme uno, pero no pude ir a la tienda.

MARISA —Voy contigo a comprarlo si salimos para Punta del Este el sábado.

NORA —Está bien, pero en julio vamos a Bariloche a esquiar.

MARISA —¡Perfecto! Voy a casa para empezar a hacer las maletas.

Now the dialogue will be read with pauses for you to repeat what you hear. Imitate the speakers' intonation patterns.

Preguntas y respuestas

You will now hear questions about the dialogue. Answer each one, omitting the subject. The speaker will confirm your response. Repeat the correct response.

Situaciones

The speaker will present several situations based on the dialogue. Respond appropriately in Spanish to each situation. The speaker will confirm your response. Repeat the correct response. Follow the model.

> MODELO: You ask a friend if she likes to ride a bicycle.
> **¿Te gusta montar en bicicleta?**

II. PRONUNCIACIÓN

- When you hear the number, read the corresponding sentence aloud. Then listen to the speaker and repeat the sentence once more.

1. Están planeando sus vacaciones de verano.
2. Traje unos folletos turísticos sobre excursiones.
3. Siempre íbamos de vacaciones a Montevideo.
4. ¿Sabes lo que yo hice ayer?
5. Tú puedes pescar mientras yo nado en la piscina.
6. Te vas a divertir.
7. Mi traje de baño me costó un ojo de la cara.
8. Yo también quería comprarme uno.
9. En julio vamos a Bariloche.
10. Voy a empezar a hacer las maletas.

III. ¡VAMOS A PRACTICAR!

A. Answer the following questions, using the cues provided. Substitute direct object pronouns for the direct object when possible. The speaker will confirm your response. Repeat the correct response. Follow the model.

> MODELO: —¿Quién tradujo la lección? (ellos)
> **—Ellos la tradujeron.**

1. (yo) 2. (en la tienda de campaña) 3. (conmigo) 4. (nosotros) 5. (sí) 6. (en la playa) 7. (sí)
8. (Estela) 9. (que fueron aburridas) 10. (en las montañas)

B. Answer each question you hear, using the cue provided. Pay special attention to the use of **por** and **para** in each question. The speaker will confirm your response. Repeat the correct response. Follow the model.

> MODELO: —¿Para quién es la caña de pescar? (Rita)
> **—La caña de pescar es para Rita.**

1. (quinientos dólares) 2. (quince días) 3. (mañana por la mañana) 4. (el lunes) 5. (avión)
6. (sí) 7. (dinero) 8. (sí)

C. Answer each question you hear, changing the verb to the imperfect tense. The speaker will confirm your response. Repeat the correct response. Follow the model.

    MODELO: ¿Tú trabajas?
                 ¿Tú trabajabas?

IV. EJERCICIO DE COMPRENSIÓN

Before listening to the dialogues in this section, study the comprehension questions below. Reviewing the questions ahead of time will help you to remember key information as you listen.

1. ¿Qué le pregunta Rosa a Héctor?
2. ¿Qué quiere hacer Héctor?
3. ¿Adónde quiere ir Rosa?
4. ¿Por qué no le gusta la playa a Héctor?
5. ¿Qué problema tienen Rosa y Héctor?
6. ¿Adónde van a ir Olga y su familia de vacaciones?
7. ¿Adónde iba Gloria cuando era niña?
8. ¿Cuánto tiempo hace que Olga no va a las montañas?
9. ¿Olga y su familia van a acampar o van a ir a un hotel?
10. ¿Qué le pide Olga a Gloria?
11. ¿Cuándo se lo va a traer Gloria?
12. ¿Qué va a hacer Ernesto este fin de semana?
13. ¿Por qué no necesita la caña de pescar de Tito?
14. ¿Por qué no puede ir Tito con Ernesto?
15. ¿Adónde van a ir después?

Listen carefully to each dialogue and then answer the questions, omitting the subject. The speaker will confirm your response. Repeat the correct response.

V. PARA ESCUCHAR Y ESCRIBIR

Tome nota

You will hear two radio commercials for travel agencies that offer package tours to Mexico and Spain. First listen carefully for general comprehension. Then, as you listen for a second time, fill in the information requested.

Agencia Miramar

Lugares que se visitan: _____

La excursión sale de: _____

Días(s) de salida: _____

Hora de salida: _____

Incluido en el precio: _____

Hotel(es): _____

Aerolínea Iberia

Lugares que se visitan: _____

La excursión sale de: _____

Días(s) de salida: _____

Hora de salida: _____

Incluido en el precio: _____

Hotel(es): _____

Dictado

The speaker will read six sentences. Each sentence will be read twice. After the first reading, write what you heard. After the second reading, check your work and fill in what you missed.

1. _____

2. _____

3. _____

4. _____

5. _____

6. _____

CHECK YOUR PROGRESS

Lecciones 9 y 10

Name _____

Section _____

Date _____

Lección 9

A. Complete the following sentences with the present indicative of the verbs in parentheses.

1. Nosotros no _____ (acordarse) de eso.

2. Ellos _____ (cortarse) el pelo aquí.

3. ¿A qué hora _____ (levantarse) tú?

4. Yo _____ (vestirse) en mi cuarto.

5. Jorge _____ (acostarse) tarde.

6. Uds. _____ (afeitarse) por la mañana.

B. Rewrite the following sentences, changing the verbs to the preterit tense.

1. Voy con ella. _____

2. Me lo da. _____

3. Ellos no van. _____

4. Yo no le doy nada. _____

5. Es mi profesor. _____

6. Somos sus estudiantes. _____

7. Ellos te mienten. _____

8. Él sirve la cena. _____

9. Ellos duermen bien. _____

10. Ud. prefiere trabajar. _____

11. Uds. me piden dinero. _____

C. ¿Cómo se dice...? Write the following sentences in Spanish.

1. The girls want to put on their red dresses.

_____

2. She washed her hair, bathed, and got dressed.

_____

3. I don't like wine; I prefer champagne.

_____

Lección 10

A. Rewrite the following sentences, changing the verbs to the preterit tense.

1. Él viene a la oficina, pero no hace nada.

_____

2. Por suerte se ponen de acuerdo.

_____

3. ¿Él no va a la playa porque no puede o porque no quiere?

_____

4. ¿Qué dicen ellos?

_____

5. No podemos ir porque tenemos que trabajar.

_____

B. Complete the following sentences, using **por** or **para**.

1. Necesito el dinero _____ mañana _____ la tarde _____ comprar el pasaje _____ Jorge.

2. Pagamos diez dólares _____ el libro.

3. Paso _____ ti a las nueve porque tenemos que estar allí _____ dos horas.

4. Mañana salgo _____ México; voy _____ avión.

5. Ana estudia _____ profesora.

C. Complete the following sentences with the imperfect of the verbs in parentheses.

1. Cuando nosotros _____ (ser) niños, _____ (ir) a la playa todos los veranos.

2. Luis _____ (ir) a la casa de sus abuelos, pero nunca _____ (ver) a su abuela.

3. Yo siempre _____ (salir) temprano; _____ (visitar) a mis padres

y siempre _____ (comer) con ellos.

D. Write the following sentences in Spanish.

1. I had to buy a fishing rod for my husband yesterday.

   _____

2. We were in Mexico for three weeks last summer.

   _____

3. We used to live near the river.

   _____

E. Write a short paragraph about the last time you went on a vacation that included outdoor activities. Say when you went and with whom, what you did, how long you stayed, and when you returned home.

   _____

   _____

   _____

   _____

   _____

   _____

   _____

   _____

   _____

Lección 11
WORKBOOK ACTIVITIES

Name _____

Section _____

Date _____

A. Complete each sentence with the preterit or the imperfect of the verb in parentheses.

1. Yo (ir) _____ a la sala de emergencia anoche. (*recording an act viewed as completed*)

2. Yo (ir) _____ a la sala de emergencia cuando (ver) _____ a José. (**ir:** *describing an action in progress in the past;* **ver:** *recording an act viewed as completed*)

3. Ayer ella (tener) _____ mucho dolor de cabeza. (*summing up a condition viewed as a whole*)

4. Ella (tener) _____ dolor de cabeza. (*describing a condition in the past*)

5. El doctor (visitar) _____ al Sr. Paz el sábado pasado. (*recording an act viewed as completed*)

6. El doctor (visitar) _____ al Sr. Paz todos los sábados. (*indicating a habitual action*)

7. Susana (decir) _____ que le (doler) _____ el estómago. (**decir:** *recording an act viewed as completed;* **doler:** *indirect discourse*)

8. (Ser) _____ las nueve de la noche cuando lo (atropellar) _____ el coche. (**ser:** *time in the past;* **atropellar:** *reporting an act viewed as completed*)

B. Complete each sentence with the preterit or the imperfect of the verb in parentheses.

1. Nosotros los (conocer) _____ ayer. (*met*)

2. Yo (conocer) _____ a ese doctor. (*knew*)

3. Ellas lo (saber) _____ anoche. (*found out*)

4. Tú ya lo (saber) _____ . (*knew*)

5. Mi mamá no (querer) _____ venir. (*refused*)

6. Él no (querer) _____ venir, pero.... (*didn't want to*)

C. Complete the following paragraph, using the preterit or the imperfect of the verbs in parentheses.

_____ (Ser) las cuatro de la tarde cuando yo _____ (salir) de

casa ayer. _____ (Hacer) mucho frío y _____ (llover).

_____ (Tener) que ir al médico porque _____ (tener) mucha

fiebre y me _____ (doler) mucho la espalda.

    Cuando _____ (llegar) al consultorio, la enfermera me _____

(decir) que el médico _____ (venir) en seguida. Yo _____ (esperar)

media hora y, cuando _____ (venir) el médico, le _____ (decir)

que me _____ (sentir) muy mal. El médico me _____

(preguntar) si yo _____ (ser) alérgica a la penicilina. Yo le

_____ (decir) que no lo _____ (saber). Él me

_____ (poner) una inyección y me _____ (recetar) unas pastillas.

    Cuando yo _____ (ir) a la farmacia, _____ (ver) a Carlos en

la calle. Él me _____ (invitar) a la fiesta de su hermana pero yo le

_____ (decir) que no _____ (querer) ir porque no la

_____ (conocer) a ella.

D. Write the following sentences in Spanish, following the model.

    MODELO: He came two hours ago.
               Hace dos horas que vino.

1. We started three days ago.

2. They arrived at the emergency room twenty minutes ago.

3. I broke my arm two months ago.

4. They gave me a tetanus shot two years ago.

E. Form adverbs from the following adjectives.

1. fácil   _____

2. rápido   _____

3. lento y claro _____

4. alegre   _____

5. feliz   _____

F. Write the parts of the body that correspond to the numbers in the illustration.

1. _____   5. _____

2. _____   6. _____

3. _____   7. _____

4. _____   8. _____

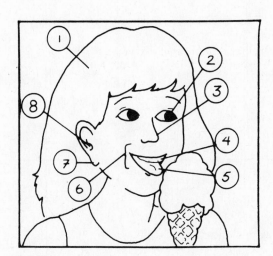

G. Supply the missing words. The letters in the center column will form a Spanish proverb. Write the proverb on the line provided below.

1. Trabaja con un médico; es _____ .

      _ _ _ ☐ _ _ _ _ _

2. Soy _____ a la penicilina.

      _ ☐ _ _ _ _ _

3. Yo me _____ el brazo ayer.

      _ _ _ ☐ _

4. El opuesto de **ensuciar** es _____ .

      _ _ _ ☐ _ _ _

5. Voy a desinfectarle la _____ .

      _ _ ☐ _ _ _

6. Lo llevaron al hospital en una _____ .

      _ ☐ _ _ _ _ _ _ _

7. La van a _____ de apendicitis.

      _ ☐ _ _ _ _

8. Está en el consultorio del _____ .

      _ _ _ _ _ ☐ _

9. Tuvo un _____ ; lo llevaron al hospital.

      _ _ _ _ _ _ ☐ _ _ _

10. Está en la _____ de emergencia.

      ☐ _ _ _

11. Veo con los _____ .

      ☐ _ _ _

12. _____ X

      ☐ _ _ _ _

13. Tengo _____ de cabeza.

      _ _ _ ☐ _

Proverbio: _____

H. **¿Cómo se dice...?** Write the following dialogues in Spanish.

1. "When Roberto was a child, he was always sick."
"Yes, and when he was ten years old, they operated on him for appendicitis."

_____

_____

_____

2. "I have dizzy spells."
"Are you sick?"
"No, but I think I'm pregnant."

_____

_____

_____

3. "Did you know Dr. Vera's wife, Miss Peña?"
   "Yes, I met her two months ago."

   _____

   _____

4. "Did you know that Oscar was in the hospital, Anita?"
   "No, I found out (about it) last night."

   _____

   _____

5. "How are you feeling, Miss?"
   "My chest, my back, and my neck hurt a lot."
   "Did you see the doctor?"
   "Yes, I went to his office this morning and he gave me this medicine."

   _____

   _____

   _____

   _____

6. "When was the last time they gave you a tetanus shot, Paquito?"
   "Last year, when I cut my toe."

   _____

   _____

I. Crucigrama

Horizontal

2. ¿Cómo se dice "*to run over*"?
6. Son parte de la mano
9. romperse
10. Va a tener un bebé; está _____ .
11. Llueve a _____ .
13. ¿Cómo se dice "*chest*"?
14. Me llevaron a la sala de rayos X para hacerme una _____ .
15. Lo llevaron al hospital en una _____ .
17. ¿Cómo se dice "*nose*"?
18. La varicela es una _____ .
19. Esa fue la _____ vez que la vi.
22. doctor en medicina
23. Estoy enfermo; no me _____ bien.
24. Me pusieron una _____ de penicilina.
26. La tomamos cuando estamos enfermos.
27. La necesitamos para hablar.
28. La tomo cuando me duele la cabeza.

Vertical

1. Los necesitamos para ver.
3. No podemos caminar sin ellas.
4. Es una _____ de dos vías.
5. La necesito si tengo una infección.
7. trabaja con el médico.
8. ¿Cómo se dice "*ankle*"?
12. ¿Cómo se dice "*back*"?
16. oficina del médico
20. parte de la pierna
21. Los necesitamos para comer.
22. ¿Cómo se dice "*motorcycle*"?
25. Sostiene (*It supports*) la cabeza.

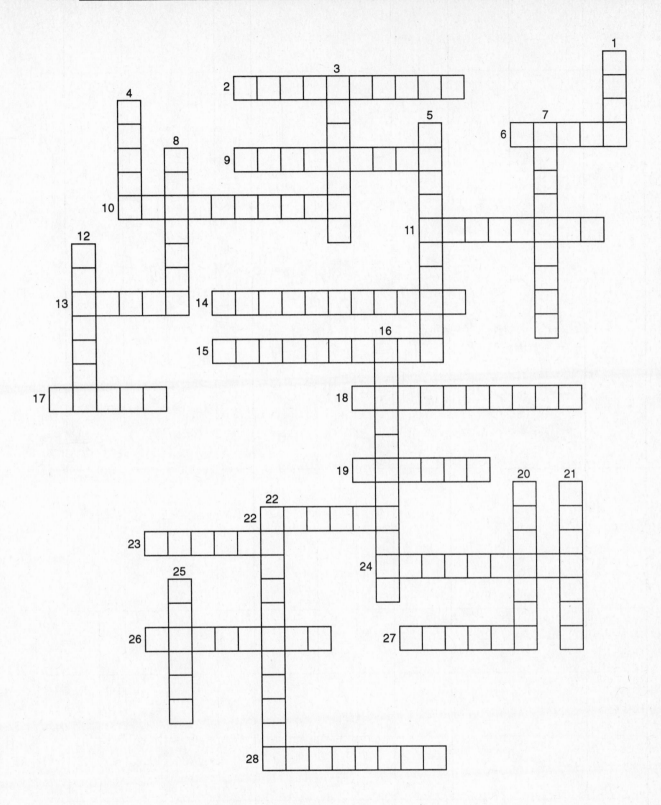

J. ¿Qué pasa aquí? Look at the illustration and answer the following questions.

1. ¿Qué le duele a Alberto?

   _____

2. ¿Cuántas aspirinas tomó?

   _____

3. ¿Se siente mejor ahora?

   _____

4. ¿Qué le pasó a Rita?

   _____

5. ¿Qué le van a tener que poner a Rita?

   _____

6. ¿Cuándo fue la última vez que le pusieron una inyección antitetánica?

_____

7. ¿Cómo trajeron a Luis al hospital?

_____

8. ¿Adónde lo llevan?

_____

9. ¿Se siente bien Isabel?

_____

10. ¿Qué tiene?

_____

11. ¿Está embarazada Isabel?

_____

12. ¿A qué medicina es alérgica Rosa?

_____

PARA LEER

Del diario de Ana María

Miércoles, 14 de julio de 19—

Querido diario:

Ayer, martes trece,[1] fue un día de mala suerte. Me levanté a las ocho y llegué tarde a mi clase de química, que empieza a las ocho y diez. Cuando fui a mi clase de psicología, que es mi especialización,° el profesor me dijo que tenía que estudiar más porque mi nota° del último examen no era muy buena.

    major
    grade

    Por la tarde fui a la biblioteca para devolver unos libros y me caí en la escalera.° Como me dolía mucho la pierna y tenía una herida en el brazo, Estela me llevó al hospital. Creíamos que yo tenía la pierna rota,° pero me hicieron unas radiografías y el doctor me dijo que no había ningún problema. Me pusieron una inyección contra el tétano, me vendaron la herida y Estela me trajo a casa. Eran las ocho de la noche cuando llegamos, y llovía a cántaros.

    stairs

    broken

    Invité a Estela a cenar conmigo, pero cuando abrí el refrigerador, vi que no había nada para comer. Tomamos chocolate caliente, estudiamos un rato y miramos la televisión. Estela se fue a las diez y yo me acosté porque estaba muy cansada.

    A las diez y cuarto me llamó una compañera de clase para decirme que hoy teníamos un examen en la clase de matemáticas. ¡Yo no lo sabía!

    Me levanté y empecé a estudiar pero, como me dolía muchísimo la cabeza y no entendía nada, me acosté pero no dormí bien. ¡El próximo martes trece no pienso salir de mi casa!

¡Conteste!

1. ¿A qué hora se levantó Ana María ayer?

   _____

2. ¿Cuál de sus profesores le dijo a Ana María que tenía que estudiar más?

   _____

3. ¿Por qué le hicieron a Ana María radiografías de la pierna?

   _____

4. ¿Qué le hicieron a Ana María en el hospital después de hacerle las radiografías?

   _____

5. ¿Qué tiempo hacía cuando las chicas llegaron a casa de Ana María?

   _____

---

[1] In Spanish-speaking countries, Tuesday the thirteenth is considered an unlucky day.

6. ¿Qué tomaron las chicas y qué hicieron después?

_____

7. ¿A qué hora se acostó Ana María?

_____

8. ¿Qué hora era cuando la llamó su compañera de clase?

_____

9. ¿Por qué no pudo estudiar Ana María después de hablar con su compañera de clase?

_____

10. ¿Cómo durmió Ana María anoche?

_____

11. ¿Cuál de sus profesores dio un examen hoy?

_____

12. ¿Qué planes tiene Ana María para el próximo martes trece?

_____

Lección 11
LABORATORY
ACTIVITIES

Name _____

Section _____

Date _____

I. PARA ESCUCHAR Y CONTESTAR

Diálogo: *En el hospital*

The dialogue will be read first without pauses. Pay close attention to the speakers' intonation and pronunciation.

Eran las dos de la tarde y llovía a cántaros. Gustavo iba en su motocicleta por la calle cuando un coche lo atropelló. Lo trajeron al Hospital Municipal de Tegucigalpa en una ambulancia, y ahora está en la sala de emergencia, hablando con una enfermera.

ENFERMERA —¿Qué le pasó?

GUSTAVO —Tuve un accidente. Me atropelló un coche. No lo vi venir.

ENFERMERA —¡Qué horrible!

GUSTAVO —No sabía que era una calle de dos vías. Lo supe cuando me atropelló el coche.

ENFERMERA —¿Cómo se siente ahora?

GUSTAVO —Me duele mucho la pierna. Creo que me la rompí.

ENFERMERA —El doctor dijo que necesitaba una radiografía. Voy a llevarlo a la sala de rayos X. Veo que también se cortó el brazo.

GUSTAVO —Sí, me sangraba mucho.

ENFERMERA —Voy a desinfectarle y vendarle la herida. ¿Cuándo fue la última vez que le pusieron una inyección antitetánica?

GUSTAVO —Me pusieron una hace dos meses.

En otra sección del hospital, una señora está en el consultorio del médico.

DOCTOR —¿Hace mucho que tiene esos dolores de cabeza y esos mareos?

SEÑORA —Me empezaron hace dos semanas. Pero cuando era chica tomaba aspirina frecuentemente porque siempre me dolía la cabeza.

DOCTOR —¿La operaron alguna vez?

SEÑORA —Sí, me operaron de apendicitis cuando tenía veinte años.

DOCTOR —¿Es Ud. alérgica a alguna medicina?

SEÑORA —Sí, soy alérgica a la penicilina.

DOCTOR —¿Qué enfermedades tuvo cuando era niña?

SEÑORA —Varicela, sarampión... creo que las tuve todas porque siempre estaba enferma.

DOCTOR —¿Está Ud. embarazada?

SEÑORA —No, doctor.

DOCTOR —Bueno. Vamos a hacerle unos análisis.

SEÑORA —Y para los mareos, doctor, ¿va a recetarme alguna medicina?

DOCTOR —Sí, voy a recetarle unas pastillas. Debe tomarlas tres veces al día. Aquí tiene la receta.

Now the dialogue will be read with pauses for you to repeat what you hear. Imitate the speakers' intonation patterns.

Preguntas y respuestas

You will now hear questions about the dialogue. Answer each one, omitting the subject. The speaker will confirm your response. Repeat the correct response.

Situaciones

The speaker will present several situations based on the dialogue. Respond appropriately in Spanish to each situation. The speaker will confirm your response. Repeat the correct response. Follow the model.

MODELO: You tell your doctor that you have a cough and your head hurts a lot.
Doctor, tengo tos y me duele mucho la cabeza.

II. PRONUNCIACIÓN

■ When you hear the number, read the corresponding sentence aloud. Then listen to the speaker and repeat the sentence once more.

1. Llueve a cántaros.
2. Tiene apendicitis.
3. Es alérgica a la penicilina.
4. Le puse una inyección.
5. Necesito un análisis.

6. Está en la sala de rayos X.
7. Le desinfectó la herida.
8. Iba en una motocicleta.
9. Elena está embarazada.
10. Es una calle de dos vías.

III. ¡VAMOS A PRACTICAR!

A. The speaker will ask several questions. Pay close attention to the use of the preterit or the imperfect in each question and respond in the appropriate tense, using the cue provided. The speaker will confirm your response. Repeat the correct response. Follow the model.

MODELO: —¿Qué hora era?   (las ocho)
—**Eran las ocho.**

1. (a las doce)   2. (estudiar)   3. (en México)   4. (mareos)   5. (el pecho)   6. (a las cuatro)
7. (unos análisis)   8. (al hospital)   9. (ocho años)   10. (a la sala de rayos X)

B. Answer each question you hear, using the model as a guide. The speaker will confirm your response. Repeat the correct response.

MODELOS: 1.   —¿No conocías al doctor Rodríguez?
—**No, lo conocí esta mañana.**

2.   —¿Sabían Uds. que él era casado?
—**Lo supimos anoche.**

3.   —¿No dijiste que podías venir?
—**Sí, pero no quise.**

C. Answer each question you hear, using the cue provided. The speaker will confirm your response. Repeat the correct response. Follow the model.

> MODELO: —¿Cuánto tiempo hace que empezaste a estudiar español? (seis meses)
> **—Hace seis meses que empecé a estudiar español.**

1. (veinte minutos)   2. (tres semanas)   3. (un mes)   4. (una hora)   5. (dos años)

D. Change the following adjectives to their corresponding adverbs. Remember that if the adjective ends in -o, you must first change the -o to -a. The speaker will confirm your response. Repeat the correct response. Follow the model.

> MODELO: fácil
> **fácilmente**

IV. EJERCICIO DE COMPRENSIÓN

Before listening to the dialogues in this section, study the comprehension questions below. Reviewing the questions ahead of time will help you to remember key information as you listen.

1. ¿Qué hora era cuando Pablo llegó?
2. ¿Por qué no pudo venir temprano?
3. ¿A qué hora se acostó Dora?
4. ¿Por qué se acostó tan temprano?
5. ¿Qué tomó?
6. ¿Cómo se siente ahora?
7. ¿Cuánto tiempo hace que la señora tiene dolor de estómago?
8. ¿Qué otro problema tiene a veces?
9. ¿Qué medicina toma cuando le duele mucho el estómago?
10. ¿Qué le va a dar el médico?
11. ¿Qué van a hacerle a la señora si no se siente mejor?
12. ¿Qué le pasó a Roberto?
13. ¿Lo atropelló un coche?
14. ¿Adónde lo llevaron?
15. ¿Le hicieron radiografías de la pierna?
16. ¿Qué se cortó Roberto?
17. ¿Por qué no le pusieron una inyección antitetánica?
18. ¿Por qué va a tomar dos aspirinas?

Listen carefully to each dialogue and then answer the questions, omitting the subject. The speaker will confirm your response. Repeat the correct answer.

V. PARA ESCUCHAR Y ESCRIBIR

Tome nota

You will hear a conversation between a doctor and a patient. First listen carefully for general comprehension. Then, as you listen for a second time, fill in the information requested.

Hoja Clínica

Nombre del paciente: _____

Síntomas _____

_____

Operaciones _____

_____

Enfermedades que tuvo _____

_____

Medicinas que está tomando _____

_____

Alergias _____

_____

Radiografías de _____

_____

Próxima visita _____

Dictado

The speaker will read six sentences. Each sentence will be read twice. After the first reading, write what you heard. After the second reading, check your work and fill in what you missed.

1. _____

2. _____

3. _____

4. _____

5. _____

6. _____

Lección 12
WORKBOOK ACTIVITIES

Name ______________________

Section ______________________

Date ______________________

A. Complete the verb chart below as a review of the present subjunctive.

Infinitive	*yo*	*tú*	*Ud., él, ella*	*nosotros*	*Uds., ellos, ellas*
1. cobrar	cobre	cobres	cobre	cobremos	cobren
2. estudiar					
3. deber	deba	debas	deba	debamos	deban
4. beber					
5. abrir	abra	abras	abra	abramos	abran
6. recibir					
7. hacer	haga				
8. decir		digas			
9. entender			entienda		
10. volver				volvamos	
11. sugerir					sugieran
12. dormir				durmamos	
13. mentir					mientan
14. buscar	busque				
15. pescar					
16. dar		des			
17. estar			esté		
18. ir				vayamos	
19. ser					sean
20. saber	sepa				

B. Complete the chart below.

English	Subject	Verb	que	Subject of subordinate clause	Verb in the subjunctive
1. He wants me to speak.	Él	quiere	que	yo	hable.
2. I want you to learn.				tú	
3. You want him to go out.	Tú				
4. She wants us to drink.					bebamos.
5. We want her to come.				ella	
6. You want them to understand.	Uds.				
7. They want you to remember.				Uds.	
8. You want us to study.	Uds.				
9. They want us to write.					escribamos.
10. He wants us to lie.	Él				
11. I want you to walk.				tú	
12. They want you to come in.				Uds.	
13. She wants him to work.					
14. We want them to go.					

C. Rewrite each sentence, beginning with the phrase provided. Follow the model.

MODELO: Ella deposita el dinero en su cuenta corriente.
Quiero que ella _____ .
Quiero que ella deposite el dinero en su cuenta corriente.

1. Él firma la carta. ¿Tú quieres que _____ ?

2. Nosotros le damos el cheque. Ellos nos aconsejan que _____ .

3. Tú tienes que pagar en efectivo. Es una lástima que _____ .

4. Ella va al Banco Nacional. Nosotros le vamos a pedir que _____ .

5. Ellos dejan el rollo de película para revelarlo. Yo espero que _____ .

6. Yo lleno la solicitud. El empleado sugiere que _____ .

7. Elsa se queda en la cama hasta tarde. Me alegro de que _____ .

8. Nosotros estacionamos la motocicleta frente al banco. Nos dice que _____ .

9. ¿Yo recojo los pantalones? ¿Uds. quieren que _____ ?

10. Ella paga al contado. Ojalá que _____ .

11. El saldo es de más de quinientos dólares. Espero que _____ .

12. Ellos no lo saben. Sentimos que _____ .

13. Adela está enferma. Temo que _____ .

14. Ellos estudian español. Yo les recomiendo que _____ .

15. Vienen temprano. Les ruego que _____ .

D. Complete the following sentences with **que**, **quien**, or **quienes**, as appropriate.

1. El señor _____ llamó ayer es mi profesor.

2. La fruta _____ más me gusta es la manzana.

3. Los chicos de _____ te hablé trabajan en la tintorería.

4. Las chicas _____ estaban en la biblioteca son cubanas.

5. El muchacho con _____ estudia Perla se llama José Luis.

6. La señora _____ trajo el dinero es mi tía.

E. **¿Cómo se dice...?** Write the following dialogues in Spanish.

1. "I hope that you have your checkbook, Marta."
   "No, I didn't bring it."

   _____

   _____

2. "My mother doesn't want me to apply for a loan."
   "She's right . . ."

   _____

   _____

3. "I can't pay cash for the car."
   "I suggest that you buy it on installments, Miss Vega."

   _____

   _____

4. "What does she want you to do, Anita?"
   "She wants me to run some errands."

   _____

   _____

5. "Who is the girl who brought the roll of film?"
   "My cousin. She wants you to develop it, Mr. Torres."

   _____

   _____

F. Crucigrama

Horizontal

4. talonario de cheques
6. opuesto de **alegrarse**
8. No tiene hermanos; es hijo _____ .
11. ¿Cómo se dice "*to be glad*"?
12. ¿Cómo se dice "*pants*"?
15. Le gusta _____ en la cama hasta tarde.
17. Voy a abrir una cuenta _____ .
19. El _____ niño está muy enfermo.
20. Tenía mil dólares y saqué seiscientos. El _____ es de cuatrocientos dólares.
21. espero
22. Tengo un rollo de _____ para revelar.
23. No me desperté porque no sonó el _____ .
25. modo
26. ¿Cómo se dice "*to walk*"?
27. aparcar

Vertical

1. Voy a pedir un _____ en el banco.
2. No cuesta nada; es _____ .
3. poner la fecha
5. ¿Cómo se dice "*they scream*"?
7. ¿Cómo se dice "*to fear*"?
9. ¿Vas a lavar el vestido o lo vas a llevar a la _____ ?
10. Voy a _____ cien dólares en mi cuenta.
13. ¿Lo compraste al _____ o a plazos?
14. Deposité mil dólares en mi cuenta de _____ .
16. ¿Cómo se dice "*errand*"?
18. ¿Cómo se dice "*to look like*"?
24. Fui a la estación de _____ porque me robaron mil dólares.

G. ¿Qué pasa aquí? Look at the illustration and answer the following questions.

1. ¿A qué hora suena el despertador?

   _____

2. ¿Ud. cree que Susana quiere levantarse o que quiere quedarse en la cama hasta tarde?

   _____

3. ¿Qué quiere Olga que haga Susana?

   _____

4. ¿Qué diligencias va a hacer Celia?

   _____

5. ¿Cuánto dinero va a depositar Celia en su cuenta de ahorros?

   _____

6. ¿Andrés quiere que Celia vaya con él o que Susana vaya con él?

   _____

7. ¿Celia está lista para salir?

   _____

8. ¿Ud. cree que Andrés va a depositar dinero o que va a pedir un préstamo? ¿Cómo lo sabe Ud.?

   _____

9. ¿Para qué quiere Andrés el dinero?

   _____

10. ¿Cómo van a ir al banco Celia y Andrés?

   _____

Lección 12
LABORATORY ACTIVITIES

Name _____

Section _____

Date _____

I. PARA ESCUCHAR Y CONTESTAR

Diálogo: *Haciendo diligencias*

The dialogue will be read first without pauses. Pay close attention to the speakers' intonation and pronunciation.

En una casa de la calle Ponce en San Juan, Puerto Rico, vive la familia Vargas. Sergio está muy cansado hoy y quiere quedarse en la cama hasta tarde. Su mamá quiere que haga varias diligencias, de modo que el pobre muchacho tiene que levantarse en cuanto suena el despertador a las siete de la mañana.
A las nueve, llega a la tintorería.

SERGIO —Vengo a recoger esta ropa. Aquí está el comprobante. Ojalá que estén listos mis pantalones.

EMPLEADO —Un abrigo de mujer y un pantalón. Un momento, por favor. Los pantalones son rosados, ¿verdad?

SERGIO —¡Eran blancos cuando los traje...!

A las diez, Sergio está en el departamento de fotografía de la tienda La Francia.

SERGIO —La semana pasada traje un rollo de película en colores. Espero que esté listo.

EMPLEADO —A ver... ¿Sergio Vargas...? Sí, las fotos salieron muy bien.

SERGIO —¿Y cuánto cobran por revelar un rollo de película?

EMPLEADO —Cinco dólares, señor.

SERGIO —Muy bien. ¿Pero quién es esta señora? ¡Estas fotos no son mías!

A las once, Sergio estaciona su motocicleta frente al banco.

SERGIO —Quiero depositar este cheque, que está a nombre de mi madre. ¿Es necesario que lo firme ella?

EMPLEADO —Si lo va a depositar en la cuenta corriente de ella, no.

SERGIO —Muy bien, eso es lo que quiero hacer. También quiero sacar doscientos dólares de mi cuenta de ahorros.

EMPLEADO —Tiene que llenar esta tarjeta.

SERGIO —Necesito que me dé el saldo de mi cuenta de ahorros.

EMPLEADO —Sólo tiene veinte dólares. Lo siento, señor Vargas, pero no tiene suficiente dinero.

Cuando Sergio sale del banco, no encuentra su motocicleta.

SERGIO —¡Ay, no! ¡Alguien me robó la motocicleta!

SEÑORA —El muchacho que se llevó su motocicleta dijo que Ud. era su hermano...

SERGIO —¡Yo soy hijo único!
SEÑORA —Se parecen mucho. Me sorprende que no sean hermanos.
SERGIO —¡El próximo martes trece no salgo de casa!

Now the dialogue will be read with pauses for you to repeat what you hear. Imitate the speakers' intonation patterns.

Preguntas y respuestas

You will now hear questions about the dialogue. Answer each one, omitting the subject. The speaker will confirm your response. Repeat the correct response.

Situaciones

The speaker will present several situations based on the dialogue. Respond appropriately in Spanish to each situation. The speaker will confirm your response. Repeat the correct response. Follow the model.

>MODELO: You tell your teacher that you hope he'll give you an "A."
>**Espero que me dé una "A".**

II. PRONUNCIACIÓN

- When you hear the number, read the corresponding sentence aloud. Then listen to the speaker and repeat the sentence once more.

1. Quiere quedarse en la cama hasta tarde.
2. Quiere que haga varias diligencias.
3. A las nueve, llega a la tintorería.
4. Revela un rollo de película.
5. Sergio estaciona su motocicleta.
6. Quiere sacar doscientos dólares.
7. Tengo una cuenta de ahorros.
8. Camina hacia la estación de policía.

III. ¡VAMOS A PRACTICAR!

A. Answer each question you hear, using the cue provided. The speaker will confirm your response. Repeat the correct response. Follow the model.

>MODELO: —¿Qué quieres que yo haga? (depositar el dinero)
>—**Quiero que deposites el dinero.**

1. (traer los cheques) 2. (venir mañana) 3. (ir a la tintorería) 4. (estar aquí a las cinco)
5. (volver temprano) 6. (dar una fiesta) 7. (pagar la cuenta) 8. (ahorrar más) 9. (llenar las tarjetas) 10. (depositar el dinero)

B. The speaker will say what different people want to do. Say that you don't want them to do those things. The speaker will confirm your response. Repeat the correct response. Follow the model.

>MODELO: —Nosotros queremos invitar a las chicas.
>—**Yo no quiero que las invitemos.**

C. Respond to each statement you hear, using the cue provided. The speaker will confirm your response. Repeat the correct response. Follow the model.

> MODELO: Yo me alegro de estar aquí.   (de que tú)
> **Yo me alegro de que tú estés aquí.**

1. (que Carlos)   2. (que ustedes)   3. (de que mi hijo)   4. (que tú)   5. (que nosotros)

D. Respond to each statement you hear, using the cue provided. The speaker will confirm your response. Repeat the correct response. Follow the model.

> MODELO: Ana va con Teresa.   (Espero)
> **Espero que Ana vaya con Teresa.**

1. (Siento)   2. (Me alegro)   3. (Es una lástima)   4. (Ojalá)   5. (Temo)   6. (Espero)

E. Answer each question you hear, using the cue provided. The speaker will confirm your response. Repeat the correct response. Follow the model.

> MODELO: —¿Quién es María? (chica—trajo las fotos)
> **—Es la chica que trajo las fotos.**

1. (muchacho—vino ayer)   2. (profesor—te hablé)   3. (muchacha—firmó el cheque)   4. (señora—llamó por teléfono)   5. (señor—vimos ayer)

IV. EJERCICIO DE COMPRENSIÓN

Before listening to the dialogues in this section, study the comprehension questions below. Reviewing the questions ahead of time will help you to remember key information as you listen.

1. ¿Qué quiere hacer Elisa mañana?
2. ¿Adónde quiere su papá que lo lleve?
3. ¿Elisa quiere levantarse temprano?
4. ¿Adónde quiere su padre que vaya después?
5. ¿Qué necesita su mamá que haga Elisa?
6. ¿Qué quiere saber Elisa?
7. ¿Qué tiene que llevar Raquel a la tintorería?
8. ¿A cuál le sugiere Amanda que vaya?
9. ¿En qué calle queda la tintorería Magnolia?
10. ¿Quién quiere Raquel que la lleve?
11. ¿Qué dice Raquel del coche de Antonio?
12. ¿Quién dice Amanda que le gusta a Raquel?
13. ¿Cuánto quiere sacar el Sr. Vargas de su cuenta de ahorros?
14. ¿En qué cuenta quiere depositar el cheque?
15. ¿Es necesario que la hija del Sr. Vargas firme el cheque?
16. ¿Qué le va a comprar el Sr. Vargas a su hijo?
17. ¿Qué espera el Sr. Vargas?

Listen carefully to each dialogue and then answer the questions, omitting the subject and replacing any direct objects with direct object pronouns. The speaker will confirm your response. Repeat the correct response.

V. PARA ESCUCHAR Y ESCRIBIR

Tome nota

You will hear Jorge Sandoval describe his daily routine. First listen carefully for general comprehension. Then, as you listen for a second time, fill in the information requested.

AGENCIA DE DETECTIVES

Información sobre: Jorge Sandoval

7:00: Se levanta.

8:00: _____

9:00: _____

9:00–12:00: _____

12:30: _____

_____

_____

1:30: _____

1:30–5:00: _____

5:30: _____

6:00: _____

10:00: _____

Firma del detective: _____

Fecha: _____

Dictado

The speaker will read six sentences. Each sentence will be read twice. After the first reading, write what you heard. After the second reading, check your work and fill in what you missed.

1. _____

2. _____

3. _____

4. _____

5. _____

6. _____

CHECK YOUR PROGRESS

Lecciones 11 y 12

Name _____

Section _____

Date _____

Lección 11

A. Complete the following sentences with the imperfect or the preterit of the verbs in parentheses.

1. Yo no _____ (saber) que nosotros _____ (tener) un examen

   hoy. Lo _____ (saber) esta mañana.

2. Cuando Eva _____ (ser) niña, siempre _____ (venir) a nuestra

   casa y _____ (estudiar) con nosotros.

3. ¿Por qué no _____ (ir) tú a la fiesta de Oscar anoche? Yo no

   _____ (querer) ir, pero _____ (tener) que ir para llevar a Marta.

4. _____ (Ser) las cinco de la tarde cuando yo _____ (llegar) a

   casa ayer.

5. Ellos no _____ (conocer) a mi esposo. Lo _____ (conocer) ayer.

B. Answer the following questions with complete sentences.

1. ¿Cuánto tiempo hace que usted empezó a estudiar español?

   _____

2. ¿Dónde conoció usted a su mejor amigo(-a)?

   _____

3. Cuando usted era niño(-a), ¿a qué hora se acostaba generalmente?

   _____

C. Write the following sentences in Spanish.

1. He was hit by a car three days ago.

   _____

2. I didn't know Daniel; I met him last night.

   _____

3. I was going to the emergency room when I saw my brother-in-law.

   _____

4. When I was ten years old, I had dizzy spells frequently.

   _____

5. She spoke clearly and slowly.

   _____

Lección 12

A. Complete the following sentences with the present subjunctive or the infinitive of the verbs in parentheses, as appropriate.

1. Temo que ellos no nos _____ (dar) el préstamo.

2. Siento no _____ (poder) ir contigo.

3. Ellos quieren que yo _____ (abrir) una cuenta de ahorros, pero yo quiero

   _____ (abrir) una cuenta corriente.

4. Me alegro de _____ (estar) aquí hoy.

5. Mamá nos aconseja que _____ (ir) temprano.

6. Yo te sugiero que _____ (firmar) el contrato.

7. Ellos quieren que Ana _____ (estar) aquí por un mes, pero ella quiere

   _____ (irse) antes.

8. Espero que Uds. _____ (saber) el número de su cuenta.

9. Siento no _____ (poder) ir contigo a la tienda, pero espero que tú

   _____ (poder) venir a casa mañana.

10. Te sugiero que _____ (comer) menos y _____ (caminar) más.

B. Complete the following sentences in your own words.

1. Mis padres quieren que yo _____

_____

2. Siento que mis amigos _____

_____

3. Ojalá que la profesora _____

_____

4. Temo que mi mamá _____

_____

5. Si te duele la cabeza, te sugiero que _____

_____

C. Write the following sentences in Spanish.

1. This is the man who brought the roll of film.

_____

_____

2. I want the automatic teller to give me the balance of my account.

_____

_____

3. I hope she can take me to the police station.

_____

_____

D. Write a brief paragraph about the errands you did last week. Describe what you did, the reason for each errand, who you encountered along the way, and any other relevant information.

_____

_____

_____

_____

_____

_____

_____

_____

_____

_____

WORKBOOK ACTIVITIES

Name _____

Section _____

Date _____

A. Complete the chart below, with **Ud.** and **Uds.** command forms.

	Command	
Infinitive	Ud.	Uds.
1. preparar	prepare	preparen
2. caminar		
3. aprender	aprenda	aprendan
4. beber		
5. abrir	abra	abran
6. subir		
7. venir	venga	vengan
8. hacer		
9. dar	dé	den
10. estar		
11. empezar	empiece	empiecen
12. comenzar		
13. pedir		
14. contar		
15. ir	vaya	
16. ser		sean

B. Rewrite the following sentences, using the command to replace the construction **deber** + *infinitive*.

    MODELOS: Ud. no debe hacerlo.   Ud. debe hacerlo.
                No lo haga.   **Hágalo.**

1. Debe enviarlas hoy.

   _____

2. No deben sacarlos ahora.

   _____

3. Debe llamarnos más tarde.

   _____

4. Deben dejármela en la oficina de correos.

   _____

5. No debe dárselos a él.

   _____

6. Deben decírselo a sus padres.

   _____

7. No debe preocuparse por eso.

   _____

8. Deben traérmelo mañana.

   _____

9. Deben levantarse más temprano.

   _____

10. No debe ponerse el abrigo.

    _____

11. No deben quedarse en casa.

    _____

12. Debe mandarles un giro postal.

    _____

C. Complete each sentence by providing either the present subjunctive or the present indicative form of the verb.

1. Creemos que ellos _____ (estar) en la oficina de correos.

2. No dudo que él _____ (venir) en ese tren.

3. Niego que Rosa _____ (ser) la peor estudiante de español.

4. Es verdad que ellos siempre _____ (llegar) tarde.

5. No estoy seguro de que el tren _____ (tener) dos horas de retraso.

6. Es cierto que el coche _____ (ser) mío.

7. No es cierto que el hotel _____ (quedar) en esa calle.

8. No creemos que ellos _____ (conseguir) las estampillas.

9. No es verdad que nosotros _____ (tener) los pasajes.

10. Dudo que ellos _____ (levantarse) a las cuatro de la mañana.

11. No niego que ella _____ (ser) muy puntual.

12. Estoy seguro de que nosotros _____ (necesitar) un casillero en la oficina.

D. Answer the following questions, using the cues and omitting the subjects.

1. ¿A qué hora se abre la tintorería? (a las diez)

_____

2. ¿Cómo se sale de este edificio? (por aquella puerta)

_____

3. ¿A qué hora se cierran los bancos? (a las tres)

_____

4. ¿Qué idioma se habla en Río de Janeiro? (portugués)

_____

5. ¿Cómo se dice "*traffic light*" en español?

_____

E. The names of twelve things found in cities are hidden in the puzzle below. Reading horizontally, vertically, and diagonally, find them and list them with their corresponding definite articles.

P	S	E	M	A	F	O	R	O	E	E
C	A	M	I	N	O	L	C	D	D	S
U	B	R	N	R	E	B	O	O	I	T
A	U	L	Q	T	C	R	R	B	F	A
D	Z	J	O	U	R	T	R	L	I	C
R	O	H	R	A	E	F	E	A	C	I
A	N	T	C	M	I	G	O	R	I	O
E	S	Q	U	I	N	A	M	S	O	N

1. ____ ._____   7. ____ _____
2. ____ _____   8. ____ _____
3. ____ _____   9. ____ _____
4. ____ _____   10. ____ _____
5. ____ _____   11. ____ _____
6. ____ _____   12. ____ _____

F. ¿Cómo se dice...? Write the following dialogues in Spanish.

1. "I think she has the money orders."
   "No, I don't think she has them."

_____

_____

2. "He says that I need a passport and a visa to travel to Spain."
   "It's true that you need a passport, but it's not true that you need a visa."

   _____

   _____

   _____

   _____

3. "We can take the subway."
   "I doubt that there is a subway in this city."

   _____

   _____

4. "At what time does the post office open?"
   "It opens at nine o'clock and it closes at five in the afternoon."

   _____

   _____

5. "Bring the packages tomorrow, but don't give them to my secretary; leave them on my desk."
   "Do you want me to bring the stamps, too?"
   "Yes, bring them, please."

   _____

   _____

   _____

   _____

G. Crucigrama

Horizontal

1. Trabaja en la oficina de _____ .
3. ¿Cómo se dice "*open*"?
5. El *Empire State* es uno.
7. ¿Cómo se dice "*package*"?
8. opuesto de **subir**
9. opuesto de **moderno**
11. sello
14. ¿Doblo o sigo _____ ?
16. ¿Cómo se dice "*mailbox*"?
17. Voy a mandarle un giro _____ .
18. Siempre llega tarde; no es _____ .
19. Voy a enviar la carta por _____ aérea.
21. Ponga las cartas en mi _____ , señorita.
22. Voy a mandar las cartas _____ y por vía aérea.
23. ¿Cómo se dice "*we doubt*"?

Vertical

2. Está en la _____ de las calles Magnolia y Libertad.
4. Vive en los Estados Unidos pero no es de aquí; es _____ .
6. ¿Tiene un documento de _____ ?
10. Venden sellos en la _____ número dos.
12. opuesto de **abajo**
13. muchos: un _____
15. El _____ tiene tres colores: rojo, verde y amarillo.
18. Esa casa es una mansión... ¡Es un _____ !
20. Está cerca de aquí. ¡Está allí _____ !

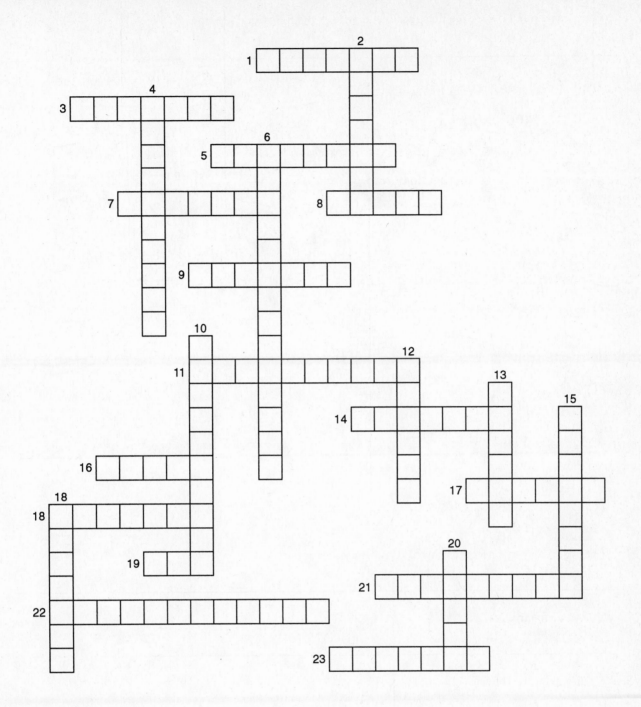

H. ¿Qué pasa aquí? Look at the illustration and answer the following questions.

1. El hermano de Jorge necesita dinero. ¿Qué va a hacer Jorge?

   _____

2. ¿Qué va a enviar Olga?

   _____

3. ¿A quién se lo va a enviar?

   _____

4. ¿En qué ventanilla venden estampillas?

   _____

5. ¿Cuántas cartas va a mandar Beto?

   _____

6. ¿Cómo las va a enviar?

_____

7. ¿Quiere mandarlas certificadas?

_____

8. ¿Cree Ud. que Betty está enojada (*angry*) con Oscar?

_____

9. ¿Oscar es puntual?

_____

10. Para Oscar, ¿es importante ser puntual?

_____

PARA LEER

La carta de Julia

8 de julio de 1994

Queridos padres:

Hace una semana que estoy aquí, y ya me siento un poco "española". ¡Madrid es una ciudad magnífica! Visité muchos lugares y compré un montón de tarjetas para enviárselas a ustedes y a todos mis amigos. Dudo que pueda escribirles a todos porque cada día voy a alguna parte° y no tengo mucho tiempo.

somewhere

Ayer fui a Toledo y pasé todo el día allí. Es una ciudad antigua y muy interesante. Visité la casa de El Greco y vi algunos de sus cuadros, que son extraordinarios. También visité la Catedral, que me gustó mucho. Mañana quiero ir a El Escorial y al Valle de los Caídos, pero no creo que tenga suficiente tiempo para ver los dos lugares.

Escríbanme y díganle a Rafael que me escriba también. Denle saludos° a Carmen. No se olviden° de mandarme la dirección de Ernesto.

Say hi
Don't forget

Cariños,° *Julia*

Love

¡Conteste!

1. ¿Cuánto tiempo hace que Julia está en Madrid?

   _____

2. ¿Le gusta Madrid a Julia?

   _____

3. ¿A quién les va a enviar las tarjetas Julia?

   _____

4. ¿Por qué no tiene Julia mucho tiempo para escribir?

   _____

5. ¿Cuánto tiempo pasó Julia en Toledo?

   _____

6. ¿Qué dice Julia de los cuadros de El Greco?

   _____

7. ¿Qué quiere Julia que sus padres le digan a Rafael?

   _____

8. ¿Qué quiere Julia que le manden sus padres?

   _____

Lección 13
LABORATORY ACTIVITIES

Name _____

Section _____

Date _____

I. PARA ESCUCHAR Y CONTESTAR

Diálogo: *Pidiendo información*

The dialogue will be read first without pauses. Pay close attention to the speakers' intonation and pronunciation.

Julia, una chica de Honduras, llegó a Madrid hace una semana. Con sus amigos españoles visitó el Parque del Retiro, el Palacio Real y las antiguas ciudades de Segovia, Ávila y Toledo. En cada lugar compró un montón de tarjetas postales para enviárselas a sus padres y a sus amigos. Hoy decidió ir al correo para enviar las tarjetas y recoger un paquete.

JULIA —Dudo que el correo esté abierto a esta hora. Creo que se abre a las nueve. Dígame, señor, ¿dónde queda la oficina de correos?

SR. GÓMEZ —Está a cinco manzanas de aquí, en la Plaza de la Cibeles.

JULIA —Es que... soy extranjera y no conozco las calles. ¿Puede decirme cómo llegar allí?

SR. GÓMEZ —¡Ah!, siga derecho por esta calle hasta llegar a la Plaza de Colón.

JULIA —¿Cuántas cuadras?

SR. GÓMEZ —Dos. Después doble a la derecha al llegar al semáforo, en la calle Alcalá.

JULIA —¿La oficina de correos está en esa calle?

SR. GÓMEZ —Sí, allí mismo. Es un edificio antiguo y está frente a la estación del metro.

Julia llega a la ventanilla de información en la oficina de correos.

JULIA —Vengo a recoger un paquete. Me llamo Julia Reyes.

EMPLEADO —¿Tiene un documento de identidad?

JULIA —Mi pasaporte... pero lo dejé en el hotel.

EMPLEADO —No creo que se lo den sin identificación.

JULIA —Bueno, vuelvo esta tarde. ¿Dónde puedo comprar sellos?

EMPLEADO —Vaya a la ventanilla número dos, a la izquierda.

En la ventanilla número dos, Julia le pide al empleado los sellos que necesita.

JULIA —Quiero enviar estas tarjetas postales por vía aérea y una carta certificada a Honduras.

EMPLEADO —Son mil quinientas pesetas, señorita.

JULIA —¿Adónde tengo que ir para enviar un telegrama?

EMPLEADO —Suba al segundo piso. La oficina de telégrafos está arriba.

Después de enviar el telegrama, Julia sale de la oficina de correos y camina hacia la Gran Vía, donde la espera su amiga Pilar.

JULIA —Creía que no ibas a estar aquí.

PILAR —Oye, guapa, no es verdad que los españoles siempre lleguemos tarde. A veces somos puntuales.

Now the dialogue will be read with pauses for you to repeat what you hear. Imitate the speakers' intonation patterns.

Preguntas y respuestas

You will now hear questions about the dialogue. Answer each one, omitting the subject. The speaker will confirm your response. Repeat the correct response.

Situaciones

The speaker will present several situations based on the dialogue. Respond appropriately in Spanish to each situation. The speaker will confirm your response. Repeat the correct response. Follow the model.

MODELO: You ask someone what time the post office opens.
¿A qué hora se abre la oficina de correos?

II. PRONUNCIACIÓN

- When you hear the number, read the corresponding sentence aloud. Then listen to the speaker and repeat the sentence once more.

1. Visitó el Parque del Retiro.
2. Va a enviárselas a sus padres.
3. Hoy decidió ir al correo.
4. Soy extranjera y no conozco las calles.
5. Tiene un documento de identidad.
6. Vaya a la ventanilla número dos.
7. Envió las cartas por vía aérea.
8. La oficina de telégrafos está arriba.

III. ¡VAMOS A PRACTICAR!

A. You will hear a series of indirect commands with the construction **tener que** + *infinitive*. Change each one to a direct **Ud.** or **Uds.** command. The speaker will confirm your response. Repeat the correct response. Follow the model.

MODELO: Ud. *tiene que estudiar* la lección.
Estudie la lección.

B. Answer each question you hear in the affirmative or in the negative, according to the cue provided. The speaker will confirm your response. Repeat the correct response. Follow the models.

MODELOS: —¿Mando el giro postal? (sí)
—Sí, mándelo.
—¿Sirvo el vermut? (no)
—No, no lo sirva.

1. (no)   2. (sí)   3. (sí)   4. (no)   5. (no)   6. (no)   7. (sí)   8. (no)   9. (sí)   10. (sí)

C. Respond to each statement you hear by expressing doubt, disbelief, or denial. The speaker will confirm your response. Repeat the correct response. Follow the model.

MODELO: Creo que Ana tiene el paquete.
No creo que Ana tenga el paquete.

D. Answer the following questions, using the cue provided. The speaker will confirm your response. Repeat the correct response. Follow the model.

MODELO: —¿Qué se dice de los españoles? (muy simpáticos)
—Se dice que son muy simpáticos.

1. (español)   2. (a las nueve)   3. (fumar)   4. (en la esquina)   5. (en California)   6. (español)
7. (inglés)   8. (a las seis)

IV. EJERCICIO DE COMPRENSIÓN

Before listening to the dialogues in this section, study the comprehension questions below. Reviewing the questions ahead of time will help you to remember key information as you listen.

1. ¿Cuánto tiempo hace que Olga llegó a Madrid?
2. ¿Qué lugares visitó?
3. ¿Por qué no fue a Ávila?
4. ¿Dónde viven los padres de Pilar?
5. ¿Por qué no fue Olga a Sevilla?
6. ¿Qué quiere Jorge que haga Raquel?
7. ¿Qué duda Raquel?
8. ¿A qué hora se cierra el correo los viernes?
9. ¿Cómo va a mandar Raquel las cartas?
10. ¿Qué tiene que comprar Raquel en el correo?
11. ¿A qué otro lugar tiene que ir Raquel?
12. ¿Qué tiene que recoger en la tintorería?
13. ¿A qué hotel va el señor?
14. ¿Dónde queda el hotel?
15. ¿El señor es extranjero?
16. ¿La señora le dice que debe doblar a la izquierda o a la derecha?
17. ¿El hotel San Martín está muy lejos?
18. ¿Cuántas cuadras tiene que caminar el señor?
19. ¿Qué quiere recoger Alicia en el correo?
20. ¿Dónde está el pasaporte de Alicia?
21. ¿Qué duda Estela?
22. ¿Qué no cree Alicia?
23. ¿De qué está segura Estela?

Listen carefully to each dialogue and then answer the questions, omitting the subject and replacing any direct objects with direct object pronouns. The speaker will confirm your response. Repeat the correct response.

V. PARA ESCUCHAR Y ESCRIBIR

Tome nota

You will hear a series of radio advertisements. First listen carefully for general comprehension. Then, as you listen for a second time, write the name of each place described in the correct location on the map.

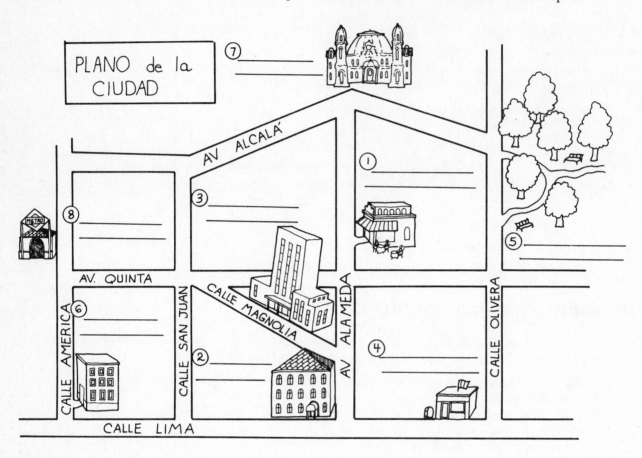

Dictado

The speaker will read six sentences. Each sentence will be read twice. After the first reading, write what you heard. After the second reading, check your work and fill in what you missed.

1. _____

2. _____

3. _____

4. _____

5. _____

6. _____

Lección 14
WORKBOOK ACTIVITIES

Name _____

Section _____

Date _____

A. Look at the pictures below, and then complete each sentence with either the indicative or the subjunctive.

1. Vamos a un _____

   donde _____

   _____ .

2. ¿Hay algún _____

   donde _____

   _____ ?

3. Tengo una empleada que _____

   _____

   _____ .

4. Necesito una _____

   _____

   _____ .

5. Tengo una amiga que _____

_____

_____.

6. No conozco a nadie que _____

_____

_____.

7. Hay un señor que _____

_____

_____.

8. No hay nadie que _____

_____

_____.

B. Complete each sentence with either the subjunctive or the indicative, as appropriate.

1. Te voy a llamar en cuanto nosotros _____ (llegar).

2. Siempre te llamo en cuanto Marta _____ (llegar).

3. Vamos a esperar hasta que el doctor _____ (volver).

4. Voy a decírtelo cuando Marta me _____ (llamar).

5. Lo van a saber cuando yo se lo _____ (decir).

6. Se lo compré en cuanto Roberto me _____ (dar) el dinero.

7. Vamos a ir a la cafetería cuando tú _____ (terminar).

8. Lo hizo tan pronto como yo se lo _____ (pedir).

9. Voy a salir tan pronto como ellos _____ (venir).

10. Siempre me espera hasta que yo _____ (terminar) el trabajo.

C. Use the subjunctive after the expressions **con tal que, sin que, en caso de que,** and **a menos que** to complete the following sentences.

1. Te voy a dar el dinero con tal que tú _____ (venir).

    ella _____ (trabajar).

    ellos _____ (salir).

    él _____ (irse).

2. Me voy sin que tú _____ (firmar) el registro.

    él _____ (ver) las tarjetas.

    ellos _____ (hablar) conmigo.

    nosotros _____ (saber) la lección.

3. Vamos a decírselo en caso de que yo _____ (poder) traérselo.

    él _____ (hablar) con el agente.

    ellos _____ (querer) la lámpara.

    Uds. _____ (comprar) las cortinas.

4. Te lo voy a comprar a menos que él _____ (decir) que no.

    tú _____ (tener) el dinero.

    ella _____ (pensar) que es caro.

    Uds. _____ (irse) hoy.

D. Write the questions that would elicit each statement given as a response, using **qué** or **cuál** as appropriate.

1. _____

    Mi apellido es Rodríguez.

2. _____

    Mi número de teléfono es 239–8745.

3. _____

La sangría es una bebida que se prepara con frutas y vino tinto.

4. _____

Una enchilada es una comida típica mexicana.

5. _____

Mi dirección es Magnolia 234, Riverside, California.

6. _____

Mi número de seguro social es 756–89–5647.

E. Complete each of the following sentences with **sino** or **pero.**

1. No compramos una frazada _____ una sobrecama.

2. La casa tiene calefacción _____ no tiene aire acondicionado.

3. No soy pesimista _____ realista.

4. Es verdad que no tiene lavaplatos, _____ tiene un fregadero grande.

5. Nosotros no trabajamos tiempo completo _____ medio día.

F. **¿Cómo se dice...?** Write the following dialogues in Spanish.

1. "We need a house that has four bedrooms."
   "I don't think you can find one for less than ninety thousand dollars."

   _____

   _____

   _____

   _____

2. "Are you going to buy a refrigerator?"
   "Yes, unless the apartment has one."

   _____

   _____

3. "When we move, we're going to send you our phone number."
   "As soon as I get it, I'm going to call you."

   _____

   _____

4. "Do you know where I can buy a house that is big, comfortable, and inexpensive?"
   "Yes, but not in this neighborhood."

   _____

   _____

   _____

5. "Is there anybody here who speaks Spanish?"
   "Yes, there are two girls who speak Spanish."

   _____

   _____

6. "I'm looking for an apartment that's not very expensive."
   "We live in an apartment that's not expensive and that is in a good neighborhood."

   _____

   _____

   _____

G. Crucigrama

Horizontal

2. El _____ de ese apartamento es demasiado caro para mí.
5. lugar de la casa donde cocinamos
7. Voy a poner la carne en el _____ .
10. La casa tiene _____ central.
12. El sofá es para el _____ de estar.
13. lugar de la casa donde dormimos
14. sillón
15. Lava los platos en el _____ porque no tiene lavaplatos.
16. Nunca nos permite divertirnos; es un _____ .
19. Me gusta mucho; ¡me _____ !
20. No pueden quedarse en esa casa. Tienen que _____ .
21. de Colombia
23. Estoy lista para salir. ¡ _____ !
24. Necesito dos _____ para mi cama.

Vertical

1. El _____ que está en mi cama es muy cómodo.
3. enojado
4. sueldo
5. Trabajo tiempo _____ .
6. No puedo escribir y comer al mismo _____ .
8. Necesito una _____ para la almohada.
9. La casa no tiene aire _____ .
10. Las necesito para la ventana.
11. lugar de la casa donde comemos
15. manta
17. que tiene muebles
18. opuesto de **optimista**
22. lugar de la casa donde ponemos los coches

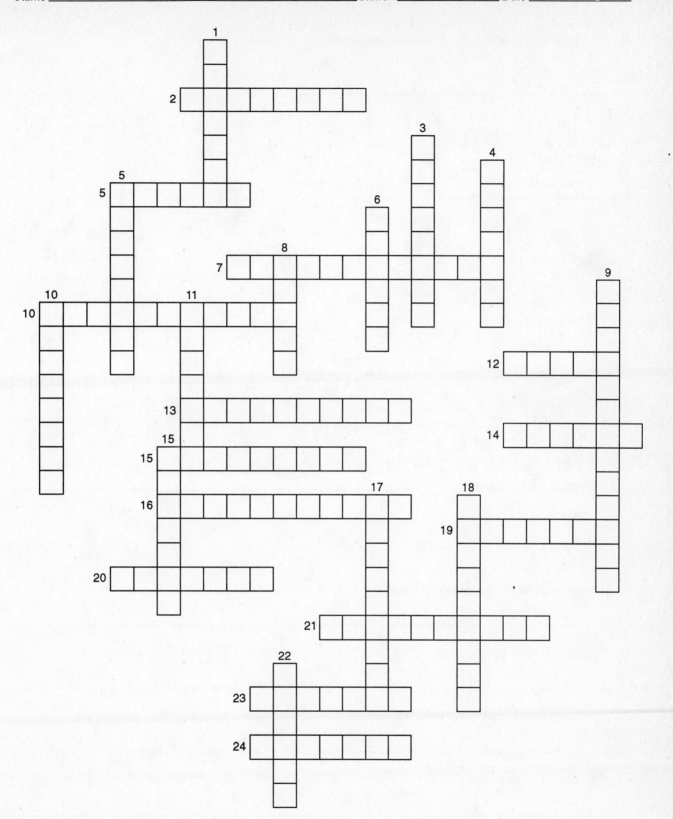

H. ¿Qué pasa aquí? Look at the illustration and answer the following questions.

1. ¿En qué parte de la casa están las chicas?

   _____

2. ¿Qué muebles hay en el cuarto?

   _____

3. ¿La casa tiene calefacción o aire acondicionado?

   _____

4. ¿Qué hay en las ventanas?

   _____

5. Beatriz y Lucía quieren mudarse. ¿Qué tipo de barrio busca Beatriz?

   _____

6. ¿Cuántos dormitorios quiere Beatriz que tenga la casa nueva?

   _____

7. Beatriz piensa que no van a poder comprar la casa que ella quiere a menos que ganen ¿qué?

   _____

8. ¿Qué tipo de casa quiere Lucía?

   _____

9. ¿Lucía trabaja medio día?

   _____

10. ¿Julia ya tomó una decisión?

   _____

11. ¿A quién va a llamar en cuanto tenga la oportunidad?

   _____

Lección 14
LABORATORY ACTIVITIES

Name _____

Section _____

Date _____

I. PARA ESCUCHAR Y CONTESTAR

Diálogo: *Se alquila un apartamento*

The dialogue will be read first without pauses. Pay close attention to the speakers' intonation and pronunciation.

Irene y Lucía, dos chicas colombianas que estudian en la Universidad Nacional Autónoma de México y viven en una pensión, quieren mudarse porque necesitan un apartamento que esté más cerca de la universidad.

LUCÍA —¡Irene! En el periódico anuncian un apartamento que tiene dos dormitorios y está en un buen barrio.

IRENE —¡A ver!

Anuncios Clasificados

Se alquila: apartamento amueblado: dos recámaras, sala, comedor, cocina y cuarto de baño. Calefacción central, aire acondicionado, Colonia 1. Llamar al teléfono 481–3520 de 1 a 5 de la tarde. Alquiler: $1200.

LUCÍA —Mañana, tan pronto como regresemos de la universidad, podemos llamar para ir a verlo.

IRENE —No sé... Es muy caro para nosotras, Lucía. Además, necesitamos un apartamento que tenga garaje...

LUCÍA —Bueno, mañana, cuando llamemos, podemos preguntar. A ver... ¿cuál es el número de teléfono?

Al día siguiente, en cuanto vuelven de la universidad, las chicas van a ver el apartamento.

LUCÍA —¡Me encantan los muebles y las cortinas!

IRENE —Con el sueldo que nosotras ganamos no vamos a poder pagar el alquiler.

LUCÍA —Entonces en vez de trabajar medio día podemos trabajar tiempo completo.

IRENE —¡Estás loca! No hay nadie que pueda trabajar tiempo completo y al mismo tiempo estudiar en la universidad.

LUCÍA —¡Eres tan pesimista, Irene!

IRENE —No soy pesimista, sino realista. Además, vamos a necesitar dinero para comprar mantas, sábanas, fundas y utensilios de cocina.

LUCÍA —La cocina tiene refrigerador, microondas, lavaplatos, una cocina nueva... y un fregadero grande.

IRENE —No podemos tomar una decisión hasta que veamos otros apartamentos.

LUCÍA —Pero, Irene, no vamos a encontrar ningún apartamento que sea tan bueno como éste.

IRENE —Tal vez, pero no podemos pagar el alquiler de este apartamento a menos que ganemos la lotería. ¡Vámonos!

LUCÍA —¡Aguafiestas!

Now the dialogue will be read with pauses for you to repeat what you hear. Imitate the speakers' intonation patterns.

Preguntas y respuestas

You will now hear questions about the dialogue. Answer each one, omitting the subject. The speaker will confirm your response. Repeat the correct response.

Situaciones

The speaker will present several situations based on the dialogue. Respond appropriately in Spanish to each situation. The speaker will confirm your response. Repeat the correct response. Follow the model.

MODELO: You tell a real estate agent that you need an apartment that is near the university.
Necesito un apartamento que esté cerca de la universidad.

II. PRONUNCIACIÓN

- When you hear the number, read the corresponding sentence aloud. Then listen to the speaker and repeat the sentence once more.

1. Aquí anuncian un apartamento.
2. Se alquila apartamento amueblado.
3. Tiene calefacción central y aire acondicionado.
4. Al día siguiente vuelven a la universidad.
5. No soy pesimista sino realista.
6. La cocina tiene refrigerador.
7. No podemos tomar una decisión.
8. Vamos a ganar la lotería.

III. ¡VAMOS A PRACTICAR!

A. Answer the following questions, using the present subjunctive and the cue provided. The speaker will confirm your response. Repeat the correct response. Follow the model.

MODELO: —¿Qué necesita? (casa—ser cómoda)
—**Necesito una casa que sea cómoda.**

1. (casa—tener garaje) 2. (secretaria—hablar español) 3. (empleado—saber francés) 4. (empleo—pagar bien) 5. (a alguien—poder limpiarlo) 6. (alquilar apartamento—ser grande) 7. (coche—no costar mucho) 8. (apartamento—estar amueblado)

B. Answer the following questions, using the present indicative and the cue provided. The speaker will confirm your response. Repeat the correct response. Follow the model.

MODELO: —¿No hay nadie que sepa hablar inglés? (chica)
—**Sí, hay una chica que sabe hablarlo.**

1. (muchas personas) 2. (señor) 3. (señora) 4. (estudiante) 5. (chico) 6. (dos) 7. (muchas) 8. (dos personas)

C. Rephrase each statement you hear, using the cue provided. The speaker will confirm your response. Repeat the correct response. Follow the model.

> MODELO: Me escribió cuando llegó. (Me va a escribir)
> **Me va a escribir cuando llegue.**

> 1. (Voy a comprar)   2. (Va a venir)   3. (Van a esperar)   4. (Voy a salir)

D. Answer the following questions in the affirmative, using the cue provided. The speaker will confirm your response. Repeat the correct response. Follow the model.

> MODELO: —¿Me vas a llevar al cine? (no llover)
> **—Sí, te voy a llevar con tal que no llueva.**

> 1. (tener tiempo)   2. (tú—pagarme)

Now answer the questions in the negative, using the cue provided. Follow the new model.

> MODELO: —¿Van a poner Uds. la mesa? (Uds.—traer el mantel)
> **—No podemos ponerla sin que Uds. nos traigan el mantel.**

> 3. (dar el dinero)   4. (prestar el coche)

Now answer the following questions, using the cue provided. Follow the new model.

> MODELO: —¿Piensas ir a la cabaña? (llover)
> **—Pienso ir a menos que llueva.**

> 5. (hacer frío)   6. (yo—estar enfermo)

E. Respond to each statement you hear by using **qué** or **cuál** to formulate the question that would elicit the statement as an answer. The speaker will confirm your response. Repeat the correct response. Follow the model.

> MODELO: —Mi dirección es calle Libertad, número ciento veinte.
> **—¿Cuál es su dirección?**

F. Expand each sentence you hear to include more information, using the cue provided and **pero** or **sino** as appropriate. The speaker will confirm your response. Repeat the correct response. Follow the model.

> MODELO: No soy médico. (enfermero)
> **No soy médico sino enfermero.**

IV. EJERCICIO DE COMPRENSIÓN

Before listening to the dialogues in this section, study the comprehension questions below. Reviewing the questions ahead of time will help you to remember key information as you listen.

1. ¿Qué dice Alina que tienen que hacer ella y Marcos?
2. ¿Ellos viven muy cerca del trabajo de Marcos?
3. ¿Qué está leyendo Marcos?
4. ¿En qué calle está el apartamento que se anuncia?
5. ¿Cuántos dormitorios tiene?
6. ¿Qué más tiene?
7. Según Alina, ¿cuándo pueden ir a verlo?
8. ¿Con quién dice Alina que va a ir a ver el apartamento?

9. ¿A qué hora va a estar Marcos en su casa?
10. ¿Le gusta mucho el apartamento a Teresa?
11. ¿Está amueblado el apartamento?
12. ¿Qué les va a regalar la mamá de Teresa?
13. ¿Para qué cuarto necesitan muebles?
14. ¿Qué muebles tienen para el dormitorio?
15. ¿Tienen colchón?
16. Según Héctor, ¿hasta cuándo no pueden mudarse?

Listen carefully to each dialogue and then answer the questions, omitting the subject. The speaker will confirm your response. Repeat the correct response.

V. PARA ESCUCHAR Y ESCRIBIR

Tome nota

You will hear a conversation between a real estate agent and a client. First listen carefully for general comprehension. Then, as you listen for a second time, fill in the agent's form.

Agencia "La Cubana"
Calle 8, número 325
Miami, Florida
Tel. (305) 428-6345

❑ Se vende   ❑ Casa   ❑ Amueblado(-a)
❑ Se alquila   ❑ Apartamento   ❑ Sin muebles

Dirección _____

Número de dormitorios _____
Número de cuartos de baño _____

❑ Sala   ❑ Calefacción
❑ Comedor   ❑ Aire acondicionado
❑ Salón de estar
❑ Jardín
❑ Piscina
❑ Garaje (_____ coches)

Precio _____
Puede verse: Días _____
               Horas _____

Dictado

The speaker will read six sentences. Each sentence will be read twice. After the first reading, write what you heard. After the second reading, check your work and fill in what you missed.

1. _____

2. _____

3. _____

4. _____

5. _____

6. _____

CHECK YOUR PROGRESS

Lecciones 13 y 14

Name _____

Section _____

Date _____

Lección 13

A. Write **Ud.** or **Uds.** commands as indicated, using the verbs and object pronouns given.

1. No comprarlos. (Uds.) _____

2. Decírselo. (Ud.) _____

3. No ir al correo. (Uds.) _____

4. Traérmelas. (Ud.) _____

5. Dárselos. (Uds.) _____

6. No mandárnoslas. (Ud.) _____

7. Acostarse. (Ud.) _____

8. No bañarse ahora. (Uds.) _____

B. Complete the following sentences in your own words.

1. No creo que mi padre _____

_____

2. Dudo que mi amigo(-a) _____

_____

3. No es verdad que yo _____

_____

4. Estoy seguro de que mis compañeros _____

_____

5. No dudo que mi familia _____

_____

C. Write the following sentences in Spanish.

1. What time do the stores open and what time do they close?

_____

_____

2. I doubt that there is a mailbox on that corner.

_____

_____

3. It's not true that she is a foreigner.

_____

_____

Lección 14

A. Complete the following in your own words, using either the present indicative or the present subjunctive.

1. Quiero una casa que _____

2. Conozco a una chica que _____

3. Necesito una secretaria que _____

4. Te voy a llamar por teléfono cuando _____

5. Siempre la llamo en cuanto _____

6. Mis padres trabajan para que nosotros _____

7. Iremos a la playa con tal que no _____

8. Aquí no hay nadie que _____

B. Answer the following questions in complete sentences.

1. ¿Qué vas a hacer mañana en cuanto llegues a tu casa?

_____

2. ¿Qué vas a comprar cuando tengas dinero?

_____

3. ¿Piensas asistir mañana a clase aunque llueva?

_____

4. ¿Tú sabes cuál es el número de teléfono de tu profesor(-a)?

_____

5. ¿Hay alguien en tu clase de español que hable chino?

_____

C. Write the following sentences in Spanish.

1. I can buy the bedspread, provided my mother gives me the money.

_____

_____

2. I'm going to wait for him until he arrives.

_____

3. I don't want his address but his phone number.

_____

4. What is your driver's license number, Mr. Alba?

_____

D. In a brief paragraph, describe the type of housing you currently have (i.e., size, number of bedrooms, condition of the kitchen) and compare it to the type of housing you need or desire. Pay special attention to appropriate use of the present indicative and the present subjunctive.

_____

_____

_____

_____

_____

_____

_____

_____

Lección 15
WORKBOOK
ACTIVITIES

Name _____

Section _____

Date _____

A. Write the following past participles in Spanish.

1. brought _____

2. covered _____

3. done _____

4. opened _____

5. used _____

6. said _____

7. written _____

8. eaten _____

9. returned _____

10. died _____

11. wrapped _____

12. broken _____

13. gone _____

14. changed _____

15. seen _____

16. received _____

17. read _____

18. put _____

B. Rewrite the following sentences in the present perfect and in the pluperfect.

1. Vamos de compras.

_____

_____

2. Compro la chaqueta.

_____

_____

3. Lo ponen en el ropero.

_____

_____

4. ¿Comes algo?

_____

_____

5. Se queda en la planta baja.

_____

_____

6. Salimos al mismo tiempo.

_____

_____

7. Abren el probador.

_____

_____

8. Me dices que sí.

_____

_____

C. Complete each sentence so that it describes the corresponding illustration.

1. El sofá está _____

_____ .

2. Los niños _____

_____ .

3. La _____

_____ .

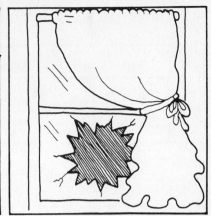

4. Los _____

_____ .

5. La carta _____

_____ en español.

6. La _____

_____ .

7. Los _____

en la _____ .

8. La mujer _____

_____ .

9. El _____

_____ .

D. Fill in the chart with the appropriate **tú** command forms.

	Affirmative Command	Negative Command
1. hablar		
2. comer		
3. escribir		
4. hacerlo		
5. venir		
6. bañarse		
7. afeitarse		
8. dormirse		
9. ponérselo		
10. ir		
11. ser		
12. vendérmelo		
13. levantarse		
14. tener		
15. salir		
16. decírselo		

E. Answer the following questions, using **tú** commands and the cues provided. Follow the model.

    MODELO: Aquí está la mesa. ¿Dónde la pongo? (en la cocina)
                 Ponla en la cocina.

1. ¿Con quién voy a la tienda? (con Aurora)

   _____

2. ¿Qué les compro a los chicos? (calcetines)

   _____

3. ¿Qué te traigo a ti? (una billetera)

   _____

4. Aquí están las botas. ¿A quién se las doy? (al dependiente)

_____

5. ¿Qué hago con las corbatas? ¿Se las doy a José? (no)

_____

6. ¿Qué vestido me pruebo? (el vestido azul)

_____

7. ¿Qué camisa me pongo? (la camisa blanca)

_____

8. ¿Voy a la zapatería ahora? (no)

_____

9. Ana trajo los zapatos. ¿Los pongo en el armario? (no)

_____

10. Hoy tenemos la fiesta. ¿Se lo digo a Rita? (no)

_____

11. ¿Qué hago para la cena? (pollo)

_____

12. ¿A qué hora vengo mañana? (a las siete)

_____

F. ¿Cómo se dice...? Write the following dialogues in Spanish.

1. "Are you going to buy the red purse, Marta?"
   "Yes, because it matches my sandals."

_____

_____

2. "Tell me, Anita, where have you put your wallet?"
   "I've put it in my purse. Bring it to me, please."

_____

_____

3. "Did Olga exchange the boots that you had bought her, Paquito?"
   "Yes, because they were too small for her."

   _____

   _____

4. "Come here, Pepito. Wash your hands and put on your jacket."
   "Where are we going?"
   "To the shoe store. Tell your sister that we're leaving."

   _____

   _____

5. "Are you going to go shopping, Rosa?"
   "Yes, because I have nothing to wear."
   "Do me a favor. Buy me a pair of gloves."

   _____

   _____

   _____

6. "Do you want to have something to eat, gentlemen?"
   "Yes, we're starving."

   _____

   _____

G. Crucigrama

Horizontal

3. Son número nueve. Van a _____ grandes a ella.
5. Se puso un vestido de _____ para ir a la fiesta.
7. ¿Se lo envuelvo o quiere llevarlo _____ ?
9. Lo usan los hombres en los pies.
11. Ponemos la ropa en el _____ .
14. La usamos cuando hace frío.
16. tienda donde venden zapatos
17. Tengo que comprar ropa porque no tengo nada que _____ .
20. rebaja
22. ¿Usa talla grande, pequeña o _____ ?
24. Voy a comprar ropa _____ .
25. ¡No te pongas esa _____ con esa camisa!
26. Se usan en los pies, especialmente en el verano.
27. Subió por la escalera _____ .

Vertical

1. La cartera hace _____ con los zapatos.
2. ¿Cómo se dice "suit"?
4. ¿Cómo se dice "to meet"?
6. me quedan chicos: me _____
8. talla
10. lugar de la tienda donde uno se prueba la ropa
12. ¿Están en el primer piso o en la _____ baja?
13. Se usan en las manos.
14. Compré la camisa en el departamento de ropa para _____ .
15. Me puse una blusa y una _____ .
17. ¿Cómo se dice "pantyhose"?
18. persona que trabaja en una tienda
19. lugar donde ponemos el dinero
21. opuesto de **cerrado**
23. Lo usan las mujeres para dormir.

H. ¿Qué pasa aquí? Look at the illustration and answer the following questions.

1. ¿Qué problema tiene Raúl?

_____

2. ¿Qué quiere comprar él?

_____

3. ¿Cree Ud. que hoy hay una liquidación en la tienda?

_____

4. ¿Cree Ud. que Jorge va a comprar los zapatos que tiene en las manos? ¿Por qué o por qué no?

_____

5. ¿Qué número calza Jorge?

_____

6. ¿Qué ha comprado ya Jorge?

_____

7. ¿Con quién se va a encontrar el dependiente?

_____

8. ¿Dónde se van a encontrar?

_____

9. ¿Qué ha comprado Julia para su esposa?

_____

10. ¿Qué ha comprado para ella?

_____

11. ¿Qué talla usa Julia?

_____

12. ¿A qué departamentos ha ido Julia hoy?

_____

PARA LEER

La cinta de José Luis

A José Luis no le gusta escribir, y por eso todos los meses les manda a sus padres una cinta, contándoles cómo le va. Ésta es la que les mandó el mes pasado.

¡Hola! ¿Cómo están todos? Yo estoy bien, pero muy cansado porque Carlos y yo hemos estado trabajando mucho para limpiar y arreglar° nuestro nuevo aparta-   *fix up*
mento. Nos mudamos el sábado pasado y, como el apartamento sólo estaba parcialmente amueblado, tuvimos que comprar una cómoda, un sofá y dos mesitas de noche. ¡Gracias por el cheque! En cuanto me gradúe° de la universidad y consiga   *I graduate*
un buen trabajo, les voy a devolver todo lo que les debo.° Bueno... ¡no creo que   *I owe*
pueda devolvérselo todo!

Ayer fui de compras porque tenían una gran liquidación en mi tienda favorita. Ya compré casi todos los regalos de Navidad. A abuelo le compré unos pañuelos y a abuela un camisón. Para Anita compré una blusa rosada y para Jorge una corbata. No les digo lo que compré para ustedes porque quiero que sea una sorpresa.

Yo había pensado invitar a Carlos a pasar la Navidad con nosotros, pero ya lo invitaron unos tíos que viven en Rosario.[1]

¡Ah! Todavía estoy buscando a alguien que me lleve en coche a Córdoba[1] en diciembre; si no encuentro a nadie, voy a tomar el tren.

Mamá, hazme un favor: dile a Silvia que me escriba o me llame por teléfono.

Bueno, denle cariños° a toda la familia. Los veo en diciembre. ¡Chau!   *love*

_____
[1] Argentinian cities

¡Conteste!

1. ¿Cuándo les mandó José Luis la cinta a sus padres?

   _____

2. ¿Se mudaron durante un fin de semana?

   _____

3. ¿El apartamento tenía todos los muebles que los muchachos necesitaban?

   _____

4. ¿José Luis ya terminó sus estudios en la universidad? ¿Cómo lo sabe Ud.?

   _____

5. ¿Por qué fue José Luis de compras a su tienda favorita?

   _____

6. ¿Los abuelos de José Luis viven todavía? ¿Cómo lo sabe Ud.?

   _____

7. ¿Quiénes cree Ud. que son Anita y Jorge?

   _____

8. ¿Carlos va a pasar la Navidad en Córdoba? ¿Por qué?

   _____

9. ¿Ya ha encontrado José Luis a alguien que lo lleve a Córdoba?

   _____

10. ¿Qué quiere José Luis que haga Silvia?

    _____

Lección 15
LABORATORY ACTIVITIES

Name _____

Section _____

Date _____

I. PARA ESCUCHAR Y CONTESTAR

Diálogo: *De compras*

The dialogue will be read first without pauses. Pay close attention to the speakers' intonation and pronunciation.

Anita y su esposo Hugo han abierto el armario y han dicho, casi al mismo tiempo, "¡No tengo nada que ponerme!" Han decidido, pues, ir de compras a El Corte Inglés, que está en el centro de Madrid.

Cuando llegan, la tienda no está abierta todavía, pero ya hay mucha gente porque hoy hay una gran rebaja. A las nueve entran en la tienda. Anita sube por la escalera mecánica hasta el primer piso, donde está el departamento de ropa para señoras. Hugo se queda en el departamento de ropa para caballeros, que está en la planta baja.

En el departamento de ropa para señoras, Anita se encuentra con su amiga Tere.

ANITA —¿Qué tal? Aprovechando las rebajas, ¿no? Dime, Tere, ¿cuánto cuesta esa blusa verde?

TERE —Mil ochocientas pesetas. ¿Qué talla usas?

ANITA —Uso talla treinta y ocho. Voy a probármela.

TERE —Espera, ¿no te gusta esta falda? Combina muy bien con la blusa y es talla mediana. Pruébatela. El probador está a la izquierda.

ANITA —Tere, hazme un favor. Tráeme una falda talla treinta y seis.

TERE —Espera... Lo siento, no hay tallas más pequeñas.

Anita compró la blusa, pero no compró la falda porque le quedaba grande y era demasiado cara. Después fue a la zapatería porque necesitaba comprar un par de zapatos rojos para combinar con un bolso rojo que Hugo le había regalado.

ANITA —¿Tiene zapatos rojos?

DEPENDIENTE —Lo siento, señora, pero en rojo solamente tengo estas sandalias.

ANITA —Yo calzo el treinta y seis. Hacen juego con mi bolso.

El dependiente le prueba las sandalias.

ANITA —Me aprietan un poco, pero me las llevo.

DEPENDIENTE —¿Se las envuelvo o quiere llevárselas puestas?

ANITA —Envuélvamelas, por favor.

En el departmento de ropa para caballeros, Hugo ha comprado un traje, dos pantalones, tres camisas y una chaqueta. También ha cambiado un par de botas que había comprado porque le quedaban chicas. Hugo, Anita y Tere se encuentran a la salida.

ANITA —Hugo, llévanos a comer algo. ¡Estamos muertas de hambre!
HUGO —¡Yo también! Esperadme aquí. Yo voy por el coche.

Now the dialogue will be read with pauses for you to repeat what you hear. Imitate the speakers' intonation patterns.

Preguntas y respuestas

You will now hear questions about the dialogue. Answer each one, omitting the subject. The speaker will confirm your response. Repeat the correct response.

Situaciones

The speaker will present several situations based on the dialogue. Respond appropriately in Spanish to each situation. The speaker will confirm your response. Repeat the correct response. Follow the model.

MODELO: You tell a friend that you have nothing to wear.
No tengo nada que ponerme.

II. PRONUNCIACIÓN

- When you hear the number, read the corresponding sentence aloud. Then listen to the speaker and repeat the sentence once more.

1. El probador está a la izquierda.
2. Tráeme una blusa talla treinta y seis.
3. El dependiente le prueba las sandalias.
4. Quiere llevárselas puestas.
5. Envuélvamelas, por favor.
6. Está en el departamento de ropa para caballeros.
7. Me aprietan un poco, pero me las llevo.
8. Las botas le quedaban chicas.

III. ¡VAMOS A PRACTICAR!

A. You will hear a series of verbs in the infinitive. Give the past participle of each verb. The speaker will confirm your response. Repeat the correct response. Follow the model.

MODELO: hablar
hablado

B. Answer each question you hear by saying that the action described has already been completed. The speaker will confirm your response. Repeat the correct response. Follow the model.

MODELO: —¿No van a abrir los libros?
—Están abiertos.

C. Change the verb in each sentence you hear to the present perfect tense. The speaker will confirm your response. Repeat the correct response. Follow the model.

MODELO: Yo hablo con ella.
               Yo he hablado con ella.

D. Change the verb in each sentence you hear to the past perfect tense. The speaker will confirm your response. Repeat the correct response. Follow the model.

MODELO: Ella no se fue.
               Ella no se había ido.

E. Answer each question you hear with the familiar **tú** command of the corresponding verb. The speaker will confirm your response. Repeat the correct response. Follow the model.

MODELO: —¿No vas a ir al baile?
               —No, ve tú.

F. Answer each question you hear in the negative, using the familiar **tú** command and the corresponding object pronoun. Remember that the negative **tú** command forms are the same as the **tú** forms of the present subjunctive. The speaker will confirm your response. Repeat the correct response. Follow the model.

MODELO: —¿Abro la puerta?
               —No, no la abras.

IV. EJERCICIO DE COMPRENSIÓN

Before listening to the dialogues in this section, study the comprehension questions below. Reviewing the questions ahead of time will help you to remember key information as you listen.

1. ¿Cuándo es la fiesta de Carmen?
2. ¿Por qué no va a poder ir Alicia a la fiesta?
3. ¿Qué hay en la tienda La Francia?
4. ¿Por qué no puede ir de compras Alicia?
5. ¿Qué puede prestarle Marta a Alicia?
6. ¿Qué talla usan Marta y Alicia?
7. ¿Qué desea el señor?
8. ¿Qué talla usa?
9. ¿Cómo le queda la chaqueta?
10. ¿Qúe más va a probarse el señor?
11. ¿Dónde está el probador?
12. ¿Qué más necesita el señor?
13. ¿Qué quiere probarse la señorita?
14. ¿Qué número calza ella?
15. ¿Le quedan bien las sandalias o le aprietan?
16. ¿Tienen sandalias más grandes?
17. ¿Tienen una rebaja en la zapatería hoy?
18. ¿La señorita quiere comprar algo más?

Listen carefully to each dialogue and then answer the questions, omitting the subject. The speaker will confirm your response. Repeat the correct response.

V. PARA ESCUCHAR Y ESCRIBIR

Tome nota

You will hear a conversation in which Eva and José discuss their plans to go shopping. First listen carefully for general comprehension. Then, as you listen for a second time, fill in each person's shopping list.

La lista de Eva	La lista de José
1. _____ _____	1. _____ _____
2. _____ _____	2. _____ _____
3. _____ _____	3. _____ _____
4. _____ _____	4. _____ _____
5. _____ _____	5. _____ _____

Dictado

The speaker will read six sentences. Each sentence will be read twice. After the first reading, write what you heard. After the second reading, check your work and fill in what you missed.

1. _____

2. _____

3. _____

4. _____

5. _____

6. _____

Lección 16
WORKBOOK
ACTIVITIES

Name _____

Section _____

Date _____

A. Complete the chart with the corresponding forms of the future tense.

Infinitive	yo	tú	Ud., él, ella	nosotros	Uds., ellos, ellas
1. revisar					
2. decir	diré				
3. hacer		harás			
4. querer			querrá		
5. saber				sabremos	
6. poder					podrán
7. caber	cabré				
8. poner		pondrás			
9. venir			vendrá		
10. tener				tendremos	
11. salir					saldrán
12. valer	valdré				
13. ir		irás			
14. ser			será		

B. Answer the following questions, using the cue provided. Follow the model.

     MODELO: —¿Cuándo arreglarán Uds. el coche? (la semana próxima)
                 —Lo arreglaremos la semana próxima.

1. ¿Cuándo cambiarán Uds. el aceite? (mañana)

   _____

2. ¿Cuándo instalarán ellos el filtro? (el sábado)

   _____

3. ¿Cuándo sabré el resultado? (esta noche)

   _____

4. ¿Cuándo podrá venir el empleado? (esta tarde)

   _____

5. ¿Dónde pondrás el agua? (en la batería)

   _____

6. ¿Con quién vendrás al taller? (con David)

   _____

7. ¿Qué traerán Uds.? (un silenciador)

   _____

8. ¿Qué tendremos que hacer él y yo? (arreglarlo)

   _____

9. ¿Cuándo revisarán Uds. los frenos? (hoy)

   _____

10. ¿A qué hora saldrán Uds. mañana? (a las seis)

   _____

C. Answer the following questions, using the cue provided. Follow the model.

     MODELO: —¿Qué dijo él? (venir)
                 —Dijo que vendría.

1. ¿Qué dijeron ellos? (ir)

   _____

2. ¿Qué dije yo? (hacerlo)

_____

3. ¿Qué dijiste tú? (salir)

_____

4. ¿Qué dijimos Ana y yo? (parar aquí)

_____

5. ¿Qué dijeron Uds.? (ponerlo allí)

_____

6. ¿Qué dijo ella? (llenar el tanque)

_____

7. ¿Qué dijo Ud.? (no decirlo)

_____

8. ¿Qué dijiste? (tener que arreglar los frenos)

_____

9. ¿Qué dijeron Uds.? (ellos–no caber)

_____

10. ¿Qué dijo él? (el coche–valer mucho)

_____

D. Complete the following sentences, using the conditional tense.

En un mundo perfecto...

1. ...yo _____ (levantarse) más temprano y _____

   (acostarse) más tarde. _____ (Ir) a la biblioteca los sábados y

   _____ (estudiar) hasta las cinco. _____ (Salir) de mi

   casa a las siete y _____ (pasar) una hora en la biblioteca estudiando.

2. ...mis padres _____ (trabajar) menos y _____

   (divertirse) más. _____ (Tener) más tiempo libre y

   _____ (hacer) muchas cosas que siempre han querido hacer.

3. ...todos nosotros _____ (ahorrar) más dinero y

_____ (poder) comprar el coche que queremos.

E. Answer the following questions in the affirmative, using the future perfect tense. Follow the model.

MODELO: —¿Ya habrás terminado la blusa para el lunes?
—Sí, ya habré terminado la blusa para el lunes.

1. ¿Ya te habrás levantado para las seis?

_____

2. ¿Ya se habrá vestido Anita para las siete?

_____

3. ¿Ya se habrán despertado los niños para las ocho?

_____

4. ¿Ya habrás lavado las cortinas para las cuatro?

_____

5. ¿El mecánico ya habrá arreglado el coche para las cinco?

_____

6. ¿Uds. ya se habrán acostado para las doce?

_____

7. ¿Ya habrá terminado la liquidación para el sábado?

_____

8. ¿Ya se habrán terminado las clases para mayo?

_____

F. Complete the chart with the corresponding forms of the conditional perfect tense.

English	Subject	Conditional *haber*	Past participle
1. I would have gone.	**Yo**	**habría**	**ido.**
2. You would have walked.	Tú		
3. He would have come.			venido.
4. She would have worked.	Ella		
5. We would have won.		habríamos	
6. I would have stopped.			parado.
7. They would have played.			jugado.
8. I would have danced.		habría	
9. You would have called.	Tú		
10. He would have written.		habría	
11. She would have driven.	Ella		
12. We would have eaten.		habríamos	
13. They would have returned.			

G. Complete the following sentences to say what everyone would have done before taking a long car trip, using the conditional perfect tense.

1. Yo _____ (comprar) un acumulador nuevo.

2. Papá _____ (revisar) los frenos.

3. Yo le _____ (poner) agua al radiador.

4. Mis hermanos _____ (cambiar) los neumáticos.

5. Mi mamá _____ (chequear) el aceite.

6. Mis padres _____ (traer) mapas.

7. Papá _____ (sacar) dinero del banco.

8. Nosotros _____ (lavar) el coche.

9. Mi hermana _____ (ir) a la gasolinera.

10. Mamá _____ (preparar) comida para el viaje.

H. ¿Cómo se dice...? Write the following dialogues in Spanish.

1. "We can't go in the car because it doesn't start."
   "I would have called a tow truck and I would have taken it to the repair shop."

   _____

   _____

   _____

   _____

2. "I'm going to put the maps in the trunk."
   "I would put them in the glove compartment."

   _____

   _____

3. "What did the mechanic say?"
   "He said he would check the carburetor."

   _____

   _____

4. "Aren't you going to the theater with your parents, Anita?"
   "No, because I get home at six, and by then they will have left."

   _____

   _____

   _____

I. Crucigrama

Horizontal

2. ¿Tienes tu _____ de conducir?
4. ¿Cómo se dice "*noise*"?
5. No vale la _____ .
6. La _____ de mi coche es JKG 234.
9. El coche necesita una _____ de agua nueva.
11. No funciona; está _____ .
12. Los necesito para parar el coche.
13. opuesto de **vacío**
15. ¿Cómo se dice "*he checks*"?
16. parte del coche donde se ponen las maletas

17. Los uso cuando estoy manejando y llueve.
21. Se usa para remolcar un coche.
23. parte del coche donde se pone la gasolina
25. Voy a _____ de arreglar el coche, pero no sé si podré hacerlo.
26. ¿Cómo se dice "*highway*"?
27. ¿Cuál es la _____ máxima?
29. ¿Cómo se dice "*muffler*"?
30. Son recién _____ . Se casaron hace dos semanas.

Vertical

1. opuesto de **limpio**
3. revisar
7. verbo: arreglar; nombre: _____
8. estación de servicio
10. ¿Cómo se dice "*strange*"?
14. llanta
18. persona que arregla coches

19. batería
20. Debemos cambiar el _____ del coche después de viajar 2,000 millas.
22. Allí hay un _____ que dice: SAN JOSÉ–90 KILÓMETROS.
24. guantera
28. ¿Cómo se dice "*couple*"?

J. ¿Qué pasa aquí? Look at the illustration and answer the following questions.

1. ¿A qué distancia están Ana y José de Puerto Limón?

_____

2. ¿Cree Ana que José está manejando muy rápido?

_____

3. ¿Cuál es la velocidad máxima en la carretera?

_____

4. ¿Qué diferencia hay entre la velocidad máxima y la velocidad a la que maneja José?

_____

5. ¿Qué cree Ana que hará el policía?

_____

6. ¿Qué tendrá que hacer José en cuanto llegue a una estación de servicio?

_____

7. ¿José piensa que la gasolina va a ser cara o barata?

_____

8. ¿Qué problema tiene el coche de Ramón?

_____

9. El motor no arranca. ¿Qué tendrán que hacer con el coche?

_____

10. ¿Ramón preferiría llevar el coche al taller o comprar un coche nuevo?

_____

Lección 16
LABORATORY ACTIVITIES

Name _____

Section _____

Date _____

I. PARA ESCUCHAR Y CONTESTAR

Diálogo: *Camino a San José*

The dialogue will be read first without pauses. Pay close attention to the speakers' intonation and pronunciation.

Gloria y Julio, una pareja de recién casados, están de vacaciones en Costa Rica. Ahora están en la carretera, camino a San José.

GLORIA —Julio, ¡estás manejando muy rápido! La velocidad máxima es de noventa kilómetros por hora. ¡Te van a poner una multa!

JULIO —No te preocupes. ¿Dónde estamos? ¿Tú tienes el mapa?

GLORIA —Está en el portaguantes, pero según ese letrero estamos a cuarenta kilómetros de San José.

JULIO —¿Hay una gasolinera cerca? El tanque está casi vacío.

GLORIA —Yo creo que tendrás que esperar hasta llegar a San José. ¡Ah, no! Allí hay una.

Julio para en la estación de servicio para comprar gasolina.

JULIO —Llene el tanque, por favor. Además, ¿podría revisar el aceite y ponerle agua al radiador?

EMPLEADO —Sí, señor.

JULIO —Ayer tuve un pinchazo y el mecánico me dijo que necesitaba neumáticos nuevos...

EMPLEADO —Sí, yo los habría cambiado... y también el acumulador.

GLORIA —¡Caramba! También te dijo que tendrías que arreglar los frenos e instalar una bomba de agua nueva.

JULIO —Haremos todo eso en San José.

GLORIA —¿No dijiste que también cambiarías el filtro del aceite y que comprarías limpiaparabrisas nuevos?

JULIO —Sí, pero ahora pienso que habría sido mejor comprar un coche nuevo antes de salir de viaje.

GLORIA —Sí, porque cuando lleguemos ya habremos gastado una fortuna en arreglos.

JULIO —Y ayer el motor estaba haciendo un ruido extraño. Debe ser el silenciador.

Cuando Julio trata de arrancar, el coche no funciona.

JULIO —¡Ay, no! Tendremos que llamar una grúa para remolcar el coche hasta San José.

GLORIA —No vale la pena. Yo lo dejaría aquí.

Now the dialogue will be read with pauses for you to repeat what you hear. Imitate the speakers' intonation patterns.

Preguntas y respuestas

You will now hear questions about the dialogue. Answer each one, omitting the subject. The speaker will confirm your response. Repeat the correct response.

Situaciones

The speaker will present several situations based on the dialogue. Respond appropriately in Spanish to each situation. The speaker will confirm your response. Repeat the correct response. Follow the model.

> MODELO: You ask what the speed limit is on the freeway.
> **¿Cuál es la velocidad máxima en la autopista?**

II. PRONUNCIACIÓN

■ When you hear the number, read the corresponding sentence aloud. Then listen to the speaker and repeat the sentence once more.

1. Ahora están en la carretera.
2. El mapa está en el portaguantes.
3. El tanque está casi vacío.
4. Para en la estación de servicio.
5. ¿Podría revisar el aceite?
6. Dijiste que cambiarías el filtro.
7. Necesitamos limpiaparabrisas nuevos.
8. El motor hace un ruido extraño.
9. ¿Hay una gasolinera cerca?
10. La grúa va a remolcar el coche.
11. Cuando lleguemos habremos gastado una fortuna.
12. Yo habría cambiado los neumáticos.

III. ¡VAMOS A PRACTICAR!

A. Answer each question you hear in the affirmative, using the future tense. The speaker will confirm your response. Repeat the correct response. Follow the model.

> MODELO: —Tú vas a ir a Madrid.
> **—Sí, iré a Madrid.**

B. You will hear some statements about what people are going to do. Using the cues, say what others would do. The speaker will confirm your response. Repeat the correct response. Follow the model.

> MODELO: —Carlos va a comprar un Toyota.   (yo—un Chevrolet)
> **—Yo compraría un Chevrolet.**

1. (nosotros—Chile) 2. (yo—allí) 3. (Uds.—pantalón) 4. (ella—mañana) 5. (tú—veinte)
6. (Tito—a las diez) 7. (yo—el domingo) 8. (nosotros—a las siete) 9. (mi esposo—el portaguantes) 10. (tú—3.000)

C. Respond to the following questions, using the cues provided and the future perfect tense. The speaker will confirm your response. Repeat the correct response. Follow the model.

> MODELO: —¿Qué habrá hecho Jorge para las ocho?   (cenar)
> —**Para las ocho habrá cenado.**

1. (empezar las clases)   2. (levantarme)   3. (terminar la lección)   4. (limpiar el apartamento)
5. (ir al supermercado)

D. Respond to each statement you hear, using the cue provided and the conditional perfect tense. The speaker will confirm your response. Repeat the correct response. Follow the model.

> MODELO: —Ella todavía no alquiló la cabaña. (nosotros)
> —**¡Nosotros ya la habríamos alquilado!**

1. (mamá)   2. (ellos)   3. (nosotros)   4. (yo)   5. (tú)   6. (Uds.)

Now follow the new model.

> MODELO: —Luis no entendió nada. (tú)
> —**¡Tú tampoco habrías entendido nada!**

7. (yo)   8. (tú)   9. (ella)   10. (Uds.)   11. (Ud.)

IV. EJERCICIO DE COMPRENSIÓN

Before listening to the dialogues in this section, study the comprehension questions below. Reviewing the questions ahead of time will help you to remember key information as you listen.

1. ¿Por qué le dieron una multa a Ernesto?
2. ¿Cuál era la velocidad máxima?
3. ¿A qué velocidad iba Ernesto?
4. ¿Por qué iba tan rápido?
5. ¿Qué hora era?
6. ¿Ernesto llegó tarde?
7. ¿De cuánto fue la multa?
8. ¿Qué quiere la señorita que haga el dependiente?
9. ¿Qué debe revisar el dependiente?
10. ¿Qué problema tiene una de las gomas?
11. Según el mecánico, ¿qué sería mejor?
12. ¿Cuánto cuesta una goma?
13. ¿Va a comprar la goma la señorita?
14. ¿Por qué volvió a casa en ómnibus Fernando?
15. ¿Qué tuvo que llamar Fernando?
16. ¿Dónde dejó el coche?
17. ¿Qué dijo el mecánico que necesitaba el coche?
18. ¿Tiene el coche otros problemas?
19. ¿Qué va a hacer el mecánico?
20. ¿Cuándo va a ir Fernando al taller?
21. ¿Qué le habría dicho Adela al mecánico?
22. ¿Cómo va a ir Fernando a la oficina?

Listen carefully to each dialogue and then answer the questions, omitting the subject and replacing direct objects with direct object pronouns. The speaker will confirm your response. Repeat the correct response.

V. PARA ESCUCHAR Y ESCRIBIR

Tome nota

You will hear a conversation in which Mr. Peña and his mechanic discuss repairs that need to be made to Mr. Peña's car. First listen carefully for general comprehension. Then, as you listen for a second time, fill in the information requested.

ARREGLAR	CAMBIAR	LIMPIAR	INSTALAR

Dictado

The speaker will read six sentences. Each sentence will be read twice. After the first reading, write what you heard. After the second reading, check your work and fill in what you missed.

1. _____

2. _____

3. _____

4. _____

5. _____

6. _____

CHECK YOUR PROGRESS

Lecciones 15 y 16

Name _____

Section _____

Date _____

Lección 15

A. Complete the following sentences, using the past participle of the verbs listed.

envolver   escribir   romper   cerrar   abrir

1. Todas las puertas estaban _____ .

2. El banco está _____ hoy porque es domingo.

3. La carta está _____ en francés, y yo no entiendo francés.

4. No puedo usar esos vasos porque están _____ .

5. Los regalos ya están _____ .

B. Complete the following sentences, using the present perfect of the verbs given.

1. Yo les _____ (decir) a los chicos que hagan la cena, pero ellos todavía no

   _____ (hacer) nada.

2. Nosotros te _____ (estar) esperando por mucho tiempo. Tú nunca nos

   _____ (escribir) ni nos _____ (llamar) por teléfono.

3. La señora Vargas no _____ (volver) todavía. Cuando venga, tengo que decirle que

   sus hijos _____ (romper) la ventana y que _____ (comer) todos
   los sándwiches que había en el refrigerador.

4. ¿_____ (ver) Uds. al señor Vega?

5. ¿Dónde _____ (poner) Ud. las estampillas, señora?

C. Rewrite the following sentences, making negative commands affirmative and affirmative commands negative. Follow the model.

MODELO: Tráeme el café ahora.
No me traigas el café ahora.

1. Dile a Roberto que tú y yo vamos de compras.

_____

2. Pruébate la blusa amarilla.

_____

3. No te pongas el vestido verde.

_____

4. Habla con el dependiente; no vayas al departamento de ropa para señoras.

_____

5. Vuelve esta tarde; no los esperes.

_____

D. Write the following sentences in Spanish.

1. When I arrived, she had already gone to bed.

_____

2. ¿Did you know that we had bought you a wallet, Paquito?

_____

3. I had never been at that store.

_____

4. Go shopping with them, Anita.

_____

5. When we met (encountered) them, they had already tried on the shoes.

_____

Lección 16

A. Rewrite the following sentences in the future tense.

1. Salgo a las seis, llego a las siete y puedo empezar a trabajar a las siete y media.

_____

2. Tú te pones el traje nuevo y te vas.

_____

3. Ana viene por la tarde y lleva a los niños al cine.

_____

4. Nosotros trabajamos y luego les decimos que nos paguen.

_____

5. Ellos no tienen que hacer nada. Pasan la tarde conversando.

_____

B. Rewrite each sentence, using the new beginnings given. Follow the model.

    MODELO: Dice que va. Dijo que _____ .
              Dijo que iría.

1. Dicen que tienen que trabajar.

    Dijeron que _____ .

2. Digo que yo lo arreglo.

    Dije que _____ .

3. ¿Dices que tú puedes llamar al mecánico?

    ¿Dijiste que _____ ?

4. Decimos que nosotros lo hacemos.

    Dijimos que _____ .

5. Julia dice que ella no quiere hacerlo.

    Julio dijo que _____ .

C. Complete the following sentences, using the future perfect to say what everyone will have done by next week.

    recibir   arreglar   comprar   ver   volver

Para la semana próxima,...

1. ...yo _____ las llantas para el coche.

2. ...tú _____ de tus vacaciones.

3. ...el mecánico _____ el coche.

4. ...mis hermanos y yo _____ una carta de mamá.

5. ...mis padres _____ a todos nuestros tíos.

D. Write the following sentences in Spanish.

1. He fixed the car. I would have bought a new car.

   _____

2. She called the mechanic. What would you have done, Mr. Rojas?

   _____

3. They went to the gas station. We would have gone with them.

   _____

4. Would you have been able to change the tire, Anita?

   _____

5. I know that my parents would have left the maps in the glove compartment.

   _____

E. Write a brief dialogue between two friends who are making plans to go shopping for clothes and shoes. Have the characters discuss where and when they will go, the items they need, their sizes, and their favorite colors.

   _____

   _____

   _____

   _____

   _____

   _____

   _____

   _____

   _____

Lección 17
WORKBOOK
ACTIVITIES

A. Answer each of the following questions in the affirmative, using the corresponding first-person plural command. Follow the model.

MODELO: —¿Vamos a almorzar?
—Sí, almorcemos ahora.

1. ¿Vamos a comer?

_____

2. ¿Vamos a salir?

_____

3. ¿Vamos a escribirlo?

_____

4. ¿Vamos a sentarnos?

_____

5. ¿Vamos a comprarlos?

_____

6. ¿Vamos a vestirnos?

_____

7. ¿Vamos a visitarla?

_____

8. ¿Vamos a decírselo?

_____

9. ¿Vamos a hacerlo?

_____

10. ¿Vamos a cenar?

_____

B. Describe what is happening in the illustrations below, using the reciprocal reflexive construction.

1. Ellos _____

_____ .

2. Nosotros _____

_____ .

3. Uds. _____

_____ .

4. Ana y Juan _____

_____ .

C. Complete the following chart with the corresponding imperfect subjunctive forms.

Infinitive	yo	tú	Ud., él, ella	nosotros	Uds., ellos, ellas
1. ganar	ganara	ganaras	ganara	ganáramos	ganaran
2. arreglar			arreglara		arreglaran
3. cerrar		cerraras		cerráramos	
4. volver			volviera		volvieran
5. pedir					pidieran
6. conseguir	consiguiera				
7. tener			tuviera		
8. poder				pudiéramos	
9. hacer		hicieras			hicieran
10. venir	viniera		viniera		
11. traer				trajéramos	
12. poner		pusieras			
13. decir	dijera				dijeran
14. ser		fueras		fuéramos	
15. dar			diera		
16. querer		quisieras			
17. saber			supiera		

D. Rewrite each sentence to describe the action in the past.

1. Quiero que tú vayas al supermercado.

   Quería _____.

2. Prefiero que compres carne y pescado.

   Prefería _____.

3. Te sugiero que llames a Rodolfo para que vaya contigo.

   Te sugerí _____.

4. Dudo que nosotros podamos ir con ustedes.

   Dudaba _____.

5. Es necesario que traigan frutas y verduras.

   Era necesario _____.

6. ¿Hay algún supermercado que quede cerca y que esté abierto hasta las diez?

   ¿Había _____?

7. No creo que haya un supermercado que venda manzanas de Argentina.

   No creía _____.

8. Necesitamos a alguien que sepa cocinar comida mexicana.

   Necesitábamos _____.

9. Siento que tus tíos no vengan.

   Sentí _____.

10. Te ruego que los llames y les digas que vengan el sábado.

    Te rogué _____.

E. The names of thirty-one things found in supermarkets are hidden in the puzzle. Find them by reading horizontally, vertically, and diagonally, and list them with their corresponding definite articles.

1. _____ _____   11. _____ _____

2. _____ _____   12. _____ _____

3. _____ _____   13. _____ _____

4. _____ _____   14. _____ _____

5. _____ _____   15. _____ _____

6. _____ _____   16. _____ _____

7. _____ _____   17. _____ _____

8. _____ _____   18. _____ _____

9. _____ _____   19. _____ _____

10. _____ _____   20. _____ _____

21. ____ _____   27. ____ _____

22. ____ _____   28. ____ _____

23. ____ _____   29. ____ _____

24. ____ _____   30. ____ _____

25. ____ _____   31. ____ _____

26. ____ _____

```
A H U E V O S A H E L A D O T U S R T U O Z
Z J C C A M A R O N E S J B S T R A L M O S
U P A B C F H O B Z T A P I O J A R N O S T
C A R N E B A R Z O P Q O E R T P V Y D O A
A N O R B I S O P A J B C K R O N A V A I Z
R M A T O Z T V L M A N Z A N A R C V A V A
M A N P L E C H U G A O T O R T A M C O L O
M A M E L O N C H V T N A R A N J A L B C V
E J C S A B L V Z C A L T O M A T E G I L I
L B A C D L P A R A M A R E P O L L O C A N
O R S A L S A Z N Z N D L O Q F T O P R D A
C T K D M O A P F G O A J K A U P F P O I G
O U M O K P U A H L O S H L M V I H Q G F R
T I O D Z R I B G O N S M O N J L L M H G E
O M P I V T N N I B Z T T N R K Q A L G N A
N O R N O O A C A R R O Z A L I Z B B A H E
C C O R D E R O M K B V F R E S A S C E P F
M A R G A R I N A D A T O R O N J A C D U D
```

F. ¿Cómo se dice...? Write the following dialogues in Spanish.

1. "Anita, let's go to the movies tonight."
   "No, let's not go to the movies. Let's go to a concert."

_____

_____

2. "The doctor told me to go on a diet."
   "I told you to eat less!"

   _____

   _____

3. "Do you see each other very often?"
   "No, but we write to each other and we call each other every Sunday."

   _____

   _____

   _____

4. "Let's take Paquito to the zoo . . ."
   "I don't feel like going to the zoo today. Why don't we take him to the amusement park?"
   "I don't know . . . Let's stay home!"

   _____

   _____

   _____

5. "My mother wanted me to do the shopping."
   "Did you go to the supermarket?"
   "No, I asked my sister to go."

   _____

   _____

   _____

G. Crucigrama

Horizontal

2. ¿Cómo se dice "*circus*"?
3. Nos divertimos mucho en la montaña _____ .
4. Le pongo aceite y _____ a la ensalada.
6. ¿Cómo se dice "*cabbage*"?
9. Necesitamos papel _____ para el baño.
10. el vegetal favorito de Bugs Bunny
13. ¿Es una comedia o un _____ ?
14. ¿Cómo se dice "*supermarket*"?
19. Estudiamos allí.
20. Se la ponemos al café.
23. Eva le dio una a Adán.
24. día de fiesta
25. Vamos allí para ver animales.
26. No tengo _____ de hacer nada hoy.
28. ¿Cómo se dice "*award*"?

Vertical

1. Disneylandia es un parque de _____ .
4. vegetales
5. fruta cítrica
7. Tenemos que hacer _____ para comprar las entradas.
8. Tengo una _____ con Carlos. Vamos a ir a bailar.
11. Lo usamos para hacer salsa.
12. ¿Quieres margarina o _____ ?
13. doce de algo
15. el salmón, por ejemplo
16. fruta cítrica
17. No puedo comer mucho. Estoy a _____ .
18. Vamos al cine para verla.
21. ¿Cómo se dice "*watermelon*"?
22. melocotón
27. ¿Cómo se dice "*celery*"?

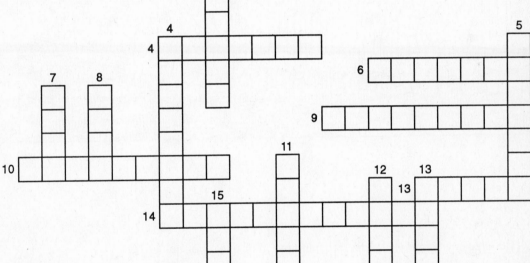
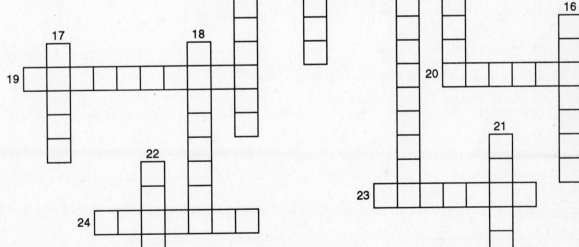

H. **¿Qué pasa aquí?** Look at the illustration and answer the following questions.

1. ¿Ud. cree que Sergio y Claudia trabajan hoy? ¿Por qué o por qué no?

    _____

2. ¿Qué día de la semana no está abierto el supermercado?

    _____

3. ¿Se habrá cerrado el supermercado para las once?

    _____

4. ¿Ud. cree que Sergio va a preparar comida italiana o comida china? ¿Cómo lo sabe Ud.?

    _____

5. ¿Qué frutas va a comprar Sergio?

    _____

6. ¿Qué vegetal necesita?

_____

7. ¿Cree Ud. que Claudia necesita ponerse a dieta?

_____

8. ¿Para quién va a preparar Claudia una cena especial?

_____

9. ¿Adónde le gustaría ir a Marcelo?

_____

10. ¿Ud. cree que Claudia tiene ganas de ir a bailar o de ir al teatro?

_____

PARA LEER

La carta de Marcela

Ésta es la nota que Marcela le dejó a Ana María, su compañera de cuarto:

Ana María:

    Los señores Vargas Peña, unos amigos de mis padres, vinieron esta tarde y me invitaron a pasar el fin de semana con ellos. No tuve tiempo de ir al mercado, de modo que no tenemos nada en el refrigerador.

    Si puedes, ve al supermercado y haz las compras de la semana (yo iría ahora, si pudiera, pero tengo que hacer la maleta). No te olvides de comprar huevos, mantequilla, pan y leche. Mamá fue al mercado ayer y nos trajo zanahorias, cebollas, apio, fresas y duraznos, de modo que no necesitamos mucho.

    Es una lástima que no estuvieras aquí cuando ellos vinieron, porque te habrían invitado a ti también. El sábado, su hijo Armando me va a llevar a un parque de diversiones y por la noche vamos a bailar con un grupo de amigos.

    Otra cosa: ¿Puedes llevar mi coche al mecánico? Los frenos no funcionan bien. Dile al mecánico que los revise y también que cambie el filtro del aceite. Págale tú y yo te doy un cheque en cuanto vuelva. (¿Qué haría yo sin ti?)

    Espero que te diviertas este fin de semana. Te veo el domingo.

Marcela

¡Conteste!

1. ¿Cómo se llama la compañera de cuarto de Marcela?

_____

2. ¿Quiénes son los señores Vargas Peña?

_____

3. ¿Por qué no fue al mercado Marcela?

_____

4. ¿Qué quiere Marcela que haga Ana María?

_____

5. ¿Qué haría Marcela si no tuviera que hacer la maleta?

_____

6. ¿Qué cosas necesita comprar Ana María y qué cosas no necesita comprar?

_____

_____

_____

7. ¿Estaba Ana María en el apartamento cuando vinieron los Vargas Peña?

_____

8. Según Marcela, ¿qué habrían hecho ellos de haber estado Ana María allí?

_____

9. ¿Qué planes tienen Armando y Marcela para el sábado?

_____

10. ¿Qué tiene que revisar el mecánico? ¿Por qué?

_____

11. Marcela quiere que Ana María le pague al mecánico. ¿Cuándo piensa devolverle el dinero?

_____

12. ¿Qué espera Marcela?

_____

Lección 17
LABORATORY ACTIVITIES

Name _____

Section _____

Date _____

I. PARA ESCUCHAR Y CONTESTAR

Diálogo: *Un fin de semana*

The dialogue will be read first without pauses. Pay close attention to the speakers' intonation and pronunciation.

Hoy es feriado. Oscar y Jorge, dos estudiantes cubanos que viven en Miami, deciden ir al supermercado para hacer las compras de la semana. Por la noche piensan salir con dos chicas, Elsa y Adela. Tienen una cita para ir al cine, pero primero van a cocinar una cena para ellas en su apartamento. El supermercado se abre a las nueve y los muchachos son los primeros en llegar.

OSCAR —Necesitamos mantequilla, leche, una docena de huevos, pan, azúcar...

JORGE —¿No vamos a comprar carne?

OSCAR —Sí, compremos carne, pescado y pollo. También dos latas de frijoles y una de salsa de tomate.

JORGE —De haber sabido que ibas a invitar a las chicas, habría limpiado el apartamento.

OSCAR —Te dije que no te preocuparas. A ver... necesitamos manzanas, uvas, naranjas, melón, toronjas y peras para la ensalada de frutas...

JORGE —¿Dónde están las verduras? Tenemos que comprar lechuga, tomates, papas, zanahorias y cebollas.

OSCAR —¡Caramba! Esto va a costar una fortuna. Tendremos que ponernos a dieta.

JORGE —Buena idea. Pongámonos a dieta.

La cena estuvo muy buena. Ahora Oscar, Elsa, Jorge y Adela están en el cine, haciendo cola para comprar las entradas.

OSCAR —Ana me recomendó que viéramos esta película.

ADELA —¡Sí! Ganó el premio como la mejor película del año.

ELSA —Es un drama, ¿verdad? Yo prefiero las comedias.

JORGE —El próximo sábado podemos ir a ver una película musical.

OSCAR —No, no vayamos al cine otra vez. Vamos a un club a bailar.

ADELA —Tengo ganas de comer algo. ¿Por qué no vamos a la cafetería Versailles cuando termine la película?

JORGE —¿No habrán cerrado para esa hora? Ésta es la última función.

OSCAR —No, esa cafetería se cierra muy tarde.

La película termina a las doce. Los chicos van a la cafetería a comer algo y a charlar un rato. Como el día siguiente es sábado, Oscar y Adela deciden verse otra vez para ir a la playa. Elsa y Jorge se van a encontrar en la biblioteca para estudiar.

Now the dialogue will be read with pauses for you to repeat what you hear. Imitate the speakers' intonation patterns.

Preguntas y respuestas

You will now hear questions about the dialogue. Answer each one, omitting the subject. The speaker will confirm your response. Repeat the correct response.

Situaciones

The speaker will present several situations based on the dialogue. Respond appropriately in Spanish to each situation. The speaker will confirm your response. Repeat the correct response. Follow the model.

> MODELO: You tell a foreign visitor that July 4th is a holiday in the United States.
> **El cuatro de julio es feriado en los Estados Unidos.**

II. PRONUNCIACIÓN

- When you hear the number, read the corresponding sentence aloud. Then listen to the speaker and repeat the sentence once more.

1. Necesitamos mantequilla y una docena de huevos.
2. No nos preocupemos por eso.
3. Tenemos que comprar zanahorias y cebollas.
4. Me recomendaron que viéramos esta película.
5. De haberlo sabido, no habría venido.
6. Pongámonos a dieta este mes.
7. Ésta es la última función.
8. Deciden verse otra vez.

III. ¡VAMOS A PRACTICAR!

A. Change what you hear to the first-person plural. The speaker will confirm your response. Repeat the correct response. Follow the model.

> MODELO: Vamos a caminar.
> **Caminemos.**

B. Respond to each question you hear in the affirmative, using a first-person plural command. The speaker will confirm your response. Repeat the correct response. Follow the model.

> MODELO: —¿Nos sentamos?
> —**Sí, sentémonos.**

Now listen to the new model.

> MODELO: —¿Le damos el dinero?
> —**No, no se lo demos.**

C. Answer the following questions in the affirmative, omitting the subject pronouns. The speaker will confirm your response. Repeat the correct response. Follow the model.

> MODELO: —¿Se dicen la verdad Uds.?
> —**Sí, nos decimos la verdad.**

D. Change each statement you hear so that it describes the past, using the cue provided. The speaker will confirm your response. Repeat the correct response. Follow the model.

> MODELO: Yo quiero que tú vuelvas.   (yo quería)
> **Yo quería que tú volvieras.**

1. (no creía)   2. (nos dijeron)   3. (me gustaría)   4. (me alegré)   5. (te sugerí)   6. (dudaba)
7. (esperábamos)   8. (no había)   9. (necesitaba)   10. (buscábamos)

IV. EJERCICIO DE COMPRENSIÓN

Before listening to the dialogues in this section, study the comprehension questions below. Reviewing the questions ahead of time will help you to remember key information as you listen.

1. ¿Adónde fueron anoche Estela y su esposo?
2. ¿Por qué fueron allí?
3. ¿Qué comieron?
4. ¿Cuánto tiempo hace que Isabel y Estela no se ven?
5. ¿Cuándo va a llamar Isabel?
6. ¿Adónde quiere ir José esta noche?
7. La película que quiere ver José, ¿es una comedia?
8. ¿Qué prefiere ver Carmen?
9. ¿Qué dice José de la película?
10. ¿Qué quiere ir a ver Carmen el sábado?
11. ¿A qué hora viene José por Carmen?
12. ¿Dónde van a sentarse Silvia y Eva?
13. ¿Qué quiere hacer Eva antes de que venga el mozo?
14. ¿Para qué quiere llamarlo?
15. ¿Por qué le dice Silvia a Eva que no lo llame?
16. ¿Qué habría hecho Eva de haber sabido que Carlos iba a trabajar tan temprano?
17. ¿Quiénes se ven todas las tardes?

Listen carefully to each dialogue and then answer the questions, omitting the subject and replacing direct objects with direct object pronouns. The speaker will confirm your response. Repeat the correct response.

V. PARA ESCUCHAR Y ESCRIBIR

Tome nota

You will hear a conversation between two roommates as they discuss what they are going to buy at the supermarket. First listen carefully for general comprehension. Then, as you listen for a second time, fill in the shopping list.

Frutas	Verduras	Carnes	Otros
1. _____	1. _____	1. _____	1. _____
2. _____	2. _____	2. _____	2. _____
3. _____	3. _____	3. _____	3. _____
4. _____	4. _____		4. _____
5. _____	5. _____		5. _____

Dictado

The speaker will read six sentences. Each sentence will be read twice. After the first reading, write what you heard. After the second reading, check your work and fill in what you missed.

1. _____

2. _____

3. _____

4. _____

5. _____

6. _____

Lección 18
WORKBOOK ACTIVITIES

Name _____

Section _____

Date _____

A. Answer each question, using the present perfect subjunctive and the cue provided. Follow the model.

    MODELO: —¿Sabes si Marta trajo la calculadora? (no creer)
                  —**No, pero no creo que la haya traído.**

1. ¿Sabes si ella se fue? (temer)

   _____

2. ¿Sabes si los chicos se levantaron? (ojalá)

   _____

3. ¿Sabes si vino Luis? (esperar)

   _____

4. ¿Sabes si Mario y Elena le dieron el informe? (dudar)

   _____

5. ¿Sabes si consiguieron el puesto? (esperar)

   _____

6. ¿Sabes si los chicos rompieron la ventana? (temer)

   _____

7. ¿Sabes si Marta entregó la tarea? (ojalá)

   _____

8. ¿Sabes si José volvió? (dudar)

   _____

B. Complete the chart, paying particular attention to the use of the pluperfect subjunctive.

English	Verbs that require the subjunctive	que	Subject of subordinate clause	Imperfect subjunctive of *haber*	Past participle
1. I didn't think that they had come.	**No creía**	que	ellos	hubieran	venido.
2. She was sorry that you had gone.	Sentía		tú		
3. We were hoping that you had finished.	Esperábamos		Uds.		
4. He doubted that she had died.					muerto.
5. You were afraid that she had returned.				hubiera	
6. They denied that she had graduated.	Negaron				
7. I didn't think that you had gone out.			tú		
8. We were sorry that you had left.			Uds.		
9. I hoped that she had learned.					
10. I didn't think that Rose had gone to bed.	No creía				
11. I was glad that they had started.	Me alegré de				
12. You didn't think that we had eaten.					

C. Look at the illustrations and write what the people shown would do if circumstances were different. Follow the model.

MODELO:

Yo no tengo dinero.

Si tuviera dinero, viajaría.

1. Roberto no tiene tiempo.

   Si _____.

2. Elsa no está de vacaciones.

   Si _____.

3. Ellos no tienen hambre.

   Si _____.

4. Tú tienes que trabajar.

   Si no _____.

5. Uds. no van a la fiesta.

Si _____.

6. Hoy es sábado.

Si no _____.

D. Look at the illustrations and write what the people shown will do if circumstances allow or require. Follow the model.

MODELO:

No sé si tendré dinero o no.

Si tengo dinero, viajaré.

1. Yolanda y yo no sabemos si el coche está descompuesto o no.

Si _____.

2. No sé si ellas quieren hamburguesas o no.

Si _____.

3. No sé si Laura está enferma o no.

   Si _____ .

4. No sé si tú tienes el periódico o no.

   Si _____ .

5. No saben si el autobús pasa por aquí o no.

   Si _____ .

E. Summary of the uses of the subjunctive

Complete the following sentences with the subjunctive if there is a change of subject or with the infinitive if there is no change of subject.

1. Quiero _____ (solicitar) el trabajo.

   Quiero que tú _____ (solicitar) el trabajo.

2. Deseas _____ (comprar) los pasajes.

   Deseas que yo _____ (comprar) los pasajes.

3. Ellos prefieren que nosotros _____ (alquilar) una casa.

   Ellos prefieren _____ (alquilar) una casa.

4. Necesito _____ (conseguir) las entradas.

   Necesito que ellos _____ (conseguir) las entradas.

5. Me alegro de que Uds. _____ (estar) aquí.

   Me alegro de _____ (estar) aquí.

6. Temo no _____ (llegar) temprano.

   Temo que nosotros no _____ (llegar) temprano.

7. Espero _____ (hacer) el trabajo pronto.

   Espero que él _____ (hacer) el trabajo pronto.

8. Siento que tú _____ (tener) que irte.

   Siento _____ (tener) que irme.

In the following sentences, use the subjunctive to refer to someone or something that is indefinite, unspecified, or nonexistent; use the indicative when referring to a specific person or thing.

9. Necesito una secretaria que _____ (hablar) francés.

   Tengo una secretaria que _____ (hablar) francés.

10. Conozco a dos chicas que _____ (enseñar) matemáticas.

    No conozco a nadie que _____ (enseñar) matemáticas.

11. ¿Dónde hay un restaurante que _____ (servir) comida italiana?

    Hay un restaurante en la Quinta Avenida que _____ (servir) comida italiana.

12. Quiero un empleado que _____ (poder) hacer ese trabajo.

    Tenemos un empleado que _____ (poder) hacer ese trabajo.

13. ¿Conoces a alguien que _____ (ser) francés?

    He conocido a un muchacho que _____ (ser) francés.

Use the subjunctive in the sentences that refer to future action and the indicative in those that do not.

14. Voy a ayudarte hasta que _____ (terminar) el trabajo.

    Siempre te ayudo hasta que _____ (terminar) el trabajo.

15. Siempre pongo un anuncio cuando _____ (necesitar) un empleado.

    Pondré un anuncio cuando _____ (necesitar) un empleado.

16. Visitaré a mis padres cuando _____ (tener) tiempo.

    Siempre visito a mis padres cuando _____ (tener) tiempo.

17. Se lo diré en cuanto ellos _____ (llegar).

    Generalmente se lo digo en cuanto ellos _____ (llegar).

Complete each sentence with the subjunctive after verbs and expressions of doubt, uncertainty, or disbelief; use the indicative to express certainty.

18. Dudo que ellos _____ (querer) trabajar en esa ciudad.

   No dudo que ellos _____ (querer) trabajar en esa ciudad.

19. No estoy seguro de que él _____ (tener) un coche bueno.

   Estoy seguro de que él _____ (tener) un coche bueno.

20. Es probable que nosotros _____ (salir) el sábado.

   Es seguro que nosotros _____ (salir) el sábado.

21. Creo que el partido _____ (empezar) a las ocho.

   No creo que el partido _____ (empezar) a las ocho.

In the following sentences, use the subjunctive when the main clause denies what the subordinate clause expresses, and use the indicative when it does not.

22. No es verdad que yo le _____ (haber dado) un abrazo.

   Es verdad que yo le _____ (haber dado) un abrazo.

23. Niego que nosotros _____ (haber dicho) eso.

   No niego que nosotros _____ (haber dicho) eso.

F. ¿Cómo se dice...? Write the following dialogues in Spanish.

1. "Do you have to talk with your lawyer, Miss Soto?"
   "Yes. I hope he has arrived. I asked him to come at ten."

   _____

   _____

2. "My brother suggested that I study business administration."
   "My father wanted me to be a journalist."

   _____

   _____

3. "I was sorry that she didn't have enough money to pay tuition."
   "I hope she gets a scholarship."

   _____

   _____

   _____

4. "I don't think he has passed the exam."
   "I told him to study . . ."

   _____

   _____

5. "If I were you, I would register today."
   "If I have time, I will speak with my advisor."

   _____

   _____

6. "My older brother is always giving me advice."
   "Yes . . . he talks as if he knew it all."

   _____

   _____

G. Crucigrama

Horizontal

2. Estudiamos fórmulas en nuestra clase de _____ .
5. persona que da consejos
6. No es un curso electivo; es un _____ .
8. ¿Cómo se dice "*engineering*"?
11. Estudiamos los poemas de Poe en nuestra clase de _____ .
14. opuesto de **quedar suspendido**
15. materia
16. ¿Cómo se dice "*scholarship*"?
17. Voy a enseñar español. Mi _____ es el español.
20. Tengo una "A" y una "C". Mi _____ es "B".
21. Quiero trabajar en un laboratorio porque me gusta la _____ .
22. Vamos a ir a ver un _____ de fútbol.
23. Estudia en la _____ de derecho.

Vertical

1. Estudiamos los problemas de las grandes ciudades en la clase de _____ .
3. ¿Uds. tienen el sistema de trimestre o de _____ ?
4. Espero sacar una buena _____ en mi clase de inglés.
7. hombre de Latinoamérica
9. Estudia administración de _____ .
10. No sé a qué hora es la clase porque no tengo mi _____ .
12. Tengo que dar un _____ oral en mi clase de inglés.
13. Estudiamos álgebra en mi clase de _____ .
17. Mañana tengo un _____ parcial.
18. Necesito una _____ para multiplicar todos esos números.
19. Quiere _____ en la universidad este otoño.
20. Si vas a ser periodista, tienes que estudiar _____ .

H. ¿Qué pasa aquí? Look at the illustration and answer the following questions.

1. ¿Qué nota teme recibir Andrés en el examen de química?

    _____

2. ¿Cree Julio que Andrés quedará suspendido?

    _____

3. ¿Qué espera el papá de Julia que estudie su hija?

    _____

4. ¿Qué quiere estudiar Julia?

    _____

5. ¿Qué espera el papá de Lola que pase en el año 1998?

    _____

6. ¿Qué espera poder hacer Lola?

_____

7. ¿Qué continente quiere visitar Lola?

_____

8. ¿Qué nota espera sacar Jorge en matemáticas?

_____

9. ¿Cree Ud. que a Jorge le gusta la literatura?

_____

10. ¿Cree Ud. que Jorge ha estudiado mucho para su clase de literatura?

_____

11. ¿Qué promedio tiene que mantener Adela para que le den la beca?

_____

12. ¿Qué cree Ud. que va a hacer Adela en cuanto llegue a su casa? ¿Cómo lo sabe Ud.?

_____

Lección 18
LABORATORY ACTIVITIES

Name _____

Section _____

Date _____

I. PARA ESCUCHAR Y CONTESTAR

Diálogo: *Las carreras*

The dialogue will be read first without pauses. Pay close attention to the speakers' intonation and pronunciation.

Alina y Daniel son dos jóvenes latinoamericanos que están estudiando en la Universidad de California en Los Ángeles. Alina es cubana y Daniel es argentino. Los dos están tomando una clase de administración de empresas.

ALINA —Es una lástima que no te hayas matriculado en la clase de sociología de la doctora Parker. Siempre tenemos unas discusiones muy interesantes.

DANIEL —Yo habría tomado esa asignatura si hubiera tenido tiempo este semestre. Mi consejero me sugirió que la tomara, pero yo quería tomar una clase de física o de química a esa hora.

ALINA —¡Ah, sí...! Tu especialización es química, ¿no? ¿Siempre te han gustado las ciencias?

DANIEL —Sí. Mi padre quería que estudiara para abogado, como él, pero yo asistí a la Facultad de Derecho en Buenos Aires y no me gustó.

ALINA —Si yo hubiera seguido los consejos de mis padres, habría estudiado ingeniería o contabilidad, pero yo decidí estudiar periodismo.

DANIEL —¡Y serás una periodista magnífica!

ALINA —Tú te gradúas en junio, ¿verdad? ¿Qué piensas hacer después?

DANIEL —Quiero trabajar en un laboratorio, porque me gusta mucho la investigación. ¿Y tú? ¿Cuáles son tus planes?

ALINA —Trabajar para un periódico, probablemente... sé que tengo que preocuparme por eso, pero por el momento mis planes son terminar el informe que estoy preparando para mi clase de literatura y sacar una "A" en el examen de psicología.

DANIEL —¡Pero, Alina! Hablas como si lo único importante fueran las notas. Sería una buena idea que te divirtieras un poco. ¿Te gustaría ir conmigo al estadio esta noche? Hay un partido de fútbol y juega nuestro equipo.

ALINA —No puedo. Tengo una beca y necesito mantener un buen promedio. Si saco una mala nota, pierdo la beca.

DANIEL —Hablando de notas... ahora me acuerdo de que tengo un examen parcial en mi clase de matemáticas.

ALINA —Supongo que quieres que te preste mi calculadora, como siempre.

DANIEL —Gracias, flaca. Me voy, porque David me pidió que lo ayudara con su tarea de biología y ya es tarde. ¡Chau!

ALINA —Adiós, Daniel. Buena suerte en el examen.

Now the dialogue will be read with pauses for you to repeat what you hear. Imitate the speakers' intonation patterns.

Preguntas y respuestas

You will now hear questions about the dialogue. Answer each one, omitting the subject. The speaker will confirm your response. Repeat the correct response.

Situaciones

The speaker will present several situations based on the dialogue. Respond appropriately in Spanish to each situation. The speaker will confirm your response. Repeat the correct response. Follow the model.

MODELO: Your best friend has applied for a scholarship. You tell her that you hope she gets it.
Espero que consigas la beca.

II. PRONUNCIACIÓN

■ When you hear the number, read the corresponding sentence aloud. Then listen to the speaker and repeat the sentence once more.

1. Tomo una clase de administración de empresas.
2. Tenemos unas discusiones muy interesantes.
3. Quería tomar una clase de química o de física.
4. ¿Cuál es tu especialización?
5. Le gustaría que yo estudiara ingeniería.
6. ¿Qué otras asignaturas estás tomando?
7. Voy a graduarme en junio.
8. Necesito mantener un buen promedio.
9. Tengo que hacer la tarea de literatura.
10. Tengo un examen parcial en mi clase de matemáticas.

III. ¡VAMOS A PRACTICAR!

A. Negate each statement you hear, using the expression **No es verdad** and the present perfect subjunctive. The speaker will confirm your response. Repeat the correct response. Follow the model.

MODELO: Ana ha traído el horario.
No es verdad que Ana haya traído el horario.

B. Change each statement you hear, using the cue given and the pluperfect subjunctive. The speaker will confirm your response. Repeat the correct response. Follow the model.

MODELO: Teresa ya había visto a su consejero. (Mamá esperaba)
Mamá esperaba que Teresa ya hubiera visto a su consejero.

1. (No era verdad) 2. (Yo temía) 3. (No era verdad) 4. (Ellos temían) 5. (Yo esperaba)
6. (No era cierto) 7. (Mis padres no creían) 8. (Yo dudaba)

C. Respond to each question by saying what you would do if things were different, using the cue provided and the imperfect subjunctive. The speaker will confirm your response. Repeat the correct response. Follow the model.

MODELO: —¿Por qué no compras el libro? (tener dinero)
—**Lo compraría si tuviera dinero.**

1. (poder) 2. (tener dinero) 3. (necesitarla) 4. (tener tiempo) 5. (gustarme) 6. (ser más temprano)

D. You will hear a series of statements about things that *would* have happened. Complete each one by adding an "if" clause, using the cue provided. The speaker will confirm your response. Repeat the correct response. Follow the model.

> MODELO: Yo habría venido. (tener tiempo)
> **Yo habría venido si hubiera tenido tiempo.**

1. (poder)   2. (tú—ayudarme)   3. (ser necesario)   4. (aprobar el examen)   5. (ellos—invitarte)

E. Answer each question you hear, using the cue provided and the infinitive, the subjunctive, or the indicative, as appropriate. The speaker will confirm your response. Repeat the correct response. Follow the model.

> MODELO: —¿Con qué tarea quieres que te ayude? (biología)
> **—Quiero que me ayudes con la tarea de biología.**

1. (química)   2. (no)   3. (sí)   4. (sí)   5. (pagar la matrícula)   6. (dudar)   7. (los chicos—comprar libros)   8. (sí)   9. (sí)   10. (no)

IV. EJERCICIO DE COMPRENSIÓN

Before listening to the dialogues in this section, study the comprehension questions below. Reviewing the questions ahead of time will help you to remember key information as you listen.

1. ¿Con quién habló Susana?
2. ¿Cuándo habló con él?
3. ¿Qué le dijo el consejero que tomara?
4. ¿Qué clases va a tomar Susana?
5. ¿Qué le gustaría ser a Susana?
6. ¿Dónde estudia Carlos?
7. ¿Qué quería ser el papá de Anita cuando era chico?
8. ¿Qué habría estudiado si hubiera podido?
9. ¿Cuándo decidió ser profesor de francés?
10. ¿Cuándo fue a París?
11. ¿Dónde había estudiado francés antes?
12. ¿Qué otra asignatura le gustaba cuando estaba en la escuela secundaria?
13. ¿Qué quería su profesor de literatura que él hiciera?
14. ¿Cuándo piensa escribir un libro?

Listen carefully to each dialogue and then answer the questions, omitting the subject. The speaker will confirm your response. Repeat the correct response.

V. PARA ESCUCHAR Y ESCRIBIR

Tome nota

You will hear a conversation between a student and her academic advisor. First listen carefully for general comprehension. Then, as you listen for a second time, fill in the student's name and class schedule.

Horario de clases			Sr. Sra. _____ Srta.			
Hora	lunes	martes	miércoles	jueves	viernes	sábado
8:00						
9:00						
10:00						
11:00						
12:00						
1:00						
2:00						
3:00						
4:00						
5:00						

Dictado

The speaker will read six sentences. Each sentence will be read twice. After the first reading, write what you heard. After the second reading, check your work and fill in what you missed.

1. _____

2. _____

3. _____

4. _____

5. _____

6. _____

CHECK YOUR PROGRESS

Lecciones 17 y 18

Name _____

Section _____

Date _____

Lección 17

A. Answer the following questions, using first-person plural commands and the cue provided. Follow the model.

MODELO: —¿Dónde estudiamos? (en casa)
—**Estudiemos en casa.**

1. ¿Dónde almorzamos? (en la cafetería)

_____

2. ¿Qué hacemos después de comer? (la tarea)

_____

3. ¿A quién le pedimos el diccionario? (a Miguel)

_____

4. ¿Qué compramos en el supermercado? (mantequilla y frutas)

_____

5. ¿A qué hora nos levantamos mañana? (a las seis)

_____

B. Rewrite the following sentences, using reciprocal reflexive forms.

1. Yo no le hablo a Juan y él no me habla a mí.

_____

2. Ana le escribe a Roberto y Roberto le escribe a Ana.

_____

3. Arturo ve a sus hijos y sus hijos lo ven a él los domingos.

_____

C. Answer the following questions, using the imperfect subjunctive and the cue provided. Follow the model.

MODELO: —¿No compraste el pan? (tú)
—No, yo quería que lo compraras tú.

1. ¿No fuiste al club? (Amalia)

_____

2. ¿No llevaste a Lidia a la fiesta? (Uds.)

_____

3. ¿No trajiste las verduras? (papá)

_____

4. ¿No le pediste dinero a Juan? (los otros estudiantes)

_____

5. ¿No le diste el regalo a mamá? (tú)

_____

Lección 18

A. Complete the following sentences, using the present perfect subjunctive of the verbs listed.

decidir   matricularse   ir   aprobar   quedar

1. Temo que los chicos no _____ el examen.

2. No creo que tú _____ suspendido.

3. Dudo que Mercedes _____ lo que va a hacer.

4. No es verdad que nosotros _____ a la biblioteca.

5. Espero que Ana _____ hoy.

B. Complete the following sentences, using the pluperfect subjunctive of the verbs listed.

traer   decir   sacar   tomar   ver

1. Te dije que no era verdad que yo _____ esa clase.

2. ¿Había alguien que _____ al profesor?

3. Yo no creí que Uds. _____ la calculadora.

4. Ella esperaba que nosotros _____ buenas notas.

5. Yo les dije que no era verdad que tú _____ que la clase era aburrida.

C. Complete the following sentences, using the infinitive, the present subjunctive, or the present indicative of the verbs given.

1. Yo dudo que ella _____ (ser) millonaria, pero estoy segura de que

_____ (tener) mucho dinero.

2. Marcela no quiere _____ (ir) al partido. Ella quiere que _____ (ir) nosotros.

3. Me alegro de _____ (estar) aquí hoy, y espero que Julia _____ (poder) venir mañana.

4. Vamos a hablar con ella en cuanto la _____ (ver).

5. Hay una chica que _____ (hablar) francés, pero no hay nadie que

_____ (hablar) alemán.

D. Write the following sentences in Spanish.

1. If we get up early tomorrow, we will be able to leave at seven.

_____

2. If I had a thousand dollars, I wouldn't need a scholarship.

_____

3. If you had studied, you would have passed the exam.

_____

E. Write a brief dialogue between two students who are discussing their classes and their career plans.

_____

_____

_____

_____

_____

_____

_____

_____

_____

_____

REPASO
Lecciones 16—18

The speaker will ask you some questions. Answer each one, using the cue. The speaker will confirm your response. Repeat the correct response.

1. (California)
2. (a la playa)
3. (a las montañas)
4. (sí)
5. (dos años)
6. (en septiembre)
7. (no)
8. (periodismo)
9. (ciencias)
10. (matemáticas)
11. (no)
12. (una "B")
13. (ir de vacaciones)
14. (dos semanas)
15. (sí)
16. (a las nueve)
17. (sí, mi pasaporte)
18. (sí)
19. (México)
20. (un apartamento)
21. (sí)
22. (sí)
23. (no)
24. (sí)
25. (no)
26. (sí)
27. (sí)
28. (ocho)
29. (sí)
30. (en coche)
31. (un Mercedes)
32. (50.000 dólares)
33. (los frenos)
34. (sí)
35. (julio)
36. (sí)
37. (pescado y ensalada)
38. (manzanas y peras)
39. (sí)
40. (una comedia)

Answer Keys

Answers to the Workbook Exercises

Lección preliminar

A. 1. Buenos días/está usted/Bien/No muy bien/siento/luego (mañana)   2. ¿Cómo se llama usted/Me llamo   3. nuevo/No mucho   4. tal/y tú

B. 1. Buenas tardes, señorita Rojas.   2. Hasta mañana, doctora (Ríos).   3. Buenas noches, Yolanda. ¿Qué hay de nuevo?   4. Adiós, Rafael.

C. 1. tres   2. ocho   3. siete   4. cuatro   5. dos   6. cinco   7. nueve   8. cero   9. uno   10. seis   11. diez

D. 1. verde   2. gris   3. rosado   4. anaranjado

E. lunes/martes/miércoles/jueves/viernes/sábado/domingo

F. 1. diccionario   2. palabra   3. ejercicio   4. examen   5. presente   6. horario   7. vocabulario   8. lección   9. dictado   10. prueba   11. página   12. tarea

Lección 1

A. 1. unos/los   2. una/la   3. unas/las   4. unos/los   5. un/el   6. una/la   7. un/el   8. un/el   9. unas/las   10. unos/los   11. una/la   12. un/el   13. unas/las   14. un/el   15. unos/los

B. 1. Hay catorce borradores.   2. Hay veintiocho lápices.   3. Hay quince lecciones.   4. Hay veinte plumas.   5. Hay trece secretarios(-as).   6. Hay once direcciones.   7. Hay dieciséis luces.   8. Hay doce paredes.   9. Hay treinta relojes.   10. Hay veintisiete pupitres.

C. 1. Son las siete – –.   2. Son – seis y veinte.   3. Es la una y –.   4. Son las – menos cinco.   5. Son las dos – cuarto.   6. Son las – menos veinticinco.   7. – las nueve.

D. 1. La clase de psicología es a las ocho.   2. La clase de biología es a las nueve.   3. La clase de historia es a las diez.   4. La clase de literatura es a la una.   5. La clase de danza aeróbica es a las siete.

E. 1. —¿Cómo te llamas?/—Me llamo Carlos Vázquez./—Mucho gusto, Carlos./—El gusto es mío.   2. —¿Qué quiere decir "pizarra"?/—Quiere decir *blackboard*.   3. —¿Qué día es hoy?/—Hoy es miércoles.   —¿Qué hora es?/—Son las cinco menos veinte.   4. —Con permiso, doctor(-a) López./—Pase y tome asiento./—Gracias.   5. —¿Cuántos estudiantes hay en la clase?/—Hay veintiséis estudiantes.

F. *Horizontal:* 2. hasta   4. hora   5. puerta   6. favor   7. día   9. gracias   11. asiento   15. quiere   16. llamo   17. dirección   19. cuaderno   20. saludos   22. reloj   25. ventana   26. silla   27. escritorio

Vertical: 1. estudiantes   3. conversación   8. pupitre   10. gusto   12. tardes   13. permiso   14. pluma   18. borrador   21. lápiz   23. pared   24. mapas

G. 1. F   2. V   3. F   4. F   5. V   6. F   7. V   8. V   9. V   10. F   11. V   12. F

Lección 2

A. 1. tú   2. ella   3. usted   4. ellos   5. nosotros   6. nosotras   7. él   8. ustedes

B. 1. nosotros   2. ustedes   3. ellas   4. ellos

C. 1. c   2. e   3. b   4. a   5. d

D. 1. necesitan   2. desean   3. hablamos   4. llamo   5. trabajas   6. estudia

E. 1. los   2. la   3. los   4. los   5. el   6. los   7. las   8. la   9. el   10. los   11. la   12. la   13. los   14. las   15. la   16. la   17. la   18. las   19. la   20. los

F. 1. ¿Trabaja ella en el hospital?/No, (ella) no trabaja en el hospital.   2. ¿Hablan español los estudiantes?/No, (los estudiantes) no hablan español.   3. ¿Necesitan ellos estudiar la Lección dos?/No, (ellos) no necesitan estudiar la Lección dos.

G. 1. somos/es/soy/eres   2. soy   3. son   4. son

H. 1. ciento diez   2. ochocientos cuarenta y cinco   3. quinientos catorce   4. setecientos sesenta   5. doscientos ochenta y tres   6. seiscientos

setenta y dos   7. novecientos cincuenta y siete
8. mil   9. mil trescientos noventa y uno
10. tres mil cuatrocientos setenta y nueve

I. 1. —Hola. ¿Está Ana?/—Sí. Un momento, por favor.   2. —¡Hola! ¿Qué tal?/—Más o menos.../—¿Por qué?/—Problemas sentimentales... y problemas económicos.../—¿Necesitas dinero?/—¡Sí!   3. —¿A qué hora regresa Ana?/—A las diez y media./—Entonces llamo más tarde.   4. —¿De dónde es usted, señor Silva?/—Soy de Brasil./—¿Habla usted inglés?/—No, no hablo inglés. Hablo portugués, español, italiano y francés.

J. *Horizontal:*   1. sesenta   3. dinero
4. deseamos   5. cien   7. trabajan

9. quinientos   14. portugués   16. cuarenta
17. llaman   19. somos   21. alemán
22. chino   23. regresamos   24. esta

Vertical: 1. setecientos   2. hospital   6. hora
8. necesitan   10. noventa   11. japonés
12. ruso   13. español   15. italiano
18. francés   20. mañana

K. 1. Son las cinco.   2. Desea hablar con Marta.
3. No, no está.   4. Regresa a las nueve.
5. Llama más tarde.   6. Habla con Michele.
7. Hablan francés.   8. Son de París.
9. Estudia con Ramiro.   10. Estudian ruso.
11. No, no desea estudiar por la noche.
12. Trabajan en un hospital.   13. Trabaja por la mañana.   14. Necesita dinero.

Lección 3

A. 1. Los hijos de la señora Gómez estudian español.   2. El libro de Ana es difícil.   3. Los hijos de Rosa regresan más tarde.   4. Los estudiantes de la profesora Soto trabajan en la cafetería.   5. El esposo de Raquel desea hablar con los hijos de Rosa.

B. 1. Los – mexicanos – –.   2. – el – rojo.
3. El – español – – –.   4. Los – – azules.
5. la – blanca – – –.   6. Las – inglesas – – –.
7. La – – – – mexicana.   8. – las – blancas.

C. 1. nuestra   2. sus/– las – – ella   3. tu
4. nuestros   5. su/– el – – ellos   6. mis
7. su/– el – – ustedes   8. su/– la – – usted

D. 1. Mis amigos son de Venezuela.   2. Nuestra profesora es de Bolivia.   3. Mi amiga trabaja en el hospital.   4. Sí, nuestros amigos son simpáticos.   5. No, yo no necesito hablar con su profesora.   6. Sí, Elsa necesita tus libros.

E. 1. –, comes, come, –, comen   2. creo, –, cree, creemos, –   3. bebo, bebes, bebe, bebemos, beben   4. escribo, –, escribe, –, escriben   5. –, recibes, –, recibimos, –   6. decido, decides, decide, decidimos, deciden

F. 1. tenemos   2. vengo   3. vienen   4. Tienes
5. Viene   6. tengo   7. Tienes   8. venimos
9. Vienes   10. tiene

G. 1. Ellos tienen que venir por la tarde.   2. ¿Tú tienes que llenar la solicitud de trabajo?   3. Ella no tiene que hablar japonés.   4. Yo tengo que estudiar esta noche.   5. Nosotros no tenemos que escribir en francés.

H. 1. —¿Todas tus clases son por la mañana, Anita?/—Sí, tengo la tarde libre./—¿Son muy difíciles

tus clases?/—No, son fáciles.   2. —¿Lugar de nacimiento?/—Los Estados Unidos./—¿Edad?/—Treinta (años)./—¿Estado civil?/—Soy viuda./—¿Profesión?/—Profesora.   3. —¿Tengo que llenar la solicitud?/—Sí, por favor.
4. —¿Cómo se llama usted?/—Me llamo Rosa./—¿Es usted soltera... divorciada...?/—Soy casada, señor./—¿Cuántos hijos tiene?/—Tengo cinco hijos.   5. —El esposo de nuestra profesora es de Venezuela./—¿Tú crees que es de Caracas?/—No, (él) es de Maracaibo, pero sus hijos son de Caracas.

I. 1. Nombre y apellidos   2. Fecha de nacimiento
3. Edad   4. Estado civil   5. Dirección (Domicilio)   6. Número de teléfono
7. Nacionalidad   8. Profesión

J. *Horizontal:*   1. mandar   4. antipático
7. edad   8. beber   10. pero   14. avenida
15. soltera   16. muchacho   19. conocimiento
21. solicitan   22. queso   23. nacimiento
26. creo   27. ocupación   28. mientras

Vertical: 2. norteamericana   3. lejos
5. para   6. delgada   9. solicitud
11. conversar   12. periódico   13. apellido
17. empleo   18. vemos   20. pelirroja
24. leen   25. miramos

K. 1. Comen en la cafetería.   2. Mario bebe café.
3. Adela desea comer con Mario.   4. No, no tiene mucho tiempo libre.   5. Tiene que trabajar y tiene que estudiar.   6. Lee el periódico.
7. Lee los anuncios.   8. Necesita un empleo.
9. No, no tiene conocimiento de computadoras.
10. Come con Julio. Comen sándwiches.
11. Estudian historia.   12. Sí, es fácil para él.
13. Tienen el examen de historia el lunes.

14. Tiene que estudiar español.   15. Tiene que estudiar por la noche.

Para leer   1. Es casada.   2. Es de Chile.   3. Vive en California.   4. Hilda es enfermera y su esposo es ingeniero.   5. Trabaja en un hospital de Los Ángeles.   6. Son médicos.   7. No, viven en Viña del Mar.   8. Tienen tres hijos. Eduardo es rubio y muy alto. Irene y Teresa son morenas y muy bonitas.   9. Hablan inglés y español. En la escuela leen y escriben en inglés. 10. Irene y Eduardo tienen conocimiento de computadoras.   11. Vive en Los Ángeles. 12. La dirección es calle Figueroa, número ciento treinta.   13. Es el padre de Julio. Es viudo.   14. Sí, vive en Los Ángeles también.

Lección 4

A. 1. —¿Quieres un refresco, Anita?/—No, gracias. No tengo sed... tengo mucha hambre...
2. —¿Tiene Ud. prisa, señor Vega?/—Sí, siempre tengo prisa.   3. —¿Tienes frío, Paquito?/ —¡No, tengo calor!   4. —¿Cuántos años tienes? /—Tengo siete años.   5. —¿Tienes sueño, Anita?/—Sí, tengo mucho sueño.

B. 1. a las/al/a los/a la   2. a la/al/las/a la/a las /el/a los   3. del/de la/de los/de las

C. 1. voy/doy/estoy   2. vas/das/estás   3. va/ da/está   4. vamos/damos/estamos   5. van/ dan/están

D. 1. voy a invitar   2. van a brindar   3. vas a traer   4. va a empezar   5. vamos a ir   6. va a dar

E. 1. –, –, prefieren   2. yo, entender, –   3. –, –, quieren   4. nosotros, cerrar, –   5. –, –, pierde 6. tú, empezar, –   7. –, –, piensa   8. nosotros, comenzar, –

F. 1. —¿Dónde están tus (sus) amigos(-as)?/ —Están en el club.   2. —¿Tiene Ud. prisa, señorita Peña?/—Sí, tengo que ir al hospital.

3. —¿Va(s) a llevar a las chicas (muchachas) a la fiesta de Navidad?/—Sí. ¿A qué hora comienza (empieza)? —Comienza (Empieza) a las ocho. 4. —¿Tienes sueño, Pablo?/—No, pero estoy muy cansado.   5. —¿Vas a invitar al hijo del señor Lara a tu fiesta de cumpleaños, Anita?/ —No, prefiero invitar al hermano de la señorita Peña.

G. *Horizontal:* 2. llevamos   3. casa   8. feliz 9. bailamos   11. hermano   13. entremeses 15. medianoche   17. uruguayo 19. cumpleaños   21. novia   22. casete

Vertical: 1. uvas   3. celebrar   4. bueno 5. quiero   6. traigo   7. comenzamos 10. cerveza   12. bebida   14. prefieren 16. Navidad   18. ocupada   20. magnífico

H. 1. No, es una fiesta de cumpleaños.   2. No, es el cumpleaños de Armando.   3. Tiene veinticinco años.   4. Carmen da la fiesta.   5. No, es la hermana de Armando.   6. No baila porque está muy cansado.   7. Va a comer pollo.   8. Baila con Pablo.   9. Elsa está con Fernando. 10. Brindan con champán (sidra).   11. Tiene sed.   12. Creo que son novios.

Lección 5

A. 1. baila/más baja (delgada)/más alto (gordo) 2. hablan (conversan, charlan, platican)/más bajo/más alta   3. más simpático/más simpático   4. más delgado   5. toman (beben)/ más alta (delgada, bonita)

B. 1. menor/mayor   2. peor/mejor   3. peor/ mejor

C. 1. noveno   2. cuarto   3. quinto   4. tercero 5. sexto   6. primero   7. octavo   8. segundo 9. décimo   10. séptimo

D. 1. invierno   2. verano   3. primavera 4. invierno   5. otoño   6. verano   7. primavera   8. otoño

E. 1. –, –, puedo   2. nosotros, volver, –   3. –, –, almuerzan   4. tú, encontrar, –   5. –, –, duerme   6. yo, volar, –   7. –, –, recuerdan 8. nosotros, poder, –   9. –, –, cuesta

F. 1. Sí, puedo viajar a México este verano. 2. Cuesta quinientos dólares.   3. Sí, (mi familia y yo) volamos a México.   4. Vuelvo a mi casa a las cinco.   5. Almuerzo en la cafetería. 6. No, no recuerdo el número de teléfono de mi profesor.

G. 1. el otoño: Hace frío y hace viento.   2. el verano: Hace calor y hace sol.   3. el invierno: Hace frío y nieva.   4. la primavera: Llueve.

H. 1. —¿Puede Ud. ir al museo este fin de semana, señor Vargas?/—No puedo. Tengo que trabajar, pero David puede ir./—¿Cuál es su número de teléfono (el número de teléfono de él)?/—No recuerdo. 2. —Tu tío es muy guapo./—Sí, pero tiene novia./—¿Cómo es? ¿Es más bonita que yo?/—Sí, pero tú eres mucho más inteligente. 3. —¿Es usted menor que su hermano, señorita Vargas?/—No, yo soy dos años mayor que él. Yo soy la mayor. 4. —Tú eres la muchacha (chica) más bonita del mundo./—¡Gracias! 5. —¿Va a llover mañana?/—No, según el pronóstico (del tiempo), va a hacer buen tiempo. 6. —No puedo estudiar porque no tengo tanto tiempo como tú./—Pero tú no tienes tantas clases como yo.

I. *Horizontal:* 1. Estados 3. mundo 4. tía 6. abril 7. España 9. viajan 11. invierno 13. carta 14. Llueve 17. estatura 20. automóvil 21. sobrina 22. verano 23. julio 25. almorzamos 29. incómodo 30. padres 31. suegro 33. nuera 34. cuñado 35. febrero 36. medicina 37. octubre

Vertical: 2. semana 5. mayor 6. abuela 8. pintura 9. veo 10. enero 12. pequeño

15. pensión 16. extrañamos 18. autobús 19. primavera 24. fotografía 26. marzo 27. nieta 28. yerno 32. junio 36. mayo

J. 1. No, están en un hotel. 2. Hace buen tiempo. (Hace calor, Hace sol.) 3. Hay un cuadro (una pintura, un calendario). 4. Hoy es sábado. 5. No, no van a almorzar juntas. 6. Va a almorzar con Andrés. 7. No, es la hija de Raquel. 8. Su apellido es Torres. 9. No, Olga es la sobrina de Beatriz. 10. Olga es menor que Beatriz. 11. Beatriz es más alta. 12. Van a ir a Orlando. 13. No, van en ómnibus (autobús). 14. Van a las tres.

Para leer 1. Son de los Estados Unidos. 2. Asisten a la Universidad de Barcelona. 3. Cindy es alta, rubia y muy simpática. 4. Robin es morena, de ojos castaños. 5. Cindy es mayor. 6. Piensan ir a Madrid porque quieren visitar a unos amigos que viven allí. 7. Porque es tan cómodo como el coche. 8. Prefiere a Goya y a Velázquez. 9. Van a ir a Toledo. 10. Es una calle famosa de Madrid. 11. Va a comprar unos discos de música española. 12. El hermano de Robin celebra su cumpleaños la semana próxima.

Lección 6

A. 1. –, sirvo, sirves, sirve, servimos, sirven
2. pedir, –, pides, pide, pedimos, piden
3. decir, digo, –, dice, decimos, dicen
4. seguir, sigo, sigues, –, seguimos, siguen
5. conseguir, consigo, consigues, consigue, conseguimos, –

B. 1. mí/ellos/Ud./ti/nosotros 2. nosotros/ti/mí/él/Uds. 3. ellas/(con)tigo/nosotros/(con)migo/ella

C. Elena nunca va a San Francisco. Allí nunca compra nada porque no tiene mucho dinero. Su esposo no va tampoco. Ninguno de sus amigos los visita los domingos, y Elena no sirve (ni) vino ni refrescos. Elena no es muy simpática y su esposo no es muy simpático tampoco.

D. 1. – está comiendo un sándwich (bocadillo). 2. –está leyendo un libro. 3. – están bailando. 4. – estás sirviendo – –. 5. – estoy escribiendo – –.

E. 1. me 2. lo 3. los 4. las 5. las 6. lo 7. te 8. nos 9. las 10. la

F. 1. Puedo traerlas (Las puedo traer) mañana. 2. Sí, puedo llamarte (te puedo llamar) esta noche. 3. No, no la tengo. 4. Sí, las aceptan. 5. Mi tío me lleva. 6. Sí, voy a firmarlo (lo voy a firmar). 7. Sí, voy a visitarlos (los voy a visitar). 8. Mi prima va a llevarnos (nos va a llevar).

G. 1. —¿Compra(s) algo cuando viaja(s)?/—No, yo nunca compro nada./—Yo nunca compro nada tampoco. 2. —¿Qué está diciendo Isabel?/—No está diciendo nada. Está durmiendo. 3. —¿Necesitas las llaves, Anita?/—Sí, las necesito. ¿Puede(s) traerlas esta noche, por favor? 4. —Quiero (Deseo) un cuarto (una habitación) con vista a la calle./—Tengo uno (una) que está libre./—Bien. ¿Tengo que firmar el registro?/—Sí, tiene que firmarlo. 5. —¿A qué hora sirven el desayuno?/—El desayuno es a las ocho, el almuerzo es a las dos y la cena es a las nueve.

H. *Horizontal:* 3. vista 4. elevador 6. almuerzo 7. lista 10. algo 11. oficina 12. jabón

16. baño   17. habitación   19. empleado
21. llaves   22. ruinas   23. cenar   26. oro
27. sirven   29. confirmar   30. nadie
31. pocos   32. nunca

Vertical: 1. servicio   2. toalla   3. visito
5. luego   8. firmar   9. maleta   13. barato
14. viajero   15. fotográfica   16. botones
18. tarjetas   19. enseñar   20. piden
24. derecha   25. sencillo   28. embajada

I. 1. Están en el décimo piso.   2. Sí, (yo) creo que

el hotel tiene ascensor.   3. El desayuno es a
las siete.   4. El almuerzo es a las doce.
5. La cena es a las ocho.   6. No, es con vista
a la calle.   7. Es una habitación doble.   8. Sí,
el cuarto tiene baño privado.   9. Tienen dos
maletas.   10. No tiene la llave del cuarto (de
la habitación).   11. Quiere comprar una
cámara fotográfica. Cuesta trescientos
cincuenta dólares.   12. Javier está en el (cuarto
de) baño.   13. Va a pedir jabón.   14. Hay dos
toallas.

Lección 7

A. 1. a. estos libros   b. este jabón   c. esta toalla
d. estas maletas
2. a. esa tarjeta de crédito   b. esos discos
c. ese mapa   d. esas niñas
3. a. aquellas sillas   b. aquel teléfono
c. aquella chica (muchacha)   d. aquellos
chicos (muchachos)

B. 1. (9) está   2. (10) están   3. (6) es   4. (5) es
5. (3) somos / soy / es   6. (8) está   7. (1) es
8. (6) son   9. (7) está   10. (8) está   11. (1) es
12. (3) soy   13. (4) Son   14. (2) es

C. 1. El mozo me sirve arroz con frijoles.   2. El
mozo les sirve una botella de vermut.   3. El
mozo nos sirve flan con crema.   4. El mozo le
sirve pavo relleno.   5. El mozo te sirve
camarones.   6. El mozo le sirve lechón asado.
7. El mozo les sirve langosta.   8. El mozo le
sirve cordero.

D. 1. Voy a darle (Le voy a dar) el dinero a Raúl.
2. No, no voy a comprarte (no te voy a comprar) nada.   3. Va a traerme (Me va a traer) el
menú.   4. Les recomiendo la especialidad de la
casa.   5. Nos sirve el postre.   6. Voy a dejarle
(Le voy a dejar) diez dólares.

E. 1. Yo salgo a las dos.   2. Yo traigo los libros y
traduzco las lecciones.   3. Yo no hago nada los
domingos ni veo a nadie.   4. Yo conozco
España pero no sé español.   5. Yo no quepo
aquí.   6. Yo conduzco un Cadillac.   7. Yo
siempre pongo la mesa.

F. 1. Nosotros conocemos a Teresa.   2. Yo nunca
pido dinero.   3. Elsa no conoce California.
4. Ellos saben hablar inglés.   5. Oscar me pregunta qué hora es.   6. Armando no sabe
japonés.

G. 1. —¿Vas a pedirles (Les vas a pedir) dinero? /
—Sí, porque quiero comprar platos y vasos.
2. —¿Sabes dónde están los cuchillos, Anita? /
—No sé... Voy a preguntarle (Le voy a pregun-

tar) a mi mamá dónde están.   3. —La fiesta es
en (la) casa de Raquel. ¿Tú vas? / —No sé...
Estoy muy cansado(-a)...   4. —¿Qué me
recomienda, señorita Vargas? / —Le recomiendo la especialidad de la casa: bistec y langosta.
5. —¿Ud. conoce a mi prima, señorita Vera? /
—Sí, la conozco. Voy a preguntarle (Le voy a
preguntar) si quiere ir al teatro conmigo.

H. *Horizontal:*   1. tenedor   5. cucharita   6. salgo
7. vaso   9. cordero   10. fritas   11. copa
13. preguntamos   15. pimienta   19. sabroso
20. flan   21. cuchara   22. camarero
24. aniversario   25. tortilla   27. propina
28. postre   29. teatro   30. conduzco

Vertical: 1. taza   2. relleno   3. hago
4. tinto   8. servilleta   9. cuenta   12. agua
14. mantel   16. cubano   17. excelente
18. especialidad   21. cuchillo   23. conocemos
26. copa   27. platos

I. 1. Están en el restaurante La preferida.
2. Celebran su aniversario de bodas.   3. No, es
su quinto aniversario.   4. Le deja cinco dólares.
5. Quiere ir al teatro Victoria.   6. Quiere ir con
Lucy.   7. Cena con Delia.   8. Les recomienda
langosta y camarones.   9. Pide una botella de
vino.   10. Delia va a pedir sopa y ensalada.
11. Cena con Ana y Beto.   12. Va a pedir torta.
13. Va a pedir helado.   14. Va a tomar (beber)
café.

Para leer   1. Tiene setenta años.   2. No, lo celebran en un restaurante. (Celebran su
cumpleaños en un restaurante.)   3. Se llama
"El Gaucho."   4. Creo que es un restaurante
argentino.   5. Llegan a las siete.   6. No, van al
teatro.   7. No, ponen una comedia.   8. No, no
son vegetarianos. Lo sé porque piden parrillada.
9. Trae una torta de cumpleaños.   10. Tiene
setenta velitas.   11. Tienen que estar en el
teatro a las nueve y media.   12. Les da un beso
a sus nietos.

Lección 8

A. 3. – gusta el libro.   4. Le gustan las plumas.
5. – gusta su trabajo.   6. – gusta este restaurante.   7. – gusta el postre.   8. Les gusta trabajar.   9. Me gusta bailar.   10. Te gusta esta
sopa.   11. Le gusta viajar.   12. Nos gustan los
asientos de pasillo.   13. Les gustan los profesores.

B. 1. A mí me gusta más viajar en barco.   2. A
ella le gusta más la langosta.   3. A nosotros
nos gusta más la torta helada.   4. A ellos les
gusta más ir a México.   5. A ti te gustan más
los camarones.   6. A Uds. les gusta más salir
por la mañana.

C. 1. suya   2. suyo   3. míos   4. suyas   5. tuyo
6. nuestra   7. suyas   8. suyo   9. mía
10. nuestras

D. 1. el tuyo   2. Las mías   3. la suya (la de él)
4. Los míos   5. La nuestra   6. el suyo

E. 2. Hace dos días que (tú) trabajas.   3. Hace un
mes que (Ud.) viaja.   4. Hace cuatro horas que
(ella) lee.   5. Hace seis horas que (él) duerme.
6. Hace dos horas que (Uds.) bailan.   7. Hace
dos horas que (ellos) escriben.

F. 1. Hace veinte minutos que ella espera.
2. Hace dos horas que él trabaja.   3. Hace una
hora que ellas hablan.   4. Hace media hora
que ellos bailan.   5. Hace cinco años que yo
vivo en esta casa.

G. 2. –, trabajaste, trabajó, –, trabajaron   3. cerré,
cerraste, –, cerramos, cerraron   4. empecé, –,
empezó, empezamos, empezaron   5. llegué,
llegaste, llegó, –, llegaron   6. busqué, buscaste,
buscó, buscamos, –   8. bebí, bebiste, –, bebi-
mos, bebieron   9. –, volviste, volvió, volvimos,
volvieron   10. leí, leíste, –, leímos, leyeron
11. –, creíste, creyó, creímos, creyeron
13. escribí, –, escribió, escribimos, escribieron
14. recibí, recibiste, recibió, –, recibieron
15. abrí, abriste, –, abrimos, abrieron

H. 1. ¿A qué hora volviste?   2. ¿Llegaron Uds.
temprano anoche?   3. Nosotros ya lo escribimos.   4. Ella lo cerró.   5. Ellos no nos recibieron.   6. Yo no leí.

I. 2. – me lo das.   3. Yo – lo doy.   4. Nosotros
se lo –.   5. Ellos nos lo dan.   6. Yo se lo doy.
7. –se lo das.

J. 1. Mi hermano me los compra.   2. Se las
presto a Carmen.   3. Sus amigos se las man-
dan.   4. Mi prima va a prestármelo. (Mi prima
me lo va a prestar.)   5. Mi tío nos lo manda.
6. Sí, yo puedo traértelas (te las puedo traer).

K. 1. —¿Le gustan estos bolsos de mano, señorita?
—Sí, pero me gustan más aquéllos. ¿Puede
mostrármelos (enseñármelos)?   2. —¿A
Roberto le gusta viajar en avión? / —No, él
prefiere viajar en tren.   3. —¿Cuánto tiempo
hace que vive(s) en la capital? / —Hace diez
años que vivo aquí.   4. —¿A qué hora saliste
de casa hoy, Evita? /—Salí a las siete de la
mañana y volví (regresé) a las cinco de la tarde.
5. —¿Esta maleta (valija) es tuya, Carlos? /
—No, la mía es azul.

L. *Horizontal:* 1. viaje   4. entrada   7. tren
9. loco   10. contamos   12. busqué
13. postal   14. vuelo   15. hace   17. equipaje
21. durante   23. cerraste   25. próxima
27. avión   28. todo   29. hora

Vertical: 2. asientos   3. fumar   5. escribiste
6. volvieron   8. retraso   10. capital   11. billete   13. primera   16. agencia   18. aburrido
19. juntos   20. largo   22. tuyos   24. tarde
26. mano

M. 1. Están en la agencia de viajes Ameritour.
2. Cuatro agentes trabajan en la agencia.
3. Quiere viajar a Lima.   4. Va a viajar en
avión.   5. Puede viajar el cuatro de marzo.
6. Cuesta trescientos dólares.   7. Hay vuelos a
Lima los martes, jueves y sábados.   8. Quiere
viajar a la capital de Paraguay.   9. Quiere
viajar en tren.   10. Hay tren para Asunción los
lunes y miércoles.   11. Quiere viajar a Rosario.
12. Sí, va con alguien. Lo sé porque compra dos
billetes (pasajes).   13. No, va a comprar un
pasaje de ida y vuelta.   14. Norberto reserva
un asiento de ventanilla en la sección de no
fumar.

Lección 9

A. 1. Tú te despiertas a las seis de la mañana y te levantas a las seis y cuarto. Te bañas, te afeitas y te vistes. A las siete y media te vas a trabajar. Trabajas hasta las cinco, y luego vuelves a casa. No te preocupas si llegas tarde. Lees un rato y luego comes con tu familia. Siempre te acuestas a las diez y media.

2. Él se despierta a las seis de la mañana y se levanta a las seis y cuarto. Se baña, se afeita y se viste. A las siete y media se va a trabajar. Trabaja hasta las cinco, y luego vuelve a casa. No se preocupa si llega tarde. Lee un rato y luego come con su familia. Siempre se acuesta a las diez y media.

B. 1. el pelo   2. La libertad / el dinero   3. las mujeres / los hombres   4. el vestido blanco   5. la cabeza   6. el vino / los refrescos

C. 1. Sí, fuiste tú.   2. Sí, fui a la peluquería. 3. Sí, te lo di.   4. Sí, me lo dieron.   5. Sí, fuimos a verla.   6. Sí, te (se) la dimos.   7. Sí, fueron ustedes.   8. Sí, me las dio.   9. Sí, fuimos nosotros.   10. Sí, me la dio (diste).

D. 1. Ellos sirvieron refrescos.   2. Durmieron dos horas.   3. Me pidió la aspiradora.   4. Repitió el poema.   5. Me mintió.   6. Consiguieron una habitación.   7. Siguió hablando. 8. Todos murieron.

E. 1. —¿A qué hora se levantó Ud. hoy, Srta. Paz? / —Me levanté a las cinco, me bañé, me vestí y (me) fui a trabajar.
2. —¿Él le pidió dinero (a Ud.), Sr. Rodríquez? / —Sí, y yo se lo di. Fue al cine con su novia.
3. —¿Qué va(s) a hacer ahora? / —Me voy a lavar (Voy a lavarme) la cabeza. ¿Dónde está el champú?
4. —¿Te lavaste las manos, Tito? / —Sí, me las lavé.
5. —Tengo que despertarme (Me tengo que despertar) a las cinco mañana. / —Entonces tienes que acostarte (te tienes que acostar) temprano. / —Sí, pero primero voy a acostar a mi hija.

F. *Horizontal:* 3. rizador   5. despertarse 9. espejo   11. probar   12. regalo   13. temprano   16. aspiradora   18. peluquería 20. barrer   22. invitada   23. vestido 25. levantarse   27. secador   28. moda 30. queda   31. terminar   32. llama   33. lacio

Vertical: 1. dormirse   2. quitarse   3. revista 4. gente   6. acordarse   7. barbería   8. turno 9. entradas   10. cocina   14. semana 15. botiquín   17. ponerse   18. perro 19. desvestirse   20. bañarme   21. máquina 24. probártelo   26. regalar   29. ayer

G. 1. Se levantó temprano.   2. No, no le gusta levantarse temprano.   3. Se duchó.   4. Se lavó la cabeza con Prell.   5. Fue a la tienda "La Elegante".   6. Le compró un regalo. 7. Volvió a las once.   8. Compró una revista. 9. La llamó para pedir turno.   10. Almorzó con Julia.   11. No, no le gustan los rizos. 12. Fue a la peluquería a las dos y media. 13. No, le pasó la aspiradora a la alfombra. 14. Se llama Chispa.   15. Fue para darle el regalo.   16. Se acostó a las diez y media.

Para leer   1. Te levantas siempre temprano porque tienes que estar en la universidad a las ocho de la mañana.   2. Te despiertas a las seis y media.   3. Después de bañarte, afeitarte y vestirte, desayunas.   4. Te sientas allí y estudias.   5. Sales para la universidad a las siete y media.   6. No llegas tarde porque tu profesor de matemáticas es muy estricto.   7. Tienes clases toda la mañana.   8. Por la tarde vas a la biblioteca a estudiar.   9. A veces te duermes leyendo algunos de tus libros.   10. Vuelves a casa a las cinco.   11. Te desvistes, te quitas los zapatos y duermes un rato.   12. Cocinas algo para la cena, estudias o haces tu tarea y luego miras las noticias.   13. Te acuestas a las once y media.   14. Vas a un club con tus amigos porque a Uds. les gusta mucho bailar.

Lección 10

A. 1. Uds. trajeron la bolsa de dormir y la pusieron en la tienda de campaña. 2. ¿Qué hiciste el sábado? ¿Viniste a la playa? 3. No pude ir de vacaciones porque no tuve tiempo. 4. Elsa no estuvo en la cabaña. 5. Nosotros no lo supimos. 6. ¿Qué dijeron ellos del salvavidas? 7. Ud. no quiso montar a caballo. 8. Rubén condujo en la autopista. 9. Ramiro no hizo las maletas porque no tuvo tiempo. 10. Ellos tradujeron todos los folletos al inglés.

B. 1. Ella pasa por el correo. 2. Ella se preocupa por sus hijos. 3. El dinero es para María. 4. Viajamos por tren. 5. Hay vuelos para Buenos Aires. 6. Necesito el vestido para el sábado. 7. Pago diez dólares por esta maleta (valija). 8. Vengo por la noche. 9. Me dio cinco dólares para comprar el libro.

C. 1. (9) para 2. (4) por 3. (1) por 4. (11) Para 5. (6) por 6. (3) por 7. (8) para 8. (10) para 9. (9) para 10. (12) para 11. (2) por 12. (5) por

D. 1. –, prestaba, prestabas, prestaba, prestábamos, prestaban
2. terminar, –, terminabas, terminaba, terminábamos, terminaban
3. devolver, devolvía, –, devolvía, devolvíamos, devolvían
4. nadar, nadaba, nadabas, –, nadábamos, nadaban
5. leer, leía, leías, –, leían
6. salir, salía, salías, salía, salíamos, –

E. 1. eras / ibas / veías 2. era / iba / veía 3. éramos / íbamos / veíamos 4. eran / iban / veían

F. éramos / vivíamos / íbamos / gustaba / nos divertíamos / nos aburríamos / vivían / veíamos / visitábamos / comíamos / cocinaba / viajaba / traía / volvía

G. 1. —Nosotros vamos a acampar cerca del lago. / —¿Van a nadar? / —Sí, pienso llevar mi traje de baño.
2. —Nosotros nos divertíamos cuando éramos niños. / —Sí, íbamos de vacaciones a la playa y a las montañas. / —Visitábamos a nuestra abuela todos los fines de semana.
3. —(Yo) salgo para México mañana. / —¡Magnífico! ¿Va(s) por avión? / —Sí, y voy a estar allí por un mes.
4. —(Yo) no vine a clase porque tuve que trabajar. / —Yo no pude venir tampoco. Estuve en el hospital toda la tarde. / —¿Qué le dijiste al profesor (a la profesora)? / —Nada.

H. *Horizontal:* 5. tradujo 8. vine 9. quedarse 10. bicicleta 11. horrible 12. maletas 17. nieve 18. castigo 19. pude 22. traje 23. aburrirse 24. campo 26. trucha 28. lago 29. vivía 31. enseñar 32. pusieron 34. hizo 35. montar 37. río 38. solamente

Vertical: 1. planear 2. ojo 3. trajeron 4. desierto 6. alquilamos 7. iba 13. acuerdo 14. turísticos 15. libre 16. piscina 20. campaña 21. pescar 25. dijeron 26. tuvimos 27. bromear 30. nadamos 33. estuve 34. hablaba 36. éramos

I. 1. Sí, creo que a estas personas les gustan las actividades al aire libre. 2. No, quiere montar a caballo. 3. Va a necesitar un rifle para ir a cazar. 4. No pueden ponerse de acuerdo. 5. No le gusta ir de pesca. 6. Prefiere ir a la playa. 7. Prefiere acampar. 8. Van a necesitar una tienda de campaña. 9. Creo que le gusta esquiar. 10. Creo que se va a divertir. 11. Creo que van a pasar sus vacaciones en Arizona. 12. No, van a ir a una cabaña.

Lección 11

A. 1. fui 2. iba / vi 3. tuvo 4. tenía 5. visitó 6. visitaba 7. dijo / dolía 8. Eran / atropelló

B. 1. conocimos 2. conocía 3. supieron 4. sabías 5. quiso 6. quería

C. Eran / salí / Hacía / llovía / Tuve / tenía / dolía / llegué / dijo / venía / esperé / vino / dije / sentía / preguntó / era / dije / sabía / puso / recetó / iba / vi / invitó / dije / quería / conocía

D. 1. Hace tres días que empezamos (comenzamos). 2. Hace veinte minutos que llegaron a la sala de emergencia. 3. Hace dos meses que me rompí (quebré) el brazo. 4. Hace dos años que me pusieron una inyección antitetánica.

E. 1. fácilmente 2. rápidamente 3. lenta y claramente 4. alegremente 5. felizmente

F. 1. la cabeza (el pelo) 2. el ojo 3. la nariz 4. los dientes 5. la lengua 6. la boca 7. la oreja 8. el oído

G. 1. enfermero(-a) 2. alérgico(-a) 3. corté 4. limpiar 5. herida 6. ambulancia 7. operar 8. médico 9. accidente 10. sala 11. ojos 12. rayos 13. dolor

Proverbio: El tiempo es oro.

H. 1. —Cuando Roberto era niño, siempre estaba enfermo. / —Sí, y cuando tenía diez años, lo operaron de apendicitis.
2. —Tengo mareos. / —¿Está(s) enferma? / —No, pero creo que estoy embarazada.
3. —¿Ud. conocía a la esposa del Dr. Vera, Srta. Peña? / —Sí, la conocí hace dos meses.
4. —¿Sabías que Oscar estaba en el hospital, Anita? / —No, lo supe anoche.
5. —¿Cómo se siente, señorita? / —El pecho, la espalda y el cuello me duelen mucho. / —¿Vio al médico? / —Sí, fui a su consultorio esta mañana y me dio esta medicina.
6. —¿Cuándo fue la última vez que te pusieron una inyección antitetánica, Paquito? / —El año pasado, cuando me corté el dedo del pie.

I. *Horizontal:* 2. atropellar 6. dedos 9. quebrarse 10. embarazada 11. cántaros 13. pecho 14. radiografía 15. ambulancia 17. nariz 18. enfermedad 19. última
22. médico 23. siento 24. inyección 26. medicina 27. lengua 28. aspirina

Vertical: 1. ojos 3. piernas 4. calle 5. penicilina 7. enfermero(-a) 8. tobillo 12. espalda 16. consultorio 20. rodilla 21. dientes 22. motocicleta 25. cuello

J. 1. Le duele la cabeza. 2. Tomó seis aspirinas. 3. No, no se siente mejor. 4. Se cortó el pie. 5. Le van a tener que poner (Van a tener que ponerle) una inyección. 6. Hace tres años que le pusieron una inyección antitetánica. 7. Lo trajeron en una ambulancia. 8. Lo llevan a la sala de rayos X. 9. No, no se siente bien. 10. Tiene mareos. 11. Sí, está embarazada. 12. Es alérgica a la penicilina.

Para leer 1. Se levantó a las ocho. 2. El profesor de psicología le dijo que tenía que estudiar más. 3. Porque se cayó en la escalera y creían que tenía la pierna rota. 4. Le pusieron una inyección contra el tétano (antitetánica) y le vendaron la herida. 5. Llovía a cántaros cuando llegaron. 6. Tomaron chocolate caliente, estudiaron un rato y miraron la televisión. 7. Se acostó a las diez. 8. Eran las diez y cuarto. 9. Porque le dolía muchísimo la cabeza y no entendía nada. 10. Durmió mal. (No durmió bien.) 11. El profesor de matemáticas dio un examen hoy. 12. Piensa quedarse en casa.

Lección 12

A. 2. estudie, estudies, estudie, estudiemos, estudien 4. beba, bebas, beba, bebamos, beban 6. reciba, recibas, reciba, recibamos, reciban 7. –, hagas, haga, hagamos, hagan 8. diga, –, diga, digamos, digan 9. entienda, entiendas, –, entendamos, entiendan 10. vuelva, vuelvas, vuelva, –, vuelvan 11. sugiera, sugieras, sugiera, sugiramos, – 12. duerma, duermas, duerma, –, duerman 13. mienta, mientas, mienta, mintamos, – 14. –, busques, busque, busquemos, busquen 15. pesque, pesques, pesque, pesquemos, pesquen 16. dé, –, dé, demos, den 17. esté, estés, –, estemos, estén 18. vaya, vayas, vaya, –, vayan 19. sea, seas, sea, seamos, – 20. –, sepas, sepa, sepamos, sepan

B. 2. Yo quiero que – aprendas. 3. – quieres que él salga. 4. Ella quiere que nosotros –. 5. Nosotros queremos que – venga. 6. – quieren que ellos entiendan. 7. Ellos quieren que – recuerden. 8. – quieren que nosotros estudiemos. 9. Ellos quieren que nosotros –. 10. – quiere que nosotros mintamos. 11. Yo quiero que – camines. 12. Ellos quieren que – entren. 13. Ella quiere que él trabaje. 14. Nosotros queremos que ellos vayan.

C. 1. él firme la carta? 2. nosotros le demos el cheque. 3. tú tengas que pagar en efectivo. 4. vaya al Banco Nacional. 5. ellos dejen el rollo de película para revelarlo. 6. yo llene la solicitud. 7. se quede en la cama hasta tarde. 8. nosotros estacionemos la motocicleta frente al banco. 9. yo recoja los pantalones? 10. ella pague al contado. 11. el saldo sea de más de quinientos dólares. 12. ellos no lo sepan. 13. Adela esté enferma. 14. estudien español. 15. vengan temprano.

D. 1. que 2. que 3. quienes 4. que 5. quien 6. que

E. 1. —Espero que tengas tu talonario de cheques, Marta. / —No, no lo traje. 2. —Mi madre no quiere que yo solicite un préstamo. / —Ella tiene razón... 3. —No puedo pagar el coche al contado. / —Le sugiero que lo compre a plazos, Srta. Vega. 4. —¿Qué quiere ella que (tú) hagas, Anita? / —Quiere que haga algunas diligencias. 5. —¿Quién es la chica que trajo el rollo de película? / —Mi prima. (Ella) quiere que Ud. lo revele, Sr. Torres.

F. *Horizontal:* 4. chequera 6. sentir 8. único 11. alegrarse 12. pantalones 15. quedarse 17. corriente 19. pobre 20. saldo 21. ojalá 22. película 23. despertador 25. manera 26. caminar 27. estacionar

Vertical: 1. préstamo 2. gratis 3. fechar 5. gritan 7. temer 9. tintorería 10. depositar

Lección 13

A. 2. camine, caminen 4. beba, beban 6. suba, suban 8. haga, hagan 10. esté, estén 12. comience, comiencen 13. pida, pidan 14. cuente, cuenten 15. –, vayan 16. sea, –

B. 1. Envíalas hoy. 2. No los saquen ahora. 3. Llámenos más tarde. 4. Déjenmela en la oficina de correos. 5. No se los dé a él. 6. Díganselo a sus padres. 7. No se preocupe por eso. 8. Tráiganmelo mañana. 9. Levántense más temprano. 10. No se ponga el abrigo. 11. No se queden en casa. 12. Mándeles un giro postal.

C. 1. están 2. viene 3. sea 4. llegan 5. tenga 6. es 7. quede 8. consigan 9. tengamos 10. se levanten 11. es 12. necesitamos

D. 1. Se abre a las diez. 2. Se sale por aquella puerta. 3. Se cierran a las tres. 4. Se habla portugués. 5. Se dice "semáforo".

E. 1. el semáforo 2. el camino 3. la esquina 4. la cuadra 5. el buzón 6. el correo 7. doblar 8. el edificio 9. la estación 10. el parque 11. el carro 12. el hotel

F. 1. —Creo que ella tiene los giros postales. / —No, yo no creo que los tenga. 2. —Él dice que yo necesito pasaporte y visa para viajar a España. / —Es verdad que necesita(s) pasaporte, pero no es verdad que necesite(s) visa. 3. —Podemos tomar el metro. / —Dudo que haya (un) metro en esta ciudad. 4. —¿A qué hora se abre la oficina de correos? / —Se abre a

13. contado 14. ahorros 16. diligencia 18. parecerse 24. policía

G. 1. El despertador suena a las nueve. 2. Creo que quiere quedarse en la cama hasta tarde. 3. Olga quiere que Susana se levante. 4. Va a ir al banco y a la tintorería. 5. Va a depositar doscientos dólares en su cuenta de ahorros. 6. Quiere que Celia vaya con él. 7. Sí, Celia está lista para salir. 8. Creo que va a pedir un préstamo, porque necesita dinero. 9. Quiere el dinero para comprar un coche. 10. Van a ir al banco en motocicleta.

las nueve y se cierra a las cinco de la tarde. 5. —Traiga los paquetes mañana, pero no se los dé a mi secretaria; déjelos en mi escritorio. / —¿Quiere que traiga las estampillas (los sellos) también? / —Sí, tráigalos, por favor.

G. *Horizontal:* 1. correos 3. abierto 5. edificio 7. paquete 8. bajar 9. antiguo 11. estampilla 14. derecho 16. buzón 17. postal 18. puntual 19. vía 21. casillero 22. certificadas 23. dudamos

Vertical: 2. esquina 4. extranjero 6. identificación 10. ventanilla 12. arriba 13. montón 15. semáforo 18. palacio 20. mismo

H. 1. Va a enviarle (mandarle) un giro postal. 2. Va a enviar un paquete. 3. Se lo va a enviar a Luis. 4. Venden estampillas en la ventanilla número dos. 5. Va a mandar dos cartas. 6. Va a enviarlas por vía aérea. 7. No, no quiere mandarlas (no las quiere mandar) certificadas. 8. Sí, creo que está enojada. 9. No, no es puntual. 10. No, para Oscar no es importante ser puntual.

Para leer: 1. Hace una semana que está en Madrid. 2. Sí, le gusta mucho Madrid. 3. Les va a enviar las tarjetas a sus padres y a todos sus amigos. 4. No tiene mucho tiempo para escribir porque cada día va a alguna parte. 5. Pasó un día allí. 6. Dice que son extraordinarios. 7. Quiere que le digan a Rafael que le escriba. 8. Quiere que le manden la dirección de Ernesto.

Lección 14

A. 1. Vamos a un restaurante donde sirven comidas mexicanas.   2. ¿Hay algún restaurante donde sirvan comidas mexicanas?   3. Tengo una empleada que habla inglés.   4. Necesito una empleada que hable inglés.   5. Tengo una amiga que es de España.   6. No conozco a nadie que sea de España.   7. Hay un señor que quiere comprarlo.   8. No hay nadie que quiera comprarlo.

B. 1. lleguemos   2. llega   3. vuelva   4. llame   5. diga   6. dio   7. termines   8. pedí   9. vengan   10. termino

C. 1. vengas / trabaje / salgan / se vaya   2. firmes / vea / hablen / sepamos   3. pueda / hable / quieran / compren   4. diga / tengas / piense / se vayan

D. 1. ¿Cuál es su (tu) apellido?   2. ¿Cuál es su (tu) número de teléfono?   3. ¿Qué es la sangría?   4. ¿Qué es una enchilada?   5. ¿Cuál es su (tu) dirección?   6. ¿Cuál es su (tu) número de seguro social?

E. 1. sino   2. pero   3. sino   4. pero   5. sino

F. 1. —Necesitamos una casa que tenga cuatro cuartos. / —No creo que Ud. (tú) pueda(s) encontrar una por menos de noventa mil dólares.   2. —¿Va(s) a comprar un refrigerador? / —Sí, a menos que el apartamento tenga uno.   3. —Cuando nos mudemos, le vamos a mandar nuestro número de teléfono. / —Tan pronto como lo reciba, voy a llamarlos.   4. —¿Sabe(s) dónde puedo comprar una casa que sea grande, cómoda y barata? / —Sí, pero no en este barrio.   5. —¿Hay alguien aquí que hable español? / —Sí, hay dos chicas (muchachas) que hablan español.   6. —Busco un apartamento que no sea muy caro. / —Nosotros vivimos en un apartamento que no es caro y que está en un buen barrio.

G. *Horizontal:* 2. alquiler   5. cocina   7. refrigerador   10. calefacción   12. salón   13. dormitorio   14. butaca   15. fregadero   16. aguafiestas   19. encanta   20. mudarse   21. colombiano   23. vámonos   24. sábanas

Vertical: 1. colchón   3. enfadado   4. salario   5. completo   6. tiempo   8. funda   9. acondicionado   10. cortinas   11. comedor   15. frazada   17. amueblado   18. pesimista   22. garaje

H. 1. Están en la sala (el salón de estar).   2. Hay un sofá y una butaca.   3. Tiene aire acondicionado.   4. Hay cortinas en la ventana.   5. Busca un barrio elegante.   6. Quiere que tenga cinco dormitorios.   7. Piensa que no van a poder comprar la casa que ella quiere a menos que ganen la lotería.   8. Quiere una casa que no sea cara.   9. No, trabaja tiempo completo.   10. No, todavía no tomó una decisión.   11. Va a llamar a su mamá.

Lección 15

A. 1. traído   2. cubierto   3. hecho   4. abierto   5. usado   6. dicho   7. escrito   8. comido   9. vuelto   10. muerto   11. envuelto   12. roto   13. ido   14. cambiado   15. visto   16. recibido   17. leído   18. puesto

B. 1. Hemos ido de compras. / Habíamos ido de compras.   2. He comprado la chaqueta. / Había comprado la chaqueta.   3. Lo han puesto en el ropero. / Lo habían puesto en el ropero.   4. ¿Has comido algo? / ¿Habías comido algo?   5. Se ha quedado en la planta baja. / Se había quedado en la planta baja.   6. Hemos salido al mismo tiempo. / Habíamos salido al mismo tiempo.   7. Han abierto el probador. / Habían abierto el probabor.   8. Me has dicho que sí. / Me habías dicho que sí.

C. 1. El sofá está cubierto.   2. Los niños están dormidos.   3. La puerta está abierta.   4. Los libros están cerrados.   5. La carta está escrita en expañol.   6. La ventana está rota.   7. Los hombres están parados en la esquina.   8. La mujer está sentada.   9. El baño está ocupado.

D. 1. habla / no hables   2. come / no comas   3. escribe / no escribas   4. hazlo / no lo hagas   5. ven / no vengas   6. báñate / no te bañes   7. aféitate / no te afeites   8. duérmete / no te duermas   9. póntelo / no te lo pongas   10. ve / no vayas   11. sé / no seas   12. véndemelo / no me lo vendas   13. levántate / no te levantes   14. ten / no tengas   15. sal / no salgas   16. díselo / no se lo digas

E. 1. Ve con Aurora.   2. Cómprales calcetines.

3. Tráeme una billetera.   4. Dáselas al dependiente.   5. No, no se las des a José.   6. Pruébate el vestido azul.   7. Ponte la camisa blanca. 8. No, no vayas ahora.   9. No, no los pongas en el armario.   10. No, no se lo digas (a Rita). 11. Haz pollo.   12. Ven a las siete.

F. 1. —¿Vas a comprar la cartera (bolsa) roja, Marta? / —Sí, porque hace juego (combina) con mis sandalias.   2. —Dime, Anita, ¿dónde has puesto tu billetera (cartera)? / —La he puesto en mi bolsa (bolso, cartera). Tráemela, por favor. 3. —¿Olga cambió las botas que (tú) le habías comprado, Paquito? / —Sí, porque le quedaban chicas.   4. —Ven aquí, Pepito. Lávate las manos y ponte la chaqueta. / —¿Adónde vamos? / —A la zapatería. Dile a tu hermana que nos vamos.   5. —¿Vas a ir de compras, Rosa? / —Sí, porque no tengo nada que ponerme. / —Hazme un favor. Cómprame un par de guantes.   6. —¿Quieren comer algo, señores? / —Sí, estamos muertos de hambre.

G. *Horizontal:*   3. quedarle   5. noche   7. puesto 9. calcetines   11. ropero   14. chaqueta 16. zapatería   17. ponerme   20. liquidación 22. mediana   24. interior   25. corbata 26. sandalias   27. mecánica

Vertical: 1. juego   2. traje   4. encontrarse 6. aprietan   8. medida   10. probador 12. planta   13. guantes   14. caballeros

Lección 16

A. 1. revisaré, revisarás, revisará, revisaremos, revisarán   2. –, dirás, dirá, diremos, dirán 3. haré, –, hará, haremos, harán   4. querré, querrás, –, querremos, querrán   5. sabré, sabrás, sabrá, –, sabrán   6. podré, podrás, podrá, podremos, –   7. –, cabrás, cabrá, cabremos, cabrán   8. pondré, –, pondrá, pondremos, pondrán   9. vendré, vendrás, –, vendremos, vendrán   10. tendré, tendrás, tendrá, –, tendrán   11. saldré, saldrás, saldrá, saldremos, –   12. –, valdrás, valdrá, valdremos, valdrán   13. iré, –, irá, iremos, irán   14. seré, serás, –, seremos, serán

B. 1. Lo cambiaremos mañana.   2. Lo instalarán el sábado.   3. Lo sabrá(s) esta noche.   4. Podrá venir esta tarde.   5. La pondré en la batería. 6. Vendré con David.   7. Traeremos un silenciador.   8. Uds. tendrán que arreglarlo.   9. Los revisaremos hoy.   10. Saldremos a las seis.

C. 1. Dijeron que irían.   2. Ud. dijo (Tú dijiste) que lo haría (harías).   3. Yo dije que saldría.

15. falda   17. pantimedias   18. dependiente 19. billetera   21. abierto   23. camisón

H. 1. No tiene nada que ponerse.   2. Quiere comprar un traje.   3. Sí, creo que hoy hay una liquidación.   4. Creo que no los va a comprar porque le van a quedar chicos.   5. Calza el cuarenta y dos.   6. Ha comprado un par de botas.   7. Se va a encontrar con Carmen. 8. Se van a encontrar a la salida.   9. Ha comprado una camisa, una corbata y un par de calcetines.   10. Ha comprado una falda, una blusa y un par de guantes.   11. Julia usa talla nueve.   12. Ha ido al departamento de ropa para caballeros y al departamento de ropa para señoras.

Para leer   1. Les mandó la cinta el mes pasado. 2. Sí, se mudaron durante un fin de semana. 3. No, no tenía todos los muebles que necesitaban.   4. No, no terminó sus estudios. Lo sé porque todavía no se ha graduado.   5. Fue porque tenían una gran liquidación.   6. Sí, viven todavía. Lo sé porque José Luis compró regalos para ellos.   7. Creo que Anita y Jorge son los hermanos de José Luis.   8. No, no va a pasar la Navidad en Córdoba porque unos tíos que viven en Rosario lo invitaron.   9. No, todavía no ha encontrado a nadie.   10. Quiere que le escriba o lo llame por teléfono.

4. Uds. dijeron que pararían aquí.   5. Nosotros dijimos que lo pondríamos allí.   6. Dijo que llenaría el tanque.   7. Yo dije que no lo diría.   8. Yo dije que tendría que arreglar los frenos.   9. Nosotros dijimos que ellos no cabrían.   10. Dijo que el coche valdría mucho.

D. 1. me levantaría / me acostaría / Iría / estudiaría / Saldría / pasaría   2. trabajarían / se divertirían / Tendrían / harían   3. ahorraríamos / podríamos

E. 1. Sí, ya me habré levantado para las seis. 2. Sí, Anita ya se habrá vestido para las siete. 3. Sí, los niños ya se habrán despertado para las ocho.   4. Sí, ya habré lavado las cortinas para las cuatro.   5. Sí, el mecánico ya habrá arreglado el coche para las cinco.   6. Sí, nosotros ya nos habremos acostado para las doce.   7. Sí, la liquidación ya habrá terminado para el sábado.   8. Sí, las clases ya se habrán terminado para mayo.

F. 2. – habrías caminado.   3. Él habría –.
4. –habría trabajado.   5. Nosotros – ganado.
6. Yo habría –.   7. Ellos habrían –.   8. Yo –
bailado.   9. – habrías llamado.   10. Él –
escrito.   11. – habría conducido (manejado).
12. Nosotros – comido.   13. Ellos habrían
vuelto.

G. 1. habría comprado   2. habría revisado
3. habría puesto   4. habrían cambiado
5. habría chequeado   6. habrían traído
7. habría sacado   8. habríamos lavado
9. habría ido   10. habría preparado

H. 1. —No podemos ir en el coche (carro,
automóvil) porque no arranca. / —Yo habría
llamado una grúa y lo habría llevado al taller.
2. —Voy a poner los mapas en el maletero. /
—Yo los pondría en la guantera (el
portaguantes).   3. —¿Qué dijo el mecánico? /
—Dijo que revisaría el carburador.   4. —¿No
vas al teatro con tus padres, Anita? / —No,
porque yo llego a casa a las seis, y para
entonces ellos habrán salido.

Lección 17

A. 1. Sí, comamos ahora.   2. Sí, salgamos ahora.
3. Sí, escribámoslo ahora.   4. Sí, sentémonos
ahora.   5. Sí, comprémoslos ahora.   6. Sí,
vistámonos ahora.   7. Sí, visitémosla ahora.
8. Sí, digámoselo ahora.   9. Sí, hagámoslo
ahora.   10. Sí, cenemos ahora.

B. 1. Ellos se encuentran en la calle.   2. Nosotros
nos hablamos.   3. Uds. se quieren.   4. Ana y
Juan se escriben.

C. 2. arreglara, arreglaras, –, arregláramos, –
3. cerrara, –, cerrara, –, cerraran   4. volviera,
volvieras, –, volviéramos, –   5. pidiera,
pidieras, pidiera, pidiéramos, –   6. –, consi-
guieras, consiguiera, consiguiéramos, consi-
guieran   7. tuviera, tuvieras, –, tuviéramos,
tuvieran   8. pudiera, pudieras, pudiera, –,
pudieran   9. hiciera, –, hiciera, hiciéramos, –
10. –, vinieras, –, viniéramos, vinieran
11. trajera, trajeras, trajera, –, trajeran
12. pusiera, –, pusiera, pusiéramos, pusieran
13. –, dijeras, dijera, dijéramos, –   14. fuera, –,
fuera, –, fueran   15. diera, dieras, –, diéramos,
dieran   16. quisiera, –, quisiera, quisiéramos,
quisieran   17. supiera, supieras, –, supiéramos,
supieran

D. 1. Quería que tú fueras al supermercado.
2. Prefería que compraras carne y pescado.

I. *Horizontal:*   2. licencia   4. ruido   5. pena
6. chapa   9. bomba   11. descompuesto
12. frenos   13. lleno   15. revisa
16. maletero   17. limpiaparabrisas   21. grúa
23. tanque   25. tratar   26. carretera
27. velocidad   29. silenciador   30. casados

Vertical: 1. sucio   3. chequear   7. arreglo
8. gasolinera   10. extraño   14. neumático
18. mecánico   19. acumulador   20. aceite
22. letrero   24. portaguantes   28. pareja

J. 1. Están a cinco kilómetros de Puerto Limón.
2. Sí, Ana cree que José está manejando muy
rápido.   3. La velocidad máxima es de 90
kilómetros por hora.   4. Hay una diferencia de
treinta kilómetros.   5. Cree que el policía le
dará una multa a José.   6. Tendrá que comprar
gasolina (llenar el tanque).   7. Piensa que va a
ser cara.   8. Tiene una goma pinchada (Tiene
un pinchazo).   9. Tendrán que remolcarlo.
10. Preferiría comprar un coche nuevo.

3. Te sugerí que llamaras a Rodolfo para que
fuera contigo.   4. Dudaba que nosotros
pudiéramos ir con Uds.   5. Era necesario que
trajeran frutas y verduras.   6. ¿Había algún
supermercado que quedara cerca y que estuviera abierto hasta las diez?   7. No creía que
hubiera un supermercado que vendiera manzanas de Argentina.   8. Necesitábamos a
alguien que supiera cocinar comida mexicana.
9. Sentí que tus tíos no vinieran.   10. Te rogué
que los llamaras y les dijeras que vinieran el
sábado.

E. 1. los huevos   2. el helado   3. los camarones
4. el apio   5. la carne   6. la sopa   7. la manzana   8. la lechuga   9. la torta   10. el melón
11. la naranja   12. el tomate   13. el repollo
14. la salsa   15. el arroz   16. el cordero
17. las fresas   18. la margarina   19. la toronja
20. la sandía   21. la mantequilla   22. el azúcar   23. el melocotón   24. el pan   25. el
pescado   26. la cebolla   27. la taza   28. el
vinagre   29. el pavo   30. la pera   31. la piña

F. 1. —Anita, vamos al cine esta noche. / —No, no
vayamos al cine. Vamos a un concierto.
2. —El (la) médico(-a) (el doctor, la doctora) me
dijo que me pusiera a dieta. / —¡Te (Le) dije que
comieras (comiera) menos!   3. —¿Uds. se ven

a menudo? / —No, pero nos escribimos y nos llamamos (por teléfono) todos los domingos. 4. —Llevemos a Paquito al zoológico... / —No tengo ganas de ir al zoológico hoy. ¿Por qué no lo llevamos al parque de diversiones? / —No sé... ¡Quedémonos en casa! 5. —Mi mamá quería que yo hiciera las compras. / —¿Fuiste (Fue) al supermercado? / —No, le pedí a mi hermana que fuera.

G. *Horizontal:* 2. circo 3. rusa 4. vinagre 6. repollo 9. higiénico 10. zanahoria 13. drama 14. supermercado 19. biblioteca 20. azúcar 23. manzana 24. feriado 25. zoológico 26. ganas 28. premio

Vertical: 1. diversiones 4. verduras 5. toronja 7. cola 8. cita 11. tomate 12. mantequilla 13. docena 15. pescado 16. naranja 17. dieta 18. película 21. sandía 22. durazno 27. apio

H. 1. No, no creo que Sergio y Claudia trabajen hoy, porque es feriado. 2. No está abierto el domingo. 3. Sí, habrá cerrado para las once.

Lección 18

A. 1. No, pero temo que se haya ido. 2. No, pero ojalá que se hayan levantado. 3. No, pero espero que haya venido. 4. No, pero dudo que se lo hayan dado. 5. No, pero espero que lo hayan conseguido. 6. No, pero temo que la hayan roto. 7. No, pero ojalá que la haya entregado. 8. No, pero dudo que haya vuelto.

B. 2. – que – hubieras ido. 3. – que – hubieran terminado. 4. Dudaba que ella hubiera – 5. Temía(s) que ella – vuelto. 6. – que ella se hubiera graduado. 7. No creí que – hubieras salido. 8. Sentíamos que – hubieran salido. 9. Esperaba que ella hubiera aprendido. 10. – que Rosa se hubiera acostado. 11. – que ellos hubieran empezado. 12. Ud. no creyó (Tú no creíste) que nosotros hubiéramos comido.

C. 1. Si tuviera tiempo, jugaría al fútbol. 2. Si estuviera de vacaciones, nadaría. 3. Si tuvieran hambre, comerían. 4. Si no tuvieras que trabajar, dormirías. 5. Si fueran a la fiesta, bailarían. 6. Si no fuera sábado, él iría a la escuela.

D. 1. Si el coche está descompuesto, lo arreglaremos. 2. Si quieren hamburguesas, irán a McDonald's. 3. Si está enferma, irá al médico. 4. Si tienes el periódico, lo leerás. 5. Si pasa por aquí, lo tomarán.

4. Creo que va a preparar comida italiana, porque quiere comprar salsa de tomate. 5. Va a comprar uvas y peras. 6. Necesita zanahorias. 7. No, no creo que necesite ponerse a dieta. 8. Va a preparar una cena especial para Marcelo. 9. Le gustaría ir al cine. 10. Creo que tiene ganas de ir a bailar.

Para leer 1. Se llama Ana María. 2. Son unos amigos de los padres de Marcela. 3. No fue al mercado porque no tuvo tiempo. 4. Quiere que vaya al supermercado y haga las compras de la semana. 5. Iría al supermercado ahora. 6. Necesita comprar huevos, mantequilla, pan y leche; no necesita comprar zanahorias, cebollas, apio, fresas y duraznos. 7. No, no estaba en el apartamento cuando vinieron. 8. La habrían invitado a ella también. 9. Van a ir a un parque de diversiones y por la noche van a ir a bailar con un grupo de amigos. 10. Tiene que revisar los frenos porque no funcionan bien. 11. Piensa devolvérselo en cuanto vuelva. 12. Marcela espera que Ana María se divierta este fin de semana.

E. 1. solicitar / solicites 2. comprar / compre 3. alquilemos / alquilar 4. conseguir / consigan 5. estén / estar 6. llegar / lleguemos 7. hacer / haga 8. tengas / tener 9. hable / habla 10. enseñan / enseñe 11. sirva / sirve 12. pueda / puede 13. sea / es 14. termines / terminas 15. necesito / necesite 16. tenga / tengo 17. lleguen / llegan 18. quieran / quieren 19. tenga / tiene 20. salgamos / salimos 21. empieza / empiece 22. haya dado / he dado 23. hayamos dicho / hemos dicho

F. 1. —¿Ud. tiene que hablar con su abogado, Srta. Soto? / —Sí, espero que haya llegado. Le pedí que viniera a las diez. 2. —Mi hermano me sugirió que estudiara administración de empresas. / —Mi padre quería que yo fuera periodista. 3. —Yo sentí que ella no tuviera suficiente dinero para pagar la matrícula. / —Espero que consiga una beca. 4. —No creo que él haya aprobado el examen. / —Yo le dije que estudiara...

5. —Si yo fuera tú (Ud.), me matricularía hoy. / —Si tengo tiempo, hablaré con mi consejero(-a).

6. —Mi hermano mayor siempre me está dando (está dándome) consejos. / —Sí... él habla como si lo supiera todo.

G. *Horizontal:* 2. química 5. consejero 6. requisito 8. ingeniería 11. literatura 14. aprobar 15. asignatura 16. beca 17. especialización 20. promedio 21. investigación 22. partido 23. facultad

Vertical: 1. sociología 3. semestre 4. nota 7. latinoamericano 9. empresas 10. horario

12. informe 13. matemáticas 17. examen 18. calculadora 19. matricularse 20. periodismo

H. 1. Teme recibir una "F". 2. No, no cree que Andrés quede suspendido. 3. Espera que estudie administración de empresas.
4. Quiere estudiar periodismo. 5. Espera que Lola se gradúe. 6. Espera poder viajar.
7. Quiere visitar Europa. 8. Espera sacar una "B". 9. No, no creo que le guste la literatura.
10. No, no creo que haya estudiado mucho.
11. Tiene que mantener un promedio de "A".
12. Creo que va a estudiar, porque mañana tiene un examen parcial.

15: Hi. Can I help you?
16: A hamburger, please.
15: Excuse me?
16: A hamburger, please, and fries.
15: A hamburger and fries. Anything else?
16: An ice cream cone, please. Chocolate.
15: That's $4.50…. Here you go.
16: Thank you. Good night.
15: Good night.

a	an	
a hamburger	an apple	coffee
a cheese sandwich	an orange	milk
a salad	an ice cream cone	pie

B Four conversations

Listen to the four conversations. Check (✓) the correct boxes.

	1	2	3	4
Salads				
fruit	✓			
chicken				
tuna				
lettuce and tomato				
Sandwiches				
cheese				
tuna				
egg salad				
chicken salad				
Beverages				
coffee				
tea				
milk	✓			
shake				
soda				
Desserts				
apple pie				
ice cream				
chocolate cake	✓			

17: Hello, John.
18: Hello, Daniel. How are you?
17: Fine, thanks. And you?
18: I'm fine.
17: And Stephen? How's he?
18: Oh, he's fine.

3 Is it a star?

1.

Pete: Look!

Dave: Where?

Pete: Over there. What is it?

Dave: I don't know. Is it an airplane?

Pete: No, it isn't an airplane. Is it a star?

Dave: No, it isn't. What is it, Pete? Is it a UFO?

Pete: I don't know, Dave…I don't know.

2.

Al: Is it open?

Bill: Yeah, it's open.

Al: Are they radios?

Bill: No, they aren't radios.

Al: What are they? Are they CD players?

Bill: No, they aren't. They're VCRs, and computers, and—

Al: Listen! What's that?

Bill: Oh no! It's a police car!

A Game: What's number 22?

Study the numbers and the pictures for two minutes.

Student A, open the book. Student B, close the book.

A: What's number 22?
B: It's a fork.
A: What's number 36?
B: They're dictionaries./I don't know.

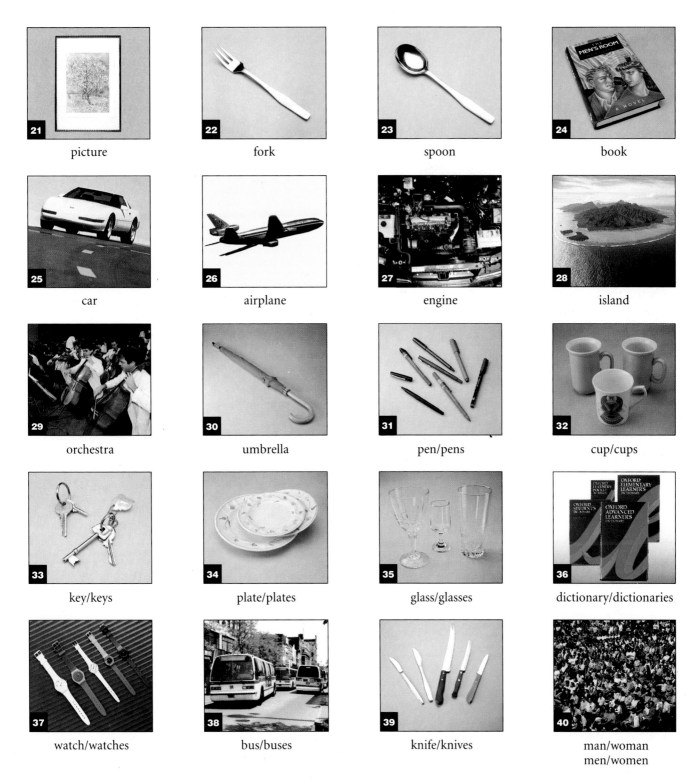

21 picture	**22** fork	**23** spoon	**24** book
25 car	**26** airplane	**27** engine	**28** island
29 orchestra	**30** umbrella	**31** pen/pens	**32** cup/cups
33 key/keys	**34** plate/plates	**35** glass/glasses	**36** dictionary/dictionaries
37 watch/watches	**38** bus/buses	**39** knife/knives	**40** man/woman men/women

Write sentences using these words:

computer, radio, CD player, cassette player, speaker, TV, VCR

It's a computer./They're computers.

1. Write nine numbers (between 21 and 99) in Box 1. Play Bingo! with your teacher.

2. Write nine numbers (between 21 and 99) in Box 2. Play Bingo! with your partner.

Box 1		

Box 2		

4 Names and addresses

Man: Who's that? He's number seven.
Woman: His name's Sullivan.
Man: What's his first name?
Woman: Kevin.
Man: Where's he from?
Woman: Philadelphia. He's fantastic!

A What's your name?

Listen to the conversations. Look at the picture on page 13. Write A, E, I, O, U, and Y.

A: Come here, Sullivan.
E: My name isn't Sullivan.
A: Sorry.
E: That's OK.
A: What *is* your name?
E: Sandberg. I'm Josh Sandberg.
A: Oh. Your number is seven, right?
E: No, it isn't. I'm number two. Sullivan is number seven.
A: Well, anyway, go to the locker room.
E: What?
A: Go to the locker room. You're out of the game. Go now!

I: Can you help me? I'm lost.
O: What's your name?
I: Joey.
O: What's your last name, Joey?
I: Maggio.
O: And what's your address?
I: 32 Fuller Road, Fort Worth, Texas 76101.
O: What's your phone number?
I: 650-4893.

U: What's your name?
Y: Reid.
U: Spell it, please.
Y: R-E-I-D.
U: First name?
Y: Sam.
U: OK, Mr. Reid. Come with me.

B Numbers

100 — a hundred/one hundred
200 — two hundred
305 — three hundred (and) five

Number: **650**
Say: six hundred (and) fifty/six-fifty.

Telephone number: **650-4893**
Say: six-five-oh—four-eight—nine-three.

1. Say these numbers:

100   104   212   327   439
561   655   792   848   910

2. Say these telephone numbers:

332-1010   596-7429   802-4768

C The alphabet

1. Say:

A H J K
B C D E G P T V Z
F L M N S X
I Y
U W Q
O R

2. Say:

OK ID VW PM USA FBI IBM UFO

D Marathon

Look at number 219 on the marathon program.

INTERNATIONAL WOMEN'S MARATHON
PITTSBURGH, PENNSYLVANIA
APRIL 16TH – 10:00 AM

THE ENTRANTS ARE:

#125	Joan Benito	(U.S.)
#104	Olga Dejnak	(Russia)
#363	Annie Flandreau	(France)
#219	Grace Fong	(Hong Kong)
#77	Kimiko Ito	(Japan)
#250	Bianca López	(Venezuela)
#91	Lucia Pavino	(Italy)
#184	Alison Gilbert	(Great Britain)

A: Who's that? She's number 219.
B: Her name's Fong.
A: How do you spell it?
B: F-O-N-G.
A: What's her first name?
B: Grace.
A: Where's she from?
B: Hong Kong.

Ask and answer questions about the other runners in the marathon.

E Chart

	Name		Address	Phone number
	Last	**First**		
1.	Novak	Sarah	350 Bridge Street Lincoln, Nebraska 68501	402-677-3288
2.	Knight	Michael	17 North Road Madison, Wisconsin 53701	608-534-9695
3.	(you)			
4.	(your partner)			

her / his / your

What's…last name? What's…first name?
What's…address? What's…phone number?

1. Ask and answer questions about Ms. Novak and Mr. Knight.

2. Write your name, address, and telephone number.

3. Talk to your partner. Write his/her name, address, and phone number.

F Three people 📼

	1	2	3
Last name			
First name			
Address			
Phone number			

1. Listen to the three people. Write their names, addresses, and phone numbers.

2. Ask and answer questions about the people.

Lambert and Stacey

1.

Stacey: Hello?

1st Man: Is tonight OK?

Stacey: Yes.

1st Man: The Main Street parking garage, then. 11:00. With the painting.

Stacey: And the diamonds?

1st Man: Yeah, yeah. They're here.

2.

Stacey: What time is it?

Lambert: Eleven-fifteen. They're late.

Stacey: Well, we're on time. Listen. What's that?

Lambert: It's a car. Is it their car?

Stacey: Yeah, it is. Come on.

3.

1st Man: OK, where's the painting?

Stacey: The Picasso?

1st Man: Yeah, the Picasso. Where is it?

Stacey: It's here, in the briefcase. Where are the diamonds?

1st Man: They're in the bag.

Lambert: Where's the bag?

2nd Man: It's in our car.

Stacey: Get it.

4.

Lambert: OK, hands on the car! I'm Lambert, she's Stacey. We're detectives.

1st Man: You're detectives?

Lambert: City Police.

2nd Man: Oh, this is great! We're detectives, too. FBI.

Stacey: Oh yeah? Where are your identity cards?

1st Man: Our ID cards? They're in the car.

Stacey: Get their IDs, Lambert.

Lambert: Oh no! It's true! They *are* detectives!

1

2

3

4

5

6

7

8

9

10

11

12

13

A: Look at number 1. What time is it?
B: It's six o'clock.

A: Look at number 2. What time is it?
B: It's ten-forty.

A: Look at number 3. What time is it?
B: It's eleven-thirty.

Continue.

B Questions

Ask and answer questions.

HOTEL LOMBARD
493 POLK STREET
SAN FRANCISCO, CA
94101

Sarah and Ben Franklin
475 Truman Street
Chicago, IL 60615

Dear Sarah and Ben,
We're in San Francisco! This is a picture of our hotel. Do you know Gary and Eva Ford? Well, they're in our hotel, too! Our room is 321, and they're in 322. Our suitcases aren't in the hotel. But they aren't lost. They're in Los Angeles. Gary and Eva aren't happy. Their suitcases are in Tokyo!

Regards — Karen and David

1. Are Karen and David in Los Angeles?
2. Where are they?
3. What's their room number?
4. Are their suitcases in San Francisco?
5. Are their suitcases lost?
6. Where are they?
7. Where are Gary and Eva?
8. What's their room number?
9. Where are their suitcases?
10. Are Sarah and Ben in the same hotel?
11. What's their address?

C New friends

Karen and David Kennedy meet another couple at their hotel. Look at their registration cards. Complete their conversation.

HOTEL LOMBARD   REGISTRATION FORM
493 POLK STREET • SAN FRANCISCO • CALIFORNIA 94101
NAME: David and Karen Kennedy
BUSINESS: teachers
HOME ADDRESS: 471 Truman Street
Chicago, Illinois 60615
ROOM NUMBER: **321**

HOTEL LOMBARD   REGISTRATION FORM
493 POLK STREET • SAN FRANCISCO • CALIFORNIA 94101
NAME: Anne and Peter Quinn
BUSINESS: teachers
HOME ADDRESS: 1413 Harding Road
Concord, New Hampshire 03301
ROOM NUMBER: **327**

Anne: Hello. _____ Peter and Anne Quinn.

Karen: Hi. Our _____ David and Karen Kennedy. _____ students?

Peter: No, _____. We _____.

Karen: You're teachers? Really? We _____ teachers too.

David: Where _____ from?

Anne: _____. And you? Where _____?

David: _____.

Anne: What room _____ in? _____ in _____.

Karen: _____.

D Role play

Student A, you're Karen or David Kennedy. Student B, you're Peter or Anne Quinn. Look at your registration cards. Have a conversation.

Read *Story for Pleasure: Air Traffic Control* on page 72.

18

6 The train to Chicago

Look at the picture of the train station. Ask and answer questions about places in the train station.

A: Where's the newsstand?
B: It's next to tracks 5 and 6/the gift shop.
A: Where are the rest rooms?
B: They're next to tracks 5 and 6/tracks 7 and 8.

1.
Woman: Yes?
Diana: Two tickets to Chicago, please.
Woman: You're in the wrong line. This is the line for St. Louis.
Diana: Where's the line for Chicago?
Woman: That's it over there. Window number 4.

2.
Diana: Two tickets to Chicago, please.
Man: One way or round trip?
Diana: Round trip. How much is that?
Man: $12.40 each. That's $24.80.
Diana: When's the next train?
Man: 3:25.

3.
Philip: Excuse me, is this the train to Chicago?
Man: No, it isn't. That's the Chicago train over there.
Philip: Where?
Man: On track 12.
Philip: Thank you.
Man: You're welcome.

4.
Diana: Excuse me, are these seats taken?
Woman: Yes, they are. But those seats are free.
Diana: Where?
Woman: Over there. Next to the door.
Diana: Thank you.

5.
Philip: Well, we're here. This is Chicago.
Diana: Philip! Those aren't our suitcases!
Philip: They aren't?
Diana: No. These are our suitcases, over here.

B How much is…?

Ask and answer questions about the prices of one-way tickets.

AM-RAIL EXPRESS ONE-WAY FARES

Chicago —

Milwaukee, Wisconsin	$ 10.25
Detroit, Michigan	30.00
St. Louis, Missouri	30.50
Louisville, Kentucky	35.40
Nashville, Tennessee	53.20
Memphis, Tennessee	54.60
New Orleans, Louisiana	85.00
Houston, Texas	100.95
Orlando, Florida	126.55

A: How much is a one-way ticket to Houston?
B: That's $100.95.

C Departures

Ask and answer questions about departure times.

TRAIN FOR	LEAVING AT	TRACK NO.
ST. LOUIS	5:40 PM	7
KANSAS CITY	5:55 PM	2
TORONTO	6:00 PM	3
NEW YORK	6:15 PM	
BOSTON	6:25 PM	
MILWAUKEE	6:30 PM	
NEW ORLEANS	6:45 PM	
TORONTO	6:50 PM	
ST. LOUIS	6:55 PM	

A: When's the train for Kansas City?
B: 5:55.

D Announcements

Listen. Write the times and the track numbers.

TRAIN FOR	LEAVING AT	TRACK NO.
NEW YORK	10:40 AM	4
TORONTO		
ST. LOUIS		
BOSTON		
NEW ORLEANS		

7

Space station

This is the crew of the new space station, *Icarus*. The crew members are from eight countries. *Icarus* is an international space station, and it's six thousand miles above the Earth.

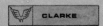 CLARKE    ASIMOV

Peter Clarke and Ivan Asimov are the pilots. Peter's American, and Ivan's Russian. Peter's thirty-two. He's from Los Angeles. Ivan's forty. He's from Moscow.

 VERNE

Marie Verne's twenty-nine, and she's the doctor on *Icarus*. Marie's French. She's from Paris.

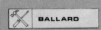 BALLARD

Mark Ballard is British, and he's the engineer. Mark's thirty-two. He's from London.

 SUZUKI   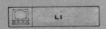 MARQUEZ

Yoko Suzuki and Antonio Márquez are the scientists on the space station. Yoko's thirty-one. She's Japanese, from Tokyo. Antonio's thirty-two. He's Spanish. He's from Madrid.

 LI

Li Song is Chinese. He's the computer specialist. He's twenty-eight years old. He's from Beijing.

 CABRAL

Cristina Cabral is Brazilian, from Rio de Janeiro. She's the astronomer on *Icarus*. She's twenty-nine years old.

A Crew chart

Complete the chart.

Name	Job	Age	Nationality	Hometown
Peter Clarke	pilot	32	American	Los Angeles
Ivan Asimov				
Marie Verne				
Mark Ballard				
Yoko Suzuki				
Antonio Márquez				
Li Song				
Cristina Cabral				

B Questions

Ask and answer questions about the crew members.

1. Who are the pilots?
2. Who's the astronomer?
3. Who's from Japan?
4. Who's from Paris?
5. Who are the scientists?
6. Who's Spanish?
7. Who's forty years old?
8. Who's the computer specialist?
9. Who's from Rio de Janeiro?
10. Who's thirty-one?

C Who's…?/Who are…?

Ask and answer questions about jobs.

A: Who's Marie Verne? What's her job?
B: She's a doctor. She's the doctor on *Icarus*.

A: Who are Yoko and Antonio? What are their jobs?
B: They're scientists. They're the scientists on *Icarus*.

D How old…?

Ask and answer questions about ages.

A: How old is Ivan Asimov?
B: He's forty (years old).
A: How old are Mark Ballard and Antonio Márquez?
B: They're thirty-two (years old).

E What's...nationality?

1. Complete the chart with these words:

Spanish French Japanese Russian
Brazilian British Chinese American

the United States	American
Russia	
Great Britain	
Spain	
China	
Japan	
Brazil	
France	

2. Ask and answer questions about nationalities and hometowns.

A: Mark Ballard is from Great Britain. What's his nationality?
B: He's British.
A: Where's he from in Great Britain?
B: He's from London.

F Thousands

6,000 six thousand
3,451 three thousand four hundred (and) fifty-one

Say these numbers:

2,987   2,000
3,820   4,361
8,510   10,000   1,207
9,001
5,100   9,400

G Interviews

Student A, you're a reporter. Student B, you're an *Icarus* crew member. Ask and answer questions about name, job, nationality, and hometown. Continue with other crew members.

H Game: Who is it?

Student A, make statements about crew members. Student B, guess who they are.

A: She's twenty-nine.
B: Is it Marie Verne?
A: No, it isn't. She's Brazilian.
B: Then it's Cristina Cabral.
A: That's right!

I Talk to your classmates.

Ask other students questions about their names, jobs, nationalities, and hometowns. Then write their answers.

SPACE TRAVEL—THE FACTS

1957
Laika, a dog, first traveler in space

1961
Yuri Gagarin, first man in space

1963
Valentina Tereshkova, first woman in space

1969
Neil Armstrong, first man on the moon

1973
Skylab space station

1975
Apollo-Soyuz, first joint U.S.-U.S.S.R. space project

1981
U.S. space shuttle, first orbital flight

8

What's it like?

seventh prize–Volkswagen Jetta,
□ sedan, German,
$13,400

first prize–Chevrolet Corvette ZR1,
□ convertible, American
$37,264

sixth prize–Toyota Previa,
□ van, Japanese,
$16,000

**Are these
your new cars?**

second prize–Jaguar XJ6,
□ luxury car, British,
$36,965

fifth prize–two Hyundai Sonatas,
□ family cars, Korean,
$21,388

third prize–Volvo,
□ station wagon, Swedish,
$35,700

Write your name and address on the form and
send it to: **International Car Giveaway**
Weekend Magazine
P.O. Box 54
St. Paul, MN 55101

Name: _____

Address: _____

_____

_____

fourth prize–Peugeot,
□ family car, French,
$32,435

Kate: Paul! Good news! I'm a winner in the contest!
Paul: What contest?
Kate: In *Weekend Magazine.*
Paul: What's your prize?
Kate: It's a new car!
Paul: A new car? What kind is it?
Kate: A Chevrolet Corvette!

Paul: Fantastic! What's it like?
Kate: It's a convertible. It's beautiful, it's fast, it's
worth more than $37,000….
Paul: What color is it?
Kate: It's red.
Paul: And it's our car.
Kate: Well, *my* car.

25

white   red   orange   yellow   green   blue   brown   black   purple

1st

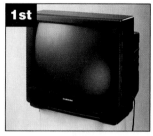

a TV
brown
Samsung
Korean

2nd

jeans
blue
Levi's
American

3rd

a teacup
white
Wedgwood
British

4th

a watch
green
Swatch
Swiss

5th

sunglasses
black
Ray Ban
American

6th

a shirt
yellow
Lacoste
French

7th

a tie
gray
Giorgio Armani
Italian

8th

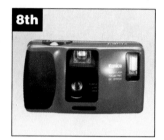

a camera
red
Konica
Japanese

A   Role play

Look at the prizes.

A: What's the (third)/(fifth) prize?
B: It's a car/two cars.
A: Fantastic! What kind is it/are they?
B: It's (a Volvo)./They're (Hyundais).
A: That's (Swedish), right?/Those are (Korean), right?
B: Right.
A: What's it like?/What are they like?
B: It's a (station wagon)./They're (family cars).
A: What color is it/are they?
B: It's blue./They're white.

Talk about the other prizes.

B   What kind is it?/What kind are they?

Ask and answer questions about the pictures.

A: What's in the first picture?
B: It's a TV.
A: What color is it?
B: It's brown.
A: What kind is it?
B: It's a Samsung.
A: Is it Japanese?
B: No, it isn't. It's Korean.

B: What's in the second picture?
A: They're jeans.
B: What color are they?
A: They're blue.
B: What kind are they?
A: They're Levi's.
B: Are they British?
A: No, they aren't. They're American.

1. Study the words (big car, comfortable shirt) that can go together.

2. Describe your own things.

A: Our car's a Mazda. It's Japanese. It's small. It isn't new. It's not expensive.

B: My jeans are old. They're blue. They're Levi's. They're comfortable.

	(not) big	small	old	new	comfortable	expensive
car	✓	✓	✓	✓	✓	✓
TV	✓	✓	✓	✓		✓
suitcases	✓	✓	✓	✓		✓
jeans			✓	✓	✓	✓
shirt			✓	✓	✓	✓
watch	✓	✓	✓	✓		✓
camera	✓	✓	✓	✓		✓
sunglasses			✓	✓	✓	✓
shoes			✓	✓	✓	✓

D Flags

Ask and answer questions about the flags.

A: What color is the Turkish flag?
B: It's red and white.

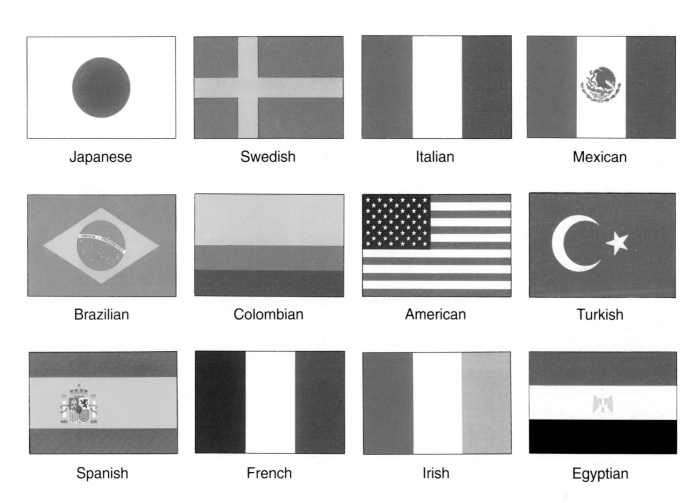

Japanese Swedish Italian Mexican

Brazilian Colombian American Turkish

Spanish French Irish Egyptian

9 Where is she?

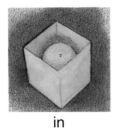
in

on

above

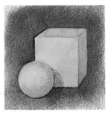
under

next to

up

down

behind

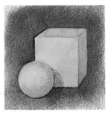
in front of

A Where are they?

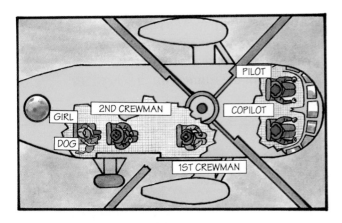

Ask and answer questions about the people in the helicopter. Use *Where* and *Who*.

A: Where's the second crewman?
B: He's behind the first crewman./He's in front of the girl./He's next to the door.
A: Who's behind the copilot?
B: The first crewman is behind the copilot.

B What's different?

Work with a partner. Look at picture A and picture B. What's different in picture B?

Student A: In picture A, the book on the TV is blue. In picture B, it's green.
Student B: In picture A, the cup is next to the newspaper. In picture B, it's on the newspaper.

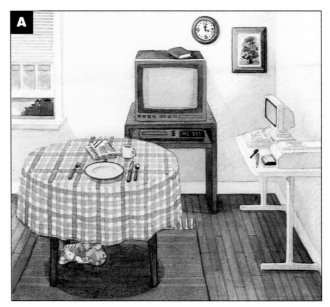

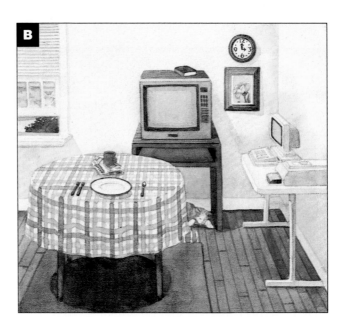

C Draw a picture.

Draw ten things on the black and white picture.
Work with another student. Ask and answer
questions about your pictures.

A: Is there a book in your picture?
B: Yes, there is.
A: Is it on the TV?
B: No, it isn't.

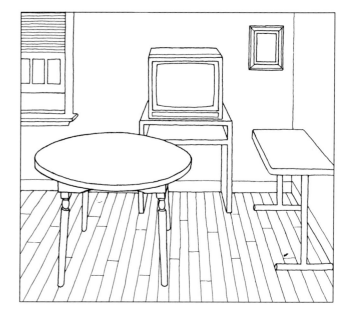

D Your class

1. Look at this seating chart. Look at Maria.

   Who's behind her?
   Who's next to her?
   Who's in front of her?

   Ask and answer questions about the seating chart.

2. Now look at your class.

   Who's behind you?
   Who's next to you?
   Who's in front of you?

3. Draw a chart of your class. Ask and answer
   questions about your class.

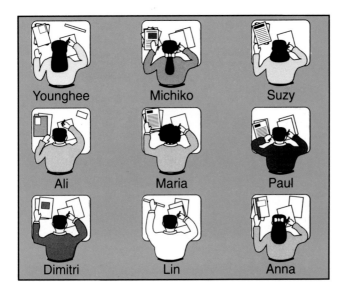

E Women's 200-meter race

Listen to the description of the race. Write the
nationalities of the runners on the chart.

1st _____ 4th _____

2nd _____ 5th _____

3rd _____ 6th _____

30

10 Quiz of the Week

1.

Alex: Good evening, ladies and gentlemen. I'm Alex Beck. Welcome to *Quiz of the Week!* Our first contestant is Andy Miller, from Springfield. Hello, Andy. How are you?

Andy: I'm fine, thanks, Alex.

Alex: Excuse me, Andy. You're in front of me. Stand next to me, please.

Andy: Sorry.

Alex: OK, here's your first question. What's the capital of France?

Andy: Uh…uh…I don't know.

Alex: Think of the song, Andy. "I love *Paris* in the springtime, I love *Paris* in the fall."

Andy: Is it Paris?

Alex: Yes, that's right, Andy! And now your second question. Where's Brasilia?

Andy: Uh, I think it's in Brazil.

Alex: Right! And now your third and last question. Who's Michael Jackson?

Andy: He's a singer.

Alex: That's right! Open the doors!

2.

Alex: OK, Andy. Look at the things on the table for ten seconds. Then name all of them in thirty seconds, and they're yours. Ready?

Alex: All right, Andy. What is there on the table?

Andy: Well, there's a picture. It's an oil painting. And there's a camera. And there's a clock. A gold clock.

Alex: Very good. What else is there?

Andy: Uh…uh…

Alex: Is there an oven?

Andy: Yes, there is! There's a microwave oven! And uh…. Are there any spoons or forks on the table?

Alex: No, there aren't any spoons or forks, but…. Come on, Andy!

Andy: There are some knives!

Alex: That's terrific, Andy. OK, there's just one more thing on the table.

Andy: There's a…. Is there a telephone? No, there isn't a telephone. I know! There's a calculator!

Alex: Congratulations, Andy! Come and look at your prizes!

A Game: What is there in the picture?

1. Student A, look at picture one for thirty seconds. Close your book. Student B, ask Student A, "What is there in the first picture?"

2. Student B, look at picture two for thirty seconds. Close your book. Student A, ask Student B, "What is there in the second picture?"

B Is there…?/Are there…?

Ask and answer questions about pictures one and two.

A: Is there a gold clock in picture one?
B: Yes, there is.
A: Is there a camera in picture two?
B: No, there isn't.
A: Are there any watches in picture two?
B: No, there aren't.
A: Are there any knives in picture one?
B: Yes, there are.

C Write a list.

Look at the three pictures. Write a list of ten things in them.

1. _____   6. _____
2. _____   7. _____
3. _____   8. _____
4. _____   9. _____
5. _____   10. _____

Talk to another student. Ask and answer questions about your lists.

Is there a/an _____ on your list?
Yes, there's a/an _____ on my list.
No, there isn't a/an _____ on my list.

Are there any _____ on your list?
Yes, there are some _____.
No, there aren't any _____.

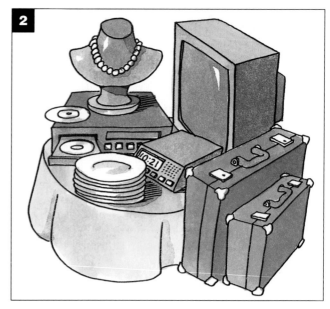

D A quiz

Student A, cover Student B's questions. Student B, cover Student A's questions. Take turns asking and answering your questions.

A: What's the capital of France?
B: It's Paris.
A: That's right.

B: What color is the Swedish flag?
A: (I think) It's blue and white. (I don't know.)
B: (No, it isn't.) It's blue and yellow.

STUDENT A

1. What's the capital of the United States?
   It's Washington, D.C.

2. What nationality is Steven Spielberg?
   He's American.

3. Where's Bangkok?
   It's in Thailand.

4. Who's Janet Jackson?
   She's a singer.

5. What color is the Italian flag?
   It's green, white, and red.

STUDENT B

5. What nationality is Yoko Ono?
   She's Japanese.

4. What's the capital of Mexico?
   It's Mexico City.

3. Who's Placido Domingo?
   He's a singer.

2. What color is the Japanese flag?
   It's red and white.

1. Where's Princess Diana from?
   She's from Great Britain.

E Write a quiz.

Write six new questions. Work with a new partner. Take turns asking your quiz questions.

1. What's the capital of _____?
   It's _____.
2. What nationality is _____?
   He's/She's _____.
3. Where's _____?
   It's in _____.
4. Where's _____ from?
   He's/She's from _____.
5. What color is the _____ flag?
   It's _____.
6. Who's _____?
   He's/She's a _____.

A Which verb?

Fill in the blanks with the correct verbs.

1. He _____ from France.
   a. 'm   b. 's   c. 're

2. _____ you from Canada?
   a. Am   b. Is   c. Are

3. Where _____ they from?
   a. am   b. is   c. are

4. I _____ fine, thanks.
   a. 'm   b. 's   c. 're

5. It _____ a camera.
   a. 'm   b. 's   c. 're

6. _____ she a teacher?
   a. Am   b. Is   c. Are

7. We _____ police officers.
   a. 'm   b. 's   c. 're

8. Yes, I _____.
   a. am   b. is   c. are

9. _____ that a helicopter?
   a. Am   b. Is   c. Are

10. Yes, they _____.
    a. am   b. is   c. are

B Negative sentences

It's a hamburger. *It isn't a hamburger.*

Make these sentences negative.

1. I'm from the United States.
2. These are apples.
3. We're late.
4. That's a calculator.
5. It's a star.
6. He's a teacher.
7. Those are our suitcases.
8. You're right.
9. This is my car.
10. She's from Japan.

C Numbers

Complete the chart.

cardinals	ordinals
1. one	_____
2. two	_____
3. _____	third
4. _____	fourth
5. five	_____
6. six	_____
7. _____	seventh
8. eight	_____
9. _____	ninth

D What time is it?

1. *It's ten-fifty.* _____

2. _____

3. _____

4. _____

5. _____

E Question words

Fill in the blanks with these question words.

How	When
How much	Where
What	Who
What kind	

1. _____ is the pizza?
   75¢ a slice.

2. _____'s that?
   My English teacher.

3. _____ do you spell your last name?

4. _____'s she from?

5. I have a new computer.
   _____ is it?
   A Macintosh.

6. _____'s the next train for Omaha?
   At 7:07.

7. _____'s his phone number?
   555-5280.

F Plural sentences

It's a taxi.   *They're taxis.*

Make these sentences plural.

1. It's a one-way ticket.
2. It's a red car.
3. It's a tuna sandwich.
4. It's an egg.
5. It's a big room.

G *A, an, any*

(telephone)
Are there any telephones in the pictures?
There's a telephone in the second picture.
There aren't any telephones in the first picture.

Look at the pictures. Write questions and answers. Use the cues in parentheses ( ). Score one point for each correct question and one point for each correct answer.

1. (cassette)
2. (apple)
3. (orange)
4. (calculator)
5. (sandwich)

H Pronouns and possessives

Complete the chart.

I	_____	my
_____	you	_____
we	_____	_____
_____	him	his
she	_____	_____
_____	them	_____

I Talking about grammar

Circle the correct letter, *a* or *b*. You can look at the grammar summaries for Units 1–10 for help. Score *two* points for each correct answer.

1. Am I early?
   Am is
   a. a singular verb.
   b. a plural verb.

2. He's an engineer.
   An is
   a. a definite article.
   b. an indefinite article.

3. There aren't any knives on the table.
   Knives is
   a. a regular plural.
   b. an irregular plural.

4. His jeans are blue.
   His is
   a. a personal pronoun.
   b. a possessive adjective.

5. They're in Los Angeles.
   They is
   a. the subject.
   b. the object.

J Locations

(Mr. Wong, Mrs. Wong)
Mr. Wong is next to Mrs. Wong.

Write sentences. Use the cues in parentheses ( ). Use *next to*, *behind*, and *in front of*.

1. (Mr. Wong, Kevin)
2. (Mrs. Wong, Mr. Wong)
3. (Melissa, Mrs. Wong)
4. (Mrs. Wong, Melissa)
5. (Kevin, Mr. Wong)

K Expressions 1

Choose the best response from the box below.

1. Coffee?

   _____

2. Hello.

   _____

3. Here you are.

   _____

4. Thank you.

   _____

5. Can I help you?

   _____

6. Good night.

   _____

7. How are you?

   _____

8. Sorry.

   _____

A fruit salad, please.	No, thank you.
Fine, thanks.	Thanks.
Good night.	That's OK.
Hello.	You're welcome.

L Expressions 2

Look at these expressions from Units 1–10.
Who uses them? Match.

Expression
1. Well, we're *on time*.
2. *Excuse me, are these seats taken?*
3. *Anything else?*
4. Fantastic!
5. *Come on*, Andy!
6. That's it *over there*.

Speaker
a. clerks (Unit 2)
b. woman (Unit 6)
c. Diana (Unit 6)
d. Alex Beck (Unit 10)
e. Stacey (Unit 5)
f. Paul (Unit 8)

SCORE (out of 100) _____%

11 Is there any…?

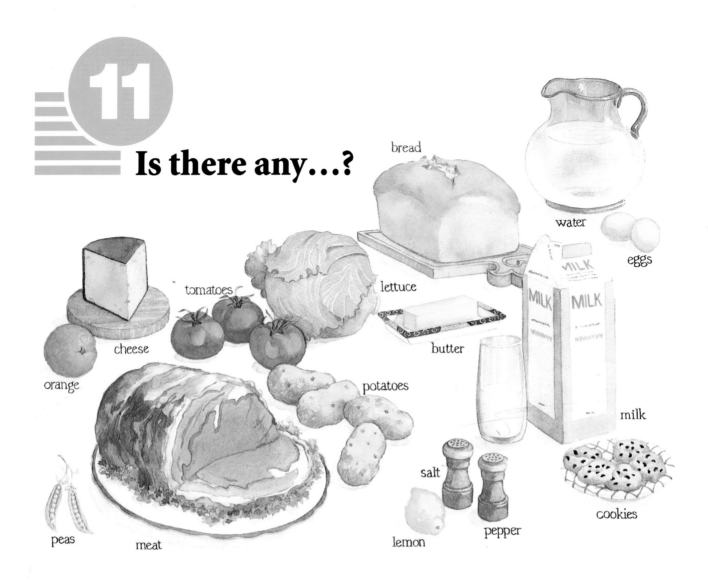

bread
water
eggs
lettuce
tomatoes
butter
cheese
potatoes
orange
milk
salt
cookies
peas
meat
lemon
pepper

In English, some things are *countable,* and some things are *uncountable.*

Countable	Uncountable
1 *There's an orange in the picture.*	*There's some milk in the picture.*
2, 3, 4... *There are some tomatoes in the picture.* *There are three tomatoes.*	*There isn't any coffee.*

tomatoes 3   orange 1   apple 0   milk ✓   coffee ✗

A Chart

Look at the picture, and complete this chart.

potatoes	_4_	sandwich	_____	butter	_____	peas	_____
cheese	✓	bread	_____	lemon	_____	soda	_____
tea	_____	eggs	_____	meat	_____	apple juice	_____
chicken	_____	water	_____	tuna	_____	cookies	_____

38

A Who are they?

These are the people at the party.

Fill in the boxes with letters A–L.

- ☐ Jean Collier, actress. Blond hair. Pink suit. 57.
- ☐ The British ambassador. Short, heavy. Black suit and tie.
- ☐ Fernando López, baseball player. Brown hair. Sweater.
- ☐ Donna, singer. Young. Orange and green hair. Skirt, blouse.
- ☐ Bradley Wilson, politician. Blue suit. Mustache. Middle-aged. Glasses.
- ☐ Doris Decker, tennis player. Long curly hair. About 25.
- ☐ Paul Cooper, race car driver. Brown hair. Beard. Green shirt. 27.
- ☐ Barbara Heartland, writer. Elderly (84). Long dress. Gray hair. Glasses.
- ☐ Robert Clifford, businessman. Very tall. Light blue shirt, green pants.
- ☐ Michael George, singer. Red hair. Jeans and T-shirt.
- ☐ Miss World. Tall. Long dark hair. White dress.
- ☐ Suzy Chang, newscaster. Average height. About 35. Short black hair.

B Describe people.

Ask and answer questions.

A: What does he/she look like?
B: He's/She's tall and slim.

Use these words:

tall   short   average height   good-looking
slim   heavy   average build

A: How old is he/she?
B: He's/She's about 20.

Use these words:

young   middle-aged   elderly   (about) (35)

A: What color is his/her hair?
B: It's black.
He/She has black hair.

Use these words:

blond   dark brown   black   red   gray   white

A: Does he/she have long hair?
B: Yes, he/she does.
No, he/she doesn't.

Use these words:

long hair   short hair   curly hair   a beard
a mustache   glasses

C What's he/she wearing?

A: What's he wearing?
B: He's wearing gray pants and a blue jacket.

Use these words:

jeans	pants	a suit	a shirt
a sweater	a T-shirt	a jacket	glasses

A: What's she wearing?
B: She's wearing a suit and black shoes.

Use these words:

a dress	a suit	a skirt	a blouse	jeans
a shirt	a sweater	a T-shirt	a jacket	glasses

D Who are they talking about?

Listen to three people. They're talking about people at the party on page 44. Who are they talking about?

1. _____
2. _____
3. _____

E Game: Guess Who.

1. Student A, describe a person at the party on page 44. Student B, figure out who the person is.

A: She isn't young. She's a writer. She's wearing glasses.
B: Is it Barbara Heartland?
A: Yes, it is.

2. Student A, think of people in Units 1 to 12. Play **Guess Who** about them, too.

How much is it?

Student A, look at the boxes of film. Student B, look at the chart below. Ask and answer questions about the prices of film.

STUDENT A

STUDENT B

	disc	35-mm		
	15 exp.	12 exp.	24 exp.	36 exp.
Fiji	$1.95	$2.29	$3.99	$5.59
Kudak	$2.09	$2.39	$4.19	$5.89

A: Good morning.

B: Good morning. Do you have film?

A: Yes, we do. 35-millimeter or disc?

B: 35-millimeter.

A: 12-exposure? 24? 36?

B: Uh, 36, please.

A: What kind? We have Fiji and Kudak.

B: Kudak. How much is it?

A: $5.89.

Make conversations about fruit.

A: How much are the apples?

B: 69 cents a pound.

A: And do you have any grapes?

B: Yes, I do. Red or green?

A: Red, please. How much are they?

B: $1.19 a pound.

A: A pound of apples, then, and half a pound of grapes.

B: There you are. That's $1.29 altogether.

A: Thank you.

> One pound (1 lb) is .454 kilos.
> Half a pound (½ lb) is .227 kilos.
> A quarter (of a) pound (¼ lb) is .114 kilos.

C Ice cream

Make conversations about ice cream.

A: Three small cones, please.

B: What flavor?

A: What flavors do you have?

B: Strawberry, vanilla, chocolate, and coffee.

A: One strawberry, one vanilla, and one chocolate, please.

B: OK…. Here you are. Who's the strawberry for?

A: It's for her.

B: And the chocolate?

A: It's for him. The vanilla's for me. How much is that?

B: They're $1.10 each. $3.30, please.

D Supplies

A: Can I help you?
B: How much are these pens?
A: They're 10 for $1.99.
B: And how much is this notebook?
A: $3.50.
B: How much is the tape?
A: $1.29. That's $6.78.... Here you are.
B: No, thank you. I'm just looking.

Make conversations about supplies.

STUDENT A

item	price	item	price
tape	$1.29	pens	
envelopes		ruler	35 cents
writing paper		typing paper	$2.09
notebook	$3.50	glue	

STUDENT B

item	price	item	price
tape		glue	$1.79
pens	$1.99 10 for	typing paper	
envelopes	99 cents	ruler	
writing paper	$1.49		
notebook			

49

15 The keys

1.

Susan: Oh no, I'm locked out. Michael! Come here, please. No, don't turn on the TV. Turn it off and come to the door. Michael, listen to me. Open this door!

Mrs. Vega: What's wrong?

Susan: The door's locked, and my keys are inside. Michael's in there, but the TV's very loud. Michael, turn the TV off!

Mrs. Vega: What about the back door?

Susan: That's locked, too.

Mrs. Vega: And the windows? Do you have a ladder?

Susan: No. No, we don't.

Mrs. Vega: We do. Wait there.

2.

Mrs. Vega: Be careful, dear.

Susan: Please be careful, Mr. Vega.

Mr. Vega: I'm OK, but help me, please. Hold the ladder.

Mrs. Vega: Is that window open?

Mr. Vega: No, this one's locked, too. They're *all* locked.

Susan: Max, what are you doing out here? Don't do that! Be quiet. Bad dog! Now sit! Sit, Max!

3.

Susan: Michael! Do you hear me?

Michael: Uh-huh.

Susan: Finally. Open the door, please.

Michael: It's too high.

Susan: He's only three years old, you know.

Mrs. Vega: I have an idea, Susan. What about the dog's door?

Susan: The dog's door? It's too small.

Mrs. Vega: No, Susan. The keys. The dog's door isn't too small for the keys!

Susan: Right! Michael, my keys are on the kitchen table. Get them and come back.

4.

Susan: Michael, are you there? Do you have my keys?
Michael: Uh-huh.
Susan: Give them to me. Put them through Max's door.
Mrs. Vega: Push the door, Michael!
Mr. Vega: Pull the door, Michael!
Susan: I have them! Thank you, Mrs. Vega. Mr. Vega.
Mrs. Vega: You're very welcome, Susan. Any time.

5.

Susan: Wait a minute! These aren't the house keys. They're the car keys. Michael. Michael! Turn off that TV! MICHAEL!

A Role play

In groups of three, role play the story of the keys. Use these ideas:

Come here, please. Don't turn on the TV. Turn it off and come to the door. Listen to me. Open this door! Turn the TV off.
Wait there.

Be careful.
Help me, please. Hold the ladder.
Don't do that! Be quiet. Sit!

Open the door, please.
Get them and come back.

Give them to me. Put them through Max's door.
Push!
Pull!
Turn off that TV.

B Instructions

Look at the instructions. Give instructions to another student.

Listen. Get up. Get a chair. Put it on the table. Find a book. Get a pen. Put it on the book. Hold the book and the pen. Hand them to me. Go to the door. Push the door./Pull the door. Open it. Go out. Close the door. Open the door. Come in. Come here. Don't move. Be quiet.

Look at the pictures. Fill in the blanks.

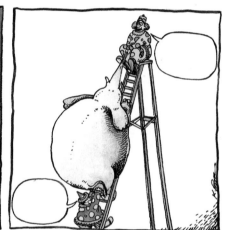

D The prisoner

This man is a prisoner in this room. The door is locked. The man has a pen and some paper. Help him get out. Give him instructions.

Answer

Get the paper. Push the paper under the door. Get the pen. Push the pen into the lock. Push the key with the pen. Pull the paper back under the door. The key is on the paper. Open the door!

Read *Story for Pleasure: Security* on page 74.

52

16 Directions

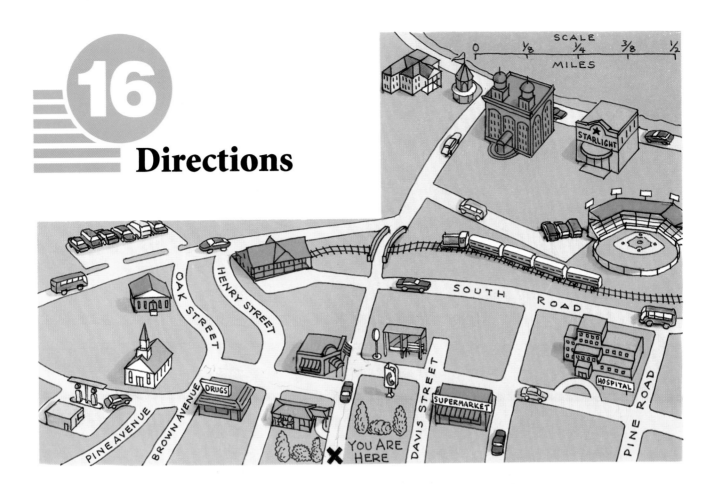

A Asking for directions

1.

A: Excuse me, where's Oak Street?

B: It's the first left, then the second right.

A: Thank you.

Talk about directions to:

Brown Avenue/Davis Street/South Road/Pine Road

2.

C: Excuse me, is there a bus stop near here?

D: Yes, there is. Go to the next street on the right. Turn right. It's on the left.

Talk about directions to:

a restaurant/a public phone/a bank

3.

E: Excuse me, I'm looking for a post office.

F: Take the first left, then the second right. It's on the left. You can't miss it.

E: Thank you very much.

F: You're welcome.

Talk about directions to:

a supermarket/a hospital/a drugstore

4.

G: Excuse me, can you tell me how to get to the Grand Hotel?

H: Yes, go straight ahead. Cross the bridge and go to the end of the street. It's across from the information office.

Talk about directions to:

the baseball stadium/the information office/
the train station

5.

I: Excuse me, I'm looking for a gas station.

J: A gas station? Take your first left. Go straight ahead for about a quarter of a mile. Go past the church. It's on the left.

Talk about directions to:

the Starlight Theater/a parking lot/the museum

6.

K: Excuse me, can you tell me how to get to the museum?

L: Sorry, I don't know. I'm a stranger here myself.

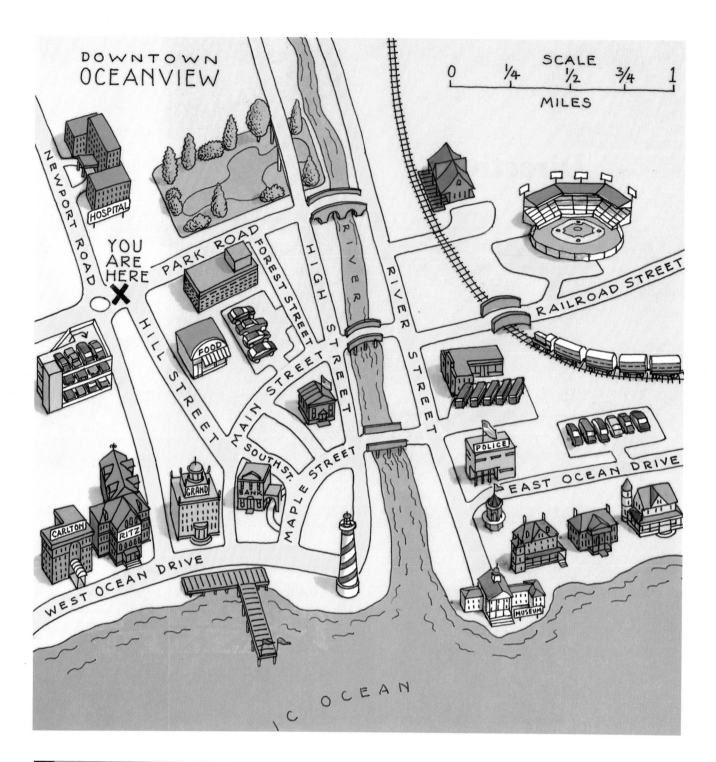

B Oceanview

1. You're on Park Road. Listen to three people. Put 1, 2, and 3 on the map.

2. Getting directions in Oceanview.
   Student A, ask for directions to:
   the police station   the Ritz Hotel
   the lighthouse   the post office

   Student B, look at the map. Give your partner directions.

C Game: Directions

Student A, look at the maps on pages 53 and 54. Give your partner directions to a place on a map. Student B, figure out what place your partner is talking about.

D Maps

Make conversations about the maps.

A: Can I help you?
B: Yes, I'm looking for a map of the city.
A: This is a good one.
B: How much is it?
A: $2.50.
B: That's fine. Thank you.

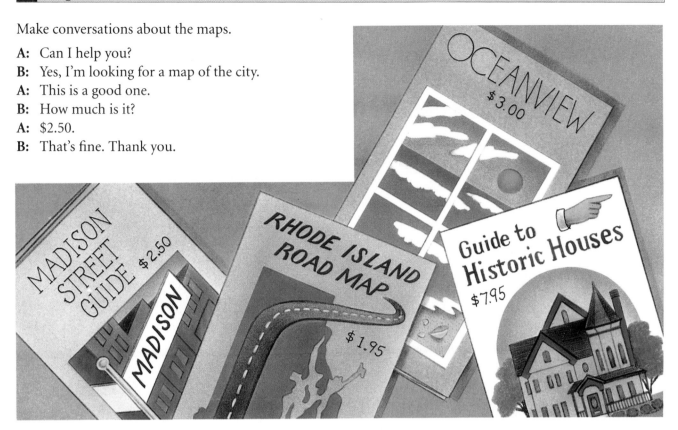

E Computer game: Where's the gold?

Student A, tell your partner how to get to the **gold.**
Student B, tell your partner how to get to the **exit.**

Note: You can't pass the gremlins to get to the gold or to the exit.

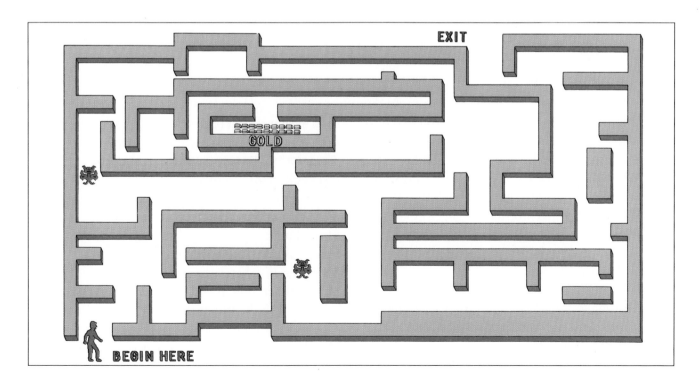

17 The Marsh House

Mrs. Marsh: Yes?

Mr. Wallace: Two adults and two children, please. How much is that?

Mrs. Marsh: I'm sorry, it's 5:45 PM. We're closed.

Mr. Wallace: Sorry, kids. They're closed.

Mrs. Marsh: Oh well, come in.

Mr. Wallace: Thank you. Are you the guide?

Mrs. Marsh: The guide? No, I'm not. I'm Victoria Marsh. It's my house.

Mr. Wallace: It's nice to meet you. My name's Wallace, Joe Wallace. And this is my wife, Jean.

Mrs. Marsh: How do you do, Mr. Wallace…Mrs. Wallace? Follow me.

Mrs. Wallace: You have some very nice pictures.

Mrs. Marsh: Thank you. Yes, there are three paintings by Goya over there, and two Rembrandts on this wall.

Mr. Wallace: It's a very big house. How many bedrooms are there?

Mrs. Marsh: There are eighteen bedrooms.

Mrs. Wallace: And how many bathrooms?

Mrs. Marsh: There are two bathrooms.

Mrs. Wallace: Oh, there aren't very many. We only have three bedrooms in our house, and *we've* got two bathrooms, too.

Mrs. Marsh: Yes…well, it's a very old house.

OCEANVIEW

How to get there

BY CAR: From Route 495, take Exit 12. Go east three miles on Route 17.

BY BUS: There are connections by bus from New London (58 miles), Providence (39 miles), Boston (78 miles), and Fall River (23 miles).

BY TRAIN: There are trains from New London and Boston several times a day.

THE MARSH HOUSE (1825)

Location

Historic District, East Ocean Drive; the second house east of the museum, between the Reynolds House and the Austin House. (See information on those houses below.)

There is a parking area across the street.

Admission

This is a private home. Members of the Marsh family still live here. The house is open to the public during special summer hours.

OPEN: Saturdays and Sundays, 10:00 AM – 5:30 PM, during July and August only

CLOSED: September – June

TICKETS: Adults $3.50, Children $2.00, Students and Senior Citizens $2.50

Information

Designed by Charles Adams, built 1825. Beautiful gardens. Eighteen bedrooms. Home of the Marsh family for more than 150 years. Many famous paintings — look for two Rembrandts, three Goyas, a Vandyke, three Renoirs, two Manets.

Collection of antique automobiles (1896 – 1914) in the garages.

A Guidebook

1. Look at the information in the guidebook. Answer Yes or No.

1. Is the house open at 9:00 in the morning?
2. Is Oceanview 58 miles from New London?
3. Are there buses to Oceanview?
4. Is the house closed on Sundays in August?
5. Is there parking near the house?
6. Are there many famous paintings in the house?

2. Ask and answer questions about Oceanview and the Marsh House.

A: How many miles is Oceanview from Providence?

B: It's 39 miles from Providence.

A: How many paintings by Manet are there in the Marsh house?

B: There are two paintings by Manet.

3. Student A, look at the guidebook and ask Student B questions. Student B, don't look at the guidebook. Answer Student A's questions.

A: How many bedrooms are there in the house?

B: There are eighteen./I don't remember.

Mr. Wallace: That's a very large table. How many chairs are there?

Mrs. Marsh: Twenty-four. We have two dining rooms, this one and our private dining room. There are only six chairs in that one.

Mr. Wallace: Oh! What's that? It's a dead body!

Mrs. Marsh: No, it isn't. That's my husband. He's all right. He's just taking a nap.

Mrs. Wallace: Well, thank you, Mrs. Marsh. By the way, we're from Fall River. If you're there, come and see *our* house.

Mrs. Marsh: Thank you. Oh, that's $11.

Mrs. Wallace: Pardon?

Mrs. Marsh: $11. For the tickets.

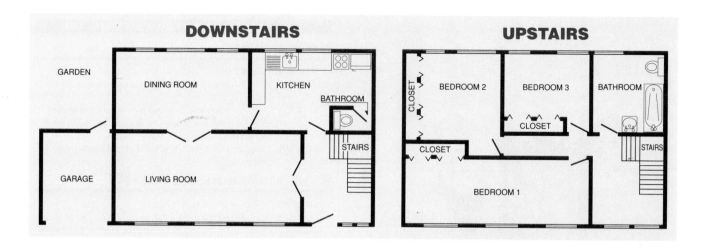

DOWNSTAIRS

GARDEN

DINING ROOM

KITCHEN

BATHROOM

GARAGE

LIVING ROOM

STAIRS

UPSTAIRS

CLOSET

BEDROOM 2

BEDROOM 3

BATHROOM

CLOSET

CLOSET

STAIRS

CLOSET

BEDROOM 1

B Houses and apartments

Ask and answer questions about the house, the apartment, your house or apartment, and your bedroom.

A: How many rooms are there in the house?
B: There are eight.
A: How many are there upstairs/downstairs?
B: Four.
A: How many doors/windows are there in the apartment?

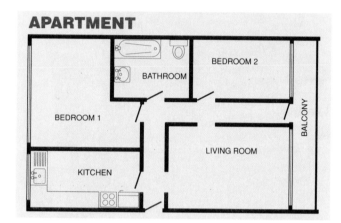

APARTMENT

BATHROOM

BEDROOM 2

BEDROOM 1

BALCONY

LIVING ROOM

KITCHEN

C How many do you have?

Ask two students questions. Complete the questionnaire.

A: How many brothers do you have?
B: I have two brothers./I don't have any brothers.

D How many…does he/she have?

Talk to a third student.

A: She doesn't have any brothers.
B: How many sisters does he have?

FAMILY	Student 1	Student 2	THINGS	Student 1	Student 2
brothers			cassettes/CDs		
sisters			English books		
uncles			belts		
aunts			sweaters		
cousins			? (Think of more questions.)		
grandparents					

58

18 It's mine!

Mr. Scott: Sorry! Uh, whose glasses are these?
Mrs. Worth: They're mine. Thank you.
Mr. Gold: Is this yours?
Mrs. Worth: The baby food? No, that isn't mine.
Mrs. Scott: It's ours. Thanks.

A Game: Whose is it?/Whose are they?

Ask and answer questions about the other things on the supermarket floor. Use your imagination!

A: Whose glasses are those?/Whose are the glasses?
B: I think they're his/hers/theirs.

A: Whose magazine is that?/Whose is the magazine?
B: I think it's his/hers/theirs.

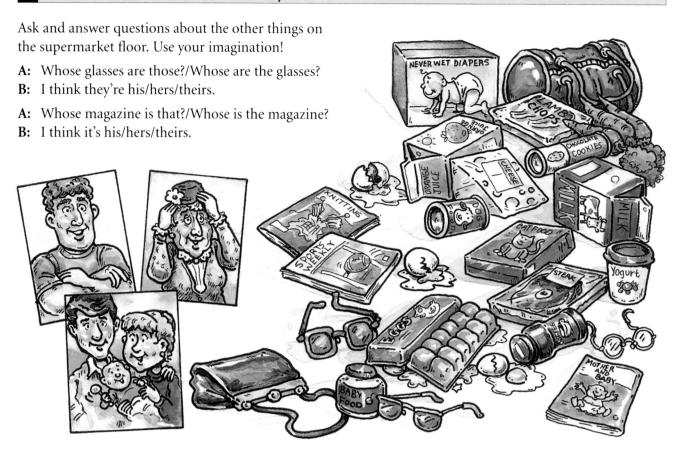

B Which one?

Ms. Hall: Hello, Mr. Dodds. Is that bag heavy?
Mr. Dodds: Hello, Lucy. Well, yes, it is.
Ms. Hall: Do you want a ride? I've got my car.
Mr. Dodds: That's very kind of you. Thank you.
Ms. Hall: That's my car over there.
Mr. Dodds: Which one? The white one? It's very nice.
Ms. Hall: No, that's mine next to it. The black one.

60

Work in groups of five or six. Each group has a bag. Each student puts three or four things in the bag. The other students don't look. Put all the things on the floor.

A: Whose is this pen? Is this pen yours?
B: It isn't mine. It's hers./It's Maria's.
A: Which dictionary is yours? Which one is his?
B: The blue one's mine. The big one's his.

Ask and answer questions about the things on the floor.

C Which ones?

Look at the pants.

A: Which pants are his?
B: The blue ones are his.
A: Which ones are hers?
B: The white ones are hers.

Ask and answer questions about the clothing in the picture.

D Encyclopedia

Look at this 12-volume encyclopedia.

1. You're looking for information in the encyclopedia. Which volumes are these words in?

☐ television   ☐ Mozart
☐ computers   ☐ agriculture
☐ driving   ☐ jazz
☐ kangaroo   ☐ Mexico
☐ Hemingway   ☐ Seattle
☐ physics   ☐ quasars
☐ supermarkets   ☐ the Mississippi
☐ fishing   ☐ the U.S.A.
☐ the Beatles   ☐ Picasso

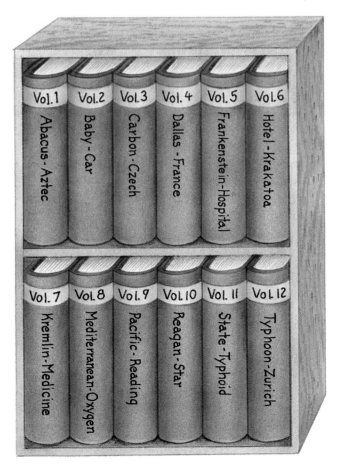

2. Talk to another student.

A: Which volume is (elephant) in?
B: It's in volume (four).

Ask and answer questions about other words.

19 Asking for things

A At the music store

A: Yes?
B: I'd like *Sixteen Greatest Hits*, by Cindy Lawson, please.
A: Would you like the cassette or the compact disc?
B: I'd like the CD, please.
A: That's $14.96.... Thank you.

THE TOP TEN

1	**Sixteen Greatest Hits**	
	Cindy Lawson	Pacific
2	**How Many Tears?**	
	4 U	Shamrock
3	**Be Quiet and Dance**	
	Paula Gemal	Carolina
4	**Karate King 5** (Movie Sound Track)	
	Various Artists	VMC
5	**It Still Hurts**	
	Hummer	Albany
6	**I've Got the Music**	
	Maria Jackson	North-South
7	**The Beginning**	
	Ron Henley	Pacific
8	**Hanging Out**	
	Corner Kids	VMC
9	**West Texas Child**	
	Carl Lee Hoover	BCS
10	**The Island**	
	Cindy Lawson	Pacific

Ask and answer questions about the Top Ten.

1. Which record is number four this week?
2. How many Pacific records are in the Top Ten?
3. How many records does Cindy Lawson have in the Top Ten?
4. Whose record is number eight this week?
5. Which group is *Hanging Out* by?
6. Who is *West Texas Child* by?

K Expressions

Look at these expressions from Units 11–20.
Who uses them? Match.

Expression
1. He's only three years old, *you know.*
2. No, thank you. *I'm just looking.*
3. *There you are.* That's $1.29 altogether.
4. *It's nice to meet you.*
5. We're *in a hurry.*
6. *What about* the back door?
7. *Really!* What's she like?

Speaker
a. a clerk (Unit 14)
b. Mrs. Vega (Unit 15)
c. Mr. Wallace (Unit 17)
d. Mrs. Vincent (Unit 13)
e. a customer (Unit 14)
f. Martin (Unit 20)
g. Susan (Unit 15)

SCORE (out of 100) _____%

Air Traffic Control

Harlingen is a small city. It's in southern Texas. Glen and Arturo are air traffic controllers at the airport. They're in the control tower now. It's 8:30 in the evening.

HARLINGEN AIRPORT
March 26

ARRIVALS			DEPARTURES		
Time	Flight number	From	Time	Flight number	To
6:45	AA134	Austin	7:00	SW806	Houston
7:20	SW900	Dallas Ft. Worth	7:15	DA135	Austin
7:50	DA130	San Antonio	7:40	SW901	Dallas Ft. Worth
8:25	AA455	El Paso	8:10	SW131	San Antonio
9:15	SW807	Houston	9:00	AA456	El Paso

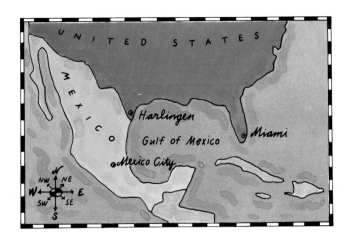

Arturo: Hey, Glen!

Glen: What is it?

Arturo: Look over here, at the radar.

Glen: Yeah, that's strange. It's 8:30. Which flight is it?

Arturo: There are no flight arrivals now. There's a flight from Houston, but that's at 9:15.

Glen: Right. Where's it from? It isn't from Houston. Houston's northeast.

Arturo: No. It's from the southwest.

Glen: The southwest? That's Mexico.

Arturo: I know. That's very strange. This isn't an international airport. Mexican planes don't fly into this airport.

Glen: Speak to the pilot on the radio.

Arturo: Flight control, Harlingen. Flight control, Harlingen. Come in. Do you hear me? This is flight control, Harlingen. It's no good. There's no answer.

Glen: No answer! What is it, Arturo? Is it a plane?

Arturo: No, it isn't a plane. Look on the radar. That's ten miles an hour, maybe eight or nine. It's very slow. What is it?

Glen: A helicopter? Is it a helicopter?

Arturo: No. It's very big. It isn't a helicopter.

Glen: You're right. It isn't a helicopter or a plane. It's very big and very slow. Arturo, do you think—is it a UFO?

Arturo: A UFO? Glen, are you OK?

Glen: Yeah, I'm OK. I'm not crazy! Is it a UFO?

Arturo: I don't know. But it's very near the airport now. It's very dark. I don't see anything.

Glen: And I don't hear anything. But it's on the radar, and it's only a mile away.

Arturo: Wait! Glen, look. What's that?

Glen: Where?

Arturo: Over there.

Glen: What! It's a…it's a balloon.

Arturo: A balloon?

Glen: Yeah. Look at the newspaper.

Arturo: Wow! It's the Mexican balloon. It isn't lost. It's here, in Harlingen!

Security

BERT ELLIS IS 66. HE'S RETIRED, BUT HE ISN'T HAPPY. HE'S LOOKING FOR ANOTHER JOB.

MARTHA, HERE'S A JOB FOR ME. HAND ME THE PHONE, PLEASE.

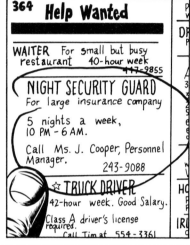
364 Help Wanted

WAITER For small but busy restaurant 40-hour week 117-9855

NIGHT SECURITY GUARD For large insurance company 5 nights a week, 10 PM - 6 AM. Call Ms. J. Cooper, Personnel Manager. 243-9088

☆ TRUCK DRIVER 42-hour week. Good Salary. Class A driver's license required. Call Tim at 554-3361

THE NEXT DAY. DO YOU HAVE EXPERIENCE AS A GUARD, MR. ELLIS?

NO, BUT I'M A GOOD, HARD WORKER.

HMM. ALL RIGHT, THEN. START ON MONDAY.

MONDAY, 11:00 PM. THE OFFICES OF STATE INSURANCE. BERT IS WITH THE OTHER SECURITY GUARD, DAVE. DAVE'S 29.

DO YOU HAVE YOUR RADIO, BERT?

YES, I HAVE MY RADIO AND MY FLASHLIGHT. SEE YOU LATER.

LOBBY

HELLO, DAVE. I'M ON THE THIRD FLOOR. IT'S QUIET. EVERYTHING'S OK.

THAT'S FUNNY. THE ELEVATOR ISN'T HERE NOW.

DAVE, I'M ON THE FIFTH FLOOR NOW. THERE'S A LIGHT UNDER THE DOOR, AND I THINK I HEAR FOOTSTEPS.

OFFICE 503

JUST STAY CALM, BERT, AND WAIT TILL I GET HELP.

I *DO* HEAR FOOTSTEPS. AND THERE ARE VOICES. THERE ARE PEOPLE IN THERE!

AT LAST! WE'VE GOT THE MONEY... ALMOST 3 MILLION DOLLARS!

74

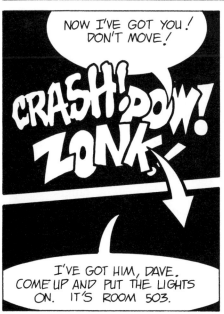

75

Irregular Verbs

Simple form	Past tense	Simple form	Past tense	Simple form	Past tense
be	was/were	give	gave	sell	sold
beat	beat	go	went	send	sent
become	became	grow	grew	shine	shined (shone)
begin	began	have	had	shoot	shot
bite	bit	hear	heard	shut	shut
break	broke	hide	hid	sing	sang
bring	brought	hit	hit	sit	sat
build	built	hurt	hurt	sleep	slept
buy	bought	keep	kept	speak	spoke
catch	caught	know	knew	spend	spent
choose	chose	leave	left	stand	stood
come	came	lend	lent	steal	stole
cost	cost	light	lighted (lit)	swim	swam
cut	cut	lose	lost	take	took
do	did	make	made	teach	taught
drink	drank	mean	meant	tear	tore
drive	drove	meet	met	tell	told
eat	ate	pay	paid	think	thought
fall	fell	put	put	throw	threw
feel	felt	read	read	wake	woke
fight	fought	ride	rode	wear	wore
find	found	ring	rang	win	won
fly	flew	run	ran	write	wrote
forget	forgot	say	said		
get	got	see	saw		

Listening Appendix

Unit 2

B Four conversations

Conversation 1
F: Hi.
M: Good morning.
F: Give me a fruit salad, please, and chocolate cake.
M: A fruit salad and chocolate cake. Anything to drink?
F: Yes, milk, please.

Conversation 2
M1: Can I help you?
M2: Yeah, a tuna sandwich, and, uh, a chicken salad sandwich, please.
M1: OK. Anything else?
M2: Coffee. Oh, and ice cream.
M1: That's six-ninety.
M2: Here you are.
M1: Thank you. Have a nice day!

Conversation 3
F1: A chicken salad, apple pie, and tea, please.
F2: OK. Is that all?
F1: Yes, that's all.
F2: Fine. You can pay over there.

Conversation 4
M: Hi.
F: Hi. Can I help you?
M: An egg salad sandwich, please, and a chocolate shake.
F: Anything for dessert?
M: No, thank you.

Unit 4

F Three people

1.
Hi, I'm Mel Washington…. Yes, Mel—M-E-L Washington, W-A-S-H-I-N-G-T-O-N…. My address is 95 Wilson Road. That's 95 Wilson Road, in Cincinnati, Ohio…. Spell Cincinnati? Sure. C-I-N-C-I-N-N-A-T-I, Ohio—O-H-I-O, 45234…. And my phone number? That's 447-6322.

2.
Good morning. My name's Joan Gibson…. Excuse me? Oh, it's G-I-B-S-O-N…. And my address? It's 161 Culver Road…. Culver? That's C-U-L-V-E-R. Culver Road, Rochester…. Spell Rochester? All right. It's R-O-C-H-E-S-T-E-R…. Rochester, New York 14603…. And my phone number? It's 308-8664.

3.
Hello, I'm Maria Santiago…. S-A-N-T-I-A-G-O. I'm a student, and I live in Madison, Wisconsin…. Where? I live at 108 Lincoln Street…. Yes, Lincoln, L-I-N-C-O-L-N…. My address again? 108 Lincoln Street, Madison, Wisconsin…. 53701…. My phone number is 555-8054…. Yes, that's right, 555-8054.

Unit 6

D Announcements

1.
The 10:40 AM train to New York is now leaving from track four. The 10:40 AM train to New York is now leaving from track four.

2.
The 10:52 AM train to Toronto, with stops at Detroit and Toledo, is at track two. The 10:52 AM train to Toronto, with stops at Detroit and Toledo, is at track two.

3.

The 10:58 AM train for St. Louis is now receiving passengers at track seven. The 10:58 AM for St. Louis, with stops at Bloomington and Springfield, is ready for passengers at track seven.

4.

Passengers for the 11:03 PM train for Boston—the 11:03 PM train for Boston—may now board the train at track nine.

5.

The 11:21 PM train for New Orleans is now ready for passengers at track twelve.
'Board!

Unit 9
E Women's 200-meter race

M: Well, here we are at the start of the women's two hundred meters.

F: Runners, take your marks.

M: They're off. And the Mexican woman's in front. She's fast. Very fast. The Japanese woman and the British woman are behind her, and the Brazilian and American runners are behind them. Now the Italian woman is next to the American. Now she's in front of her. The Japanese runner's in front of the British woman. Yes, she's just behind the Mexican runner. Now it's the Brazilian runner, she's next to the British woman, she's in front of her. Fifty meters to go. And it's the Brazilian in front, then the Mexican woman. The British woman's behind the Japanese runner, then the Italian—and the American's behind her—and that's it!

…And here are the results. The Brazilian woman is the winner, the Mexican is second, the Japanese runner is third, the British woman is fourth, the Italian woman is fifth, and the American is sixth.

Unit 11
E What's in the refrigerator?

F = wife
M = husband

F: Is there any food in the refrigerator, Jim? I'm really hungry.

M: Well, there's some butter, and some fruit. And there are some tomatoes.

F: Is that all? Isn't there any meat, or eggs, or anything?

M: Well, there **are** some eggs, but they're pretty old. There isn't any chicken left…or any salad. And there aren't any hamburgers.

F: What about in the door?

M: There's some cheese. Yuk! That's pretty old, too. And some milk. The milk's OK. Oh, and a bottle of soda—well, half a bottle.

F: Oh, well. Let's go to a restaurant for dinner, then.

Unit 13
D Who are they talking about?

1.

M1: How old? I don't know. About twenty-five or twenty-six, I think. He has an average build. He has dark hair—dark brown hair—and he has a beard. He's wearing a short-sleeved shirt. It's kind of green. And he's wearing bluish pants. Light blue pants.

2.

M2: What does she look like? She's good-looking. She isn't tall. She's average height, I'd say. She has black hair. It's fairly short. I suppose she's about thirty-five or thirty-six. She's wearing a brown suit.

3.

F: What does he look like? Uh, he's average height. In his twenties, I think. He has brown hair. It's not very long. He's good-looking. He looks like an athlete. Well, he **is** an athlete. He's wearing pants and a sweater. There are a lot of colors in the sweater. I don't like it very much.

Unit 16

1.

F1: Now, let me think…. Yes, go straight ahead. Cross the river. Go to the end of the street. Turn right. That's River Street. Walk along River Street, about two miles. The museum's at the end of the street. You can't miss it.

2.

M: Yes… well, take the first right, go past the supermarket, and turn left. Then you're on Main Street. Take your next right. That's South Street. You'll see it on your right. It isn't very far.

3.

F2: Well, I'm a stranger here myself, but I think I know. Go straight ahead past the park—you can't miss the park—to the river. Cross the bridge, and turn…turn right. Go past the train station. The train station is on the left. Go to the next street on the left. That's Railroad Street. Turn left, and walk along Railroad Street. Go over the bridge, and it's on your left. It's pretty far—about two and a half miles.

Unit 20

1.

M = waiter

F = customer

M: Good evening, ma'am.

F: Good evening. Could I have the menu, please?

M: Certainly. Here it is.

F: Thank you. What's the soup of the day?

M: Chicken.

F: Fine. Chicken soup, please. And fish.

M: Would you like dessert?

F: Yes, please. I'd like the chocolate cake.

2.

F = waitress

M = customer

F: Good evening, sir. What would you like?

M: I'd like the shrimp cocktail for an appetizer.

F: And for your main course?

M: Steak, please.

F: How would you like it?

M: Well-done. And could I have a salad?

F: Certainly. Anything else?

M: Yes, ice cream, please.

F: What flavor would you like?

M: Vanilla.

3.

F1 = customer

F2 = waitress

F1: Could we see the menu, please?

F2: Yes. Here you are, ma'am.

F1: We'd like vegetable soup, please.

F2: Anything else?

F1: Yes, we'd both like the chicken.

F2: Anything for dessert?

F1: What kind of pie do you have?

F2: Apple and cherry.

F1: Fine. One of each, please.

Vocabulary Index

P = passive vocabulary

About P4, 13, for example, means the word is passive in Unit 4 and active in Unit 13.

a 2
abbreviation P19
about P4, 13
above P7, 9
across 16
actress 13
address 4
admission P17
adult 17
age P7
agriculture 18
airmail 19
airplane 3
airport 11
all 10
alphabet 4
altogether 14
am ('m) 1
AM P6
ambassador P13
an 2
anchovies 11
and P1, 2
announcement P6
another P5
answer (n) P7
answer (v) P4
antibiotics 11
antique P17
any 10
apartment 12
appetizer 20
apple 2
are ('re) 1
ask P4
ask for P19
astronomer 7
at P5
athlete 12
aunt 12
automobile P17
average 13

baby food 18
back (adj) 15
bad 11
bag 5
baked P20
balcony P13, 17
banana 11
bandage 11
bank 16
baseball player 13
bathroom 17
battery 19
be 15
beard 13
beautiful 8
bedroom 17
behind 9
below 9
belt 17
between P3
beverage P2
big 8
bill (currency) P18
Bingo! P3
black 8
blank P20
blond 13
blouse 13
blue 8
book 3
bowl (n) 11
box P2
boyfriend 19
bread 11
breakfast 11
bridge 16
briefcase 5
broccoli 11
brother 12
brown 8
build (n) 13
burger 20

bus 3
bus stop 16
business P5
businessman 12
busy 20
but 6
butter 11
butterscotch 14
by 17
cafeteria 6
cake P2, 20
calculator 10
call (v) P11
camera 8
can 4
cap 19
capital 10
car 3
car key 15
careful 15
carrot 18
cassette 17
cassette player 3
cat 12
CD 7
CD player 3
cent 14
chair 15
chart P4
chauffeur P13
check (✓) P2
cheese 2
cheeseburger P2
cherry P2, 14
chicken 2
child 12
chocolate 2
choose P11
church 16
class P9
classmate P1
clean (adj) 11

clerk P19
clock 10
close (v) P3, 15
closed 17
clothing 11
cocktail 20
coffee 1
collection P17
come 4
come back 15
come in 17
comfortable 8
compact disc 19
complete (v) P5
computer 3
cone 14
connection P17
contest 8
contestant 10
continue P5
conversation P1
convertible 8
cookie 11
copilot 9
corn flakes 11
correct P2
cost (n) P19
could 20
countable P11
country (nation) P1
country (not city) 12
couple P5
cousin 12
crew P7
crewman 9
cross (v) 16
cup 3
curly 13
customer P19
dark 13
daughter 12
deliver P11

departure P6
describe P8
description P8
design (v) P11
dessert P2, 20
detective 5
diamond 5
diaper 18
dictionary 3
different P8
dining room 17
dinner 11
direction P16
disc 14
district 16
do 4
doctor 7
dog 9
dollar 2
domestic P19
door 6
dough 11
down 9
downstairs 17
draw P9
dress (n) 13
drink (v) 20
drugstore 16
during P17
each 6
earring 13
Earth P7
east P17
egg 2
elderly 13
electricity 11
else 10
emergency P1
encyclopedia P18
end (n) 16
engine 3
engineer 7

enter P8
envelope 14
episode P12
equipment 11
exercise (n) P11
exit P1, 6
exposure 14
fabulous P12
factory 12
fall (season) 10
false P11
family P12
family car 8
famous 1
fantastic 4
fast P2, 8
fasten P1
father 12
favorite 12
FBI 5
figure out 13
film 14
finally 15
find P1, 15
fine (adj) 2
finger 20
first class P19
fish 20
fishing 18
flag 8
flavor 14
floor P18
follow 17
food P2, 11
for P3, 6
fork 3
free (available) 6
french fries 20
friend P5, 12
friendly 9
fries 2
from 1
fruit 2
game P3, 4
garage 17
garden 17
gas 11
gas station 16
get 5
get down from 15
get up 15
gift P19
gift shop 6
girl 9
girlfriend 19
give P11
give away P8
glass 3

glasses (eyeglasses) 13
glue 14
go 4
gold 8
good 12
good-looking 13
gram P19
grandchild 12
grandfather 12
grandmother 12
grandparent 12
grape 14
gray 8
green 8
gremlin P16
group (n) P15, 19
guess (v) P7
guide (book) 16
guide (person) 17
guidebook P17
hair 13
half 14
hamburger 2
hand 5
hand to 15
happy P5, 12
have P5
have ('ve) got 18
he 1
hear 15
heavy 13
height 13
helicopter P9, 11
help (v) 4
her 4
here 4
hers 18
high 15
his 4
historic 16
hit (n) 19
hold 15
home P5
hometown P7
hospital 11
hot 20
hot dog 20
hot fudge 14
hotel 5
hour P17
house 12
house key 15
housekeeper P13
how 4
how many 17
how much 6
how old 7
hungry 20

husband 12
I 1
ice cream 14
ice cream cone 2
ID 5
identity card 5
if 17
imagination P18
in P2, 5
in front of 9
information office 16
inquire P17
inside 15
instruction P15
international P7
interview (n) P7
is ('s) 1
island 3
it 3
jacket 13
jazz 18
jeans 8
job 7
juice 11
just 10
kangaroo 18
key 3
kid (n) 17
kilo 14
kitchen 15
knife 3
know P5, 13
ladder 15
lamb chop 18
large P11, 14
last (adj) 10
late 5
leave P6
left (direction,
    location) 16
lemon 11
letter (mail) 8
lettuce P2, 11
light (adj) 13
light (n) 15
lighthouse 16
line 6
list (n) 10
listen (to) P1
living room 17
locked 15
locker room 4
long 13
look (at) 1
look for 16
lost 4
loud 15
love 10

lunch 11
lunchtime 20
luxury 8
magazine 8
mail (v) P19
main course 20
man 3
many 17
map 16
marathon P4
match (v) P1
me 9
meat 11
medicine 11
medium P11, 14
meet P5
member P7
menu 20
meter (measure) P9
microwave 10
middle-aged 13
mile P7, 17
milk 2
millimeter 14
mine (pro) 18
minute P3
model 12
money 12
more 10
morning P17
mother 12
move 15
Mr. P13
Mrs. P13
Ms. P18
museum 16
mushroom 11
music store P19
mustache 13
my 4
mystery novel 12
name (n) P1, 4
name (v) 10
nationality 7
near 12
necklace 8
nephew 12
new P5, 8
news report P11
newscaster 13
newsstand 6
next (adj) 6
next to 6
nice 12
niece 12
no 1
not (n't) 1
notebook P11, 14

now 4
number (n) 3
nurse 11
o'clock 5
ocean 9
of P5, 10
office 6
oh 2
oil 10
old 7
olive 11
omelet 20
on P4, 5
one (pro) 15
onion 11
onion ring P2
only 17
open (adj) 3
open (v) 10
or P5, 10
orange (n) 2
orange (adj) 13
orchestra 3
order (n) P11
ounce 19
our 5
ours 18
out 15
oven 10
painting 5
pair P20
pants 13
paper 15
parent 12
park (n) 16
parking garage 5
parking lot 16
partner P3
party P13
pass (v) P16
past (prep) 16
pea 11
peach 14
pear 14
pen 3
people P1
perfect 11
person 12
pet 12
phone number 4
physics 18
pickle 11
picture (n) P1, 3
pie 2
pilot 7
pineapple 11
pink 13
pizza 11

Grammar Summaries

Unit 1

Be present singular
Personal pronouns: *I, you, he, she*

I	'm am 'm not	
You	're are aren't	Peter Wilson. Sarah Kennedy. from the United States.
He She	's is isn't	

Questions

Am I		Yes, I am./No, I'm not.
Are you	Peter Wilson?	Yes, you are./No, you aren't.
Is he she	Sarah Kennedy? from England?	Yes, he is./No, he isn't. Yes, she is./No, she isn't.

Where	am	I	from?
	are	you	
	is	he she	

Expressions

Hello.
Yes, please.
No, thank you.
Oh?

Unit 2

Indefinite articles: *a, an*

a | sandwich, hamburger, fruit salad, cheese sandwich
an | apple, orange, ice cream cone, egg salad sandwich

Use *an* before vowel sounds. Use *a* before consonant sounds.
no article: coffee, milk, pie

Expressions

Good morning.	You're welcome.
Good night.	Can I help you?
OK.	uh… (hesitation)
Anything else?	Have a nice day!
That's ($6).	Hi. (informal *hello*)
Here you are/go.	Excuse me?
Thanks.	How are you?
Thank you.	Fine, thanks. And you?

Unit 3

Be singular and plural, with things

It	's is isn't is not	a pen. an engine.
They	're are aren't are not	pens. engines.

Questions

Is	it	a pen? an engine?	Yes, it is./No, it isn't.
Are	they	pens? engines?	Yes, they are./No, they aren't.

What is it?
What are they?

Singulars and plurals

pen	pens
key	keys
watch	watches
dictionary	dictionaries

Irregular plurals

knife	knives
man	men
woman	women

Expressions

over there
I don't know.
Yeah. (informal *yes*)
Oh no!

Unit 4

Personal information: name, address, telephone number

What	's is	my your his her	name? address? telephone/phone number?

Possessive adjectives, singular

My Your His Her	name	's is isn't is not	Sullivan.

Personal pronoun—Possessive adjective

I	my
you	your
he	his
she	her

Expressions

Sorry.
That's OK.
…, right?
Well, anyway…
What? (informal *Excuse me?*)
first/last name

Unit 5

Be present plural
Personal pronouns: we, you, they
Affirmative and negative

We You They	're are aren't are not	detectives. early. late. in the car.

Questions and answers

Are	we you they	detectives? late? in the car?

Yes,	we you	are.
No,	they	aren't.

Where is (it)?	It's in the car.
Where are (they)?	They're in the car.

Possessive adjectives, plural

It's	our	car.
	your	
They're	their	cars.

Personal pronoun—Possessive adjective

we	our
you	your
they	their

What time is it?
It's six o'clock. It's six-thirty.

Expressions

Hello? (on the phone)
…, then.
on time
Come on.
Oh, this is great!
Dear _____, /Regards. (for postcards and letters)
Really?

Unit 6

Demonstratives: this, that, these, those

Use *this* and *these* for things that are nearer (here). Use *that* and *those* for things that are farther away (there).

This That	is isn't	the train to Chicago.
These Those	are aren't	our suitcases.

Asking about prices with *How much…?*

How much	is	it? this/that?

Twelve-forty. ($12.40./Twelve dollars and forty cents.)

Expressions

Yes?
one way
round trip
Excuse me. (to get someone's attention)
Are these seats taken?
in (the wrong) line
on track 12
next to the exit

Unit 7

Questions with *Who…?*

Who	's is	that? the pilot? from Paris?
	are	the scientists?

Asking about age with *How old…?*

How old	am	I?
	is	he/she/it?
	are	you/they/we?

I'm twenty-eight (years old).

Asking about jobs and nationality

What	's is	my your his her	job? nationality?
	are	our your their	jobs? nationalities?

Indefinite articles *a, an* and definite article *the*

She's a doctor.
She's the doctor on the space station.

He's an engineer.
He's the engineer on *Icarus*.

Nationalities

Americ*an*
Russ*ian*
Brazil*ian*
Brit*ish*
Span*ish*
Japan*ese*
Chin*ese*
Fren*ch*

Unit 8

Adjectives

What	's is	it	like?
	are	they	

It	's is	big. beautiful. fast.
They	're are	blue. new.

It's big.   It's a *big* car.
They're big. They're *big* cars.

Note that adjectives in English don't have plural forms. They don't change to agree with nouns that follow them.

What color	is it?
	are they?

It	's / is	red/yellow/green/silver/blue/black/ white/brown/gold/gray.
They	're / are	

What kind	is it?
	are they?

It	's	a Corvette.
They	're	Corvettes.

Ordinal numbers

1st first
2nd second
3rd third
4th fourth
5th fifth
6th sixth
7th seventh
8th eighth

Nationalities

Kore*an*
Germ*an*
Mexic*an*
Ital*ian*
Egypt*ian*
Colomb*ian*
Swed*ish*
Turk*ish*
Ir*ish*

Expressions

good news
Fantastic!
What's it like?/What are they like?
Right.

Unit 9

Prepositions of place

It's They're She's I'm We're You're	in on under above	the water.

He's They're You're We're I'm She's	next to in front of behind	me. you. him. her. them. us.

Personal pronouns, object forms: *me, him, her*, etc.
Personal pronouns, subject forms: *I, he, she*, etc.

Put	me us them	down.
Pull	him her	up.

Subject pronoun—Possessive adjective—Object pronoun

I	my	me
you	your	you
she	her	her
he	his	him
we	our	us
they	their	them
it	its	it

Nationalities

–ian –an –ese –ish –ch	a/an/the	Brazilian American Japanese English French	woman/man/runner girl/boy/person

Expressions

down there

Unit 10

There's… There are
Affirmative and negative

There	's isn't	a	pen	on the table.
	are aren't	some any	pens	in the bag.

Questions

Is	there	a	pen	on the table?
Are		any	pens	

Yes, there is./No, there isn't.
Yes, there are./No, there aren't.

What's the capital of (France)?

Expressions

Good evening.
ladies and gentlemen
Welcome to…
Excuse me. (to apologize)
All right.
Well,…
Very good.
That's terrific.
Congratulations.

Unit 11

There's… with uncountable nouns
(See Unit 10 for uses with countable nouns.)

Affirmative and negative

There	is / 's	some	milk. water. bread.
	isn't / is not	any	electricity. food.

Questions

Is	there any	water? bread? food?	Yes, there is. No, there isn't.

Countable

1—There's an orange./There isn't a lemon.

2, 3, 4, 5, etc.—There are some oranges./
There are three oranges.

0—There aren't any oranges.

Uncountable

There's some milk.
There isn't any milk.

Expressions

be on the phone (with someone)

Unit 12

Have present tense
Affirmative

I You We They	have	two sisters. some cousins. an uncle. a brother
He She	has	a car.

Negative

I You We They	don't have	a sister. an aunt. any cousins. any uncles.
He She	doesn't have	

Questions

Do	you I we they	have	a brother? an aunt? a car? any sisters? any bread? a house?
Does	he she		

Yes, I/we/you/they do.
No, I/we/you/they don't.

Yes, he/she does.
No, he/she doesn't.

Possessive (genitive) of nouns

Add *'s* to a name to show possession.

Linda   Linda's
Charles   Charles's

He's his brother.   He's Robert's brother.
It's her car.   It's Patricia's car.
They're their children.   They're Charles and Linda's children.
They're her pens.   They're Janet's pens.
She's his wife.   She's George's wife.

Note: Words ending with an *s* or a *z* can also simply add
an apostrophe (') without an *s*, e.g., *James' car.*

What's (your) favorite (color)?
Who's (his) favorite (singer)?
Who are (her) favorite (singers)?

Expressions

be married to

87

Unit 13

Describing people

What	does	he	look like?
		she	
	do	they	

What color	is	his	hair?
		her	

Does	he	have	long hair?
	she		glasses?
Do	you		a beard?

Present continuous tense (*be* + verb *-ing* form)
Affirmative and negative

He	's	wearing	a jacket.
She	isn't		blue shoes.
			jeans.
I	'm		a sweater.
	'm not		glasses.
They	're		suits.
We	aren't		ties.
You			shoes.

Questions

Am	I	wearing	a jacket?
Is	he		brown shoes?
	she		glasses?
Are	you		jeans?
	we		ties?
Are	you		suits?
	they		shoes?

Expressions

What does _____ look like?
Don't you know?
Really!
…, you know.
Really?

Unit 14

Asking about prices of singular and plural (countable) and uncountable things.

How much	is	it?
		this (notebook)?
		that (ice cream cone)?
	are	they?
		these (notebooks)?
		those (ice cream cones)?
	is	the (film)?
		the (tape)?

It's $5.89. (five dollars and eighty-nine cents; five eighty-nine)
They're 69¢ a pound.
They're $3.50 each.
That's $1.29 (a dollar twenty-nine; one twenty-nine) altogether.

What flavors do you have?

(It's/They're) *for* him/her/me/them/us/you.

Expressions

There you are.
I'm just looking.

Unit 15

Imperatives

Do this.   Don't do that.
Push.   Don't pull.
Turn on the TV.   Don't turn on the TV.

Be	quiet.
	careful.

Turn on/off (the TV). Turn (the TV) on/off.

Turn	it	on.
	the radio	off.
	the light	
	the lights	
	them	

Help	me.
Listen to	him.
	her.
	us.
	them.

Expressions

be locked out
What about (the back door)?
out here
Uh-huh. (informal *yes*)
have an idea

Unit 16

Asking for and giving directions

I'm He's She's We're You're They're	looking for	a map. a bank. the train station.

Turn right/left.
Go straight ahead (for about a quarter of a mile).
Go past (the church).
Take the/your first right/second left.
Cross the bridge.
It's on the left/right.
Go to the end of the street.

Expressions

That's fine.
You can't miss it.
Thank you very much.
Can you tell me how to get to (the Grand Hotel)?
I'm a stranger here myself.

Unit 17

Quantity: How many?

How many	rooms aunts	are there? do you have? does she have?

There are I have She has	six	rooms. aunts.

I don't have any.
I don't have any aunts.
I only have (two) aunts.

There aren't any.
There aren't any rooms.
There are (only) two rooms.

I don't have (very) many.
I don't have (very) many books.

There aren't (very) many.
There aren't (very) many books.

Expressions

Oh well.
It's nice to meet you.
How do you do, (Mr. Wallace)?
Thank you. (to accept a compliment)
take a nap
by the way
Pardon?

Unit 18

Questions with *Whose…?*

Whose	pen	is	it? this? that?
	pens	are	they? these? those?

Possessive pronouns

It's They're	mine. yours. his. hers. ours. theirs. Maria's.

Which	one	's is	yours? mine? his? hers? ours? Maria's?
	ones	are	

The	blue big new red small English	one	's is	mine. yours. his. hers. theirs. Maria's.
		ones	are	

Do you want a ride?
That's very kind of you.

Unit 19

Polite requests and offers: *I'd like...* **and** *Would you like...?*

I'd like (the CD), please.

Would you like (an airmail sticker)?
Yes, I would.

What	
What size	would you like?
Which color	

a fifteen-cent stamp
a three-ounce letter
an eighteen-volume encyclopedia
a five-dollar bill

Expressions

regular letters
Let's see.
What's its name in English?

Unit 20

Requests continued: *Could I/we...?* **and** *I'd like...*

Could	I / we	have	chicken / menus	(, please)?

I / We / He / She / They	'd / would	like	menus / chicken	(, please).

What / How many	would	I / you / he / she / we / they	like?

Expressions

a table for (two)
Is this (table) free?
be in a hurry
be ready to order
be out (of)
That's it!
Hey! (very informal, for getting attention)
Hm!
I guess...
after all